EL GENIO PRÓDIGO
LA **EXTRAORDINARIA** VIDA DE **NIKOLA TESLA**

DISCOVERY PUBLISHER

Título original: « Prodigal Genius »
2014, Discovery Publisher
All rights reserved

Para la edición española:
©2016, Discovery Publisher

Autor: John J.O'Neill
Translator: Gina Gnecco Muñoz, Ana Maria Crespo Gómez
Editor: Juan José Andrés
Editor en Jefe: Adriano Lucca

DISCOVERY PUBLISHER

616 Corporate Way
Valley Cottage, New York, 10989
www.discoverypublisher.com
livres@discoverypublisher.com
facebook.com/DiscoveryPublisher
twitter.com/DiscoveryPB

New York • Tokyo • Paris • Hong Kong

TABLA DE CONTENIDOS

LA EXTRAORDINARIA VIDA DE NIKOLA TESLA   I

LUZ Y ENERGÍA   1

UNO   3

DOS   18

TRES   31

CUATRO   49

CINCO   59

SEIS   69

SIETE   84

FAMA Y FORTUNA   99

OCHO   101

NUEVE   115

DIEZ   131

ONCE   148

VIBRACIÓN INTERNA   171

DOCE   173

TRECE   186

CATORCE   195

QUINCE   202

UN SUPERHOMBRE DE SU PROPIA CONCEPCIÓN

UN SUPERHOMBRE DE SU PROPIA CONCEPCIÓN   **209**

DIECISEIS   211

DIECISIETE   225

RESPLANDOR   **239**

DIECIOCHO   241

DIECINUEVE   252

VEINTE   263

AGRADECIMIENTOS   **273**

AGRADECIMIENTOS   274

LUZ Y ENERGÍA

UNO

La palabra *espectacular* se queda corta para describir el extraño experimento con vida que abarca la historia de Nikola Tesla, y *asombroso* no hace justicia a los resultados que salen despedidos de sus experiencias como de un cohete en explosión. Se trata de la historia de los deslumbrantes destellos de un superhombre que creó un nuevo mundo, una historia que condena a la mujer como la debilidad de la carne que entorpece el desarrollo del hombre y limita sus logros; y, paradójicamente, demuestra que incluso la más exitosa de las vidas es un lúgubre fracaso si no incluye a una mujer.

Ni si quiera los dioses de los antiguos, en las imaginaciones más salvajes de sus devotos, acometieron jamás tales gigantescas tareas de dimensiones mundiales como las que Tesla emprendió y realizó. De acuerdo con sus esperanzas, sueños y logros mereció el estatus de los dioses olímpicos, y como tal lo hubiesen consagrado los antiguos griegos. No es de extrañar que el denominado hombre práctico, estancado en la cuenta de pérdidas y ganancias, no lo comprendiese y lo considerase extravagante.

La luz del progreso humano no es un brillo apagado que vaya adquiriendo luminosidad a medida que pasa el tiempo. El panorama de la evolución humana se ve iluminado, con los logros intelectuales, por repentinos fogonazos de deslumbrante brillantez que arrojan sus rayos muy hacia adelante para permitirnos vislumbrar el futuro lejano, para que a día de hoy podamos guiar mejor nuestros pasos vacilantes. Tesla, en virtud de los asombrosos descubrimientos e inventos que derramó sobre el mundo, se convierte en uno de los destellos más resplandecientes que jamás haya iluminado la historia del progreso de la humanidad.

Tesla inauguró la era moderna: fue incuestionablemente uno de los más grandes genios del mundo, pero no dejó descendencia ni legatario alguno de su mente brillante que pudiese ayudarle a administrar ese mundo. Creó fortunas para muchos otros, pero él mismo murió en la ruina, rechazando la riqueza que podría haber ganado con sus descubrimientos. Incluso mientras andaba entre la muchedumbre en Nueva York se convertía en un individuo legendario que parecía pertenecer al futuro lejano o proceder del místico reino de los dioses, puesto que parecía ser una mezcla de un Júpiter o un Thor que arrojaba rayos de luz, un Áyax que desafió los rayos de Júpiter; un Prometeo que convirtió la energía en electricidad que distribuir por la Tierra; una Aurora que iluminaría los cielos como una lámpara eléctrica terrenal; un Mazda que creó un sol en un tubo; un Hércules que sacudió la Tierra con sus vibradores mecánicos; un Mercurio que recorrió el reino ambiente del espacio con sus ondas inalámbricas; y de un Hermes que dio a luz a un alma eléctrica en la Tierra que puso a latir de polo a polo.

Esta chispa de incandescencia intelectual en forma de un genio raro y creativo impactó como un meteorito en medio de la sociedad humana en las últimas décadas del siglo pasado, y vivió casi hasta hoy. Su nombre se convirtió en sinónimo de magia en los campos intelectual, científico, ingenieril y social, y fue reconocido como un inventor y descubridor con cuya genialidad nadie era capaz de rivalizar. Hizo de la corriente eléctrica su esclava. En una época en la que la electricidad era considerada prácticamente una fuerza oculta y era contemplada con horror, asombro y respeto, Tesla buceó en sus misterios y llevó a cabo tan magníficas hazañas con esta que se convirtió para el mundo en un mago maestro con un repertorio ilimitado de prestidigitación científica tan espectacular que a su lado, los logros de la mayoría de inventores de su época parecían un juego de niños.

Tesla fue inventor, pero fue no obstante mucho más que un creador de nuevos aparatos: descubrió nuevos principios, inaugurando muchos nuevos imperios de conocimiento que incluso a día de hoy solo se han explorado de manera parcial. En una única y poderosa explosión de invención creó el mundo de energía de hoy en día: dio comienzo a nuestra era de energía eléctrica, el fundamento básico sobre el cual reposa el sistema industrial del mundo entero; nos otorgó nuestro sistema de producción en serie, que no existiría sin sus motores y corrientes; creó la raza de los robots, los hombres eléctricos mecánicos que remplazan a los humanos en sus labores; nos dio a conocer todo elemento esencial de la radio moderna; inventó el radar cuarenta años antes de su uso en la Segunda Guerra Mundial; nos dio nuestro neón moderno y otras formas de iluminación por tubo de gaseado y nuestra iluminación fluorescente; nos descubrió las corrientes de alta frecuencia que llevan a cabo sus maravillas electrónicas en los mundos industrial y médico; inventó el mando a distancia inalámbrico; fue partícipe muy a su pesar de la Segunda Guerra Mundial, puesto que el uso indebido de su sistema de súper energías y sus controles de robots en la industria facilitaron a los políticos enormes excedentes de energía, servicios de producción, trabajo y materiales de los que servirse en la más horrible y devastadora de las guerras que la mente maníaca podría concebir. Y estos descubrimientos son solo las invenciones de la mente maestra de Tesla, muy utilizadas; en tanto que los logros de otros no se han aprovechado aún.

Aun así Tesla vivió y trabajó por la paz en el mundo. Dedicó su vida a levantar el peso de los hombros de la humanidad, a traer una nueva era de paz, abundancia y felicidad para la raza humana. Ante el inminente estallido de la Segunda Guerra Mundial, empujado y alentado por sus descubrimientos, trató de evitarla ofreciendo al mundo un invento que, según él, mantendría a cualquier país, por pequeño que fuese, seguro dentro de sus fronteras. Su oferta fue rechazada.

Sin embargo mucho más importante que todos estos geniales e importantes descubrimientos eléctricos es esa invención suprema: Nikola Tesla, el superhombre, el instrumento humano que impulsó el mundo adelante con una acelerada embestida, al igual que un avión se precipita en el cielo desde una catapulta. Tesla, el científico e inventor, fue en sí una invención, en la medida en que fue su sistema de corriente alterna el que situó al mundo en una base de súper energía.

Tesla fue un superhombre, un superhombre hecho a sí mismo; inventado y diseñado con el fin específico de realizar maravillas, lo que consiguió en mucha mayor medida de la que el mundo era capaz de asimilar. Diseñó su vida en base a principios ingenieriles que le permitiesen actuar como un autómata, con óptima eficiencia, para el descubrimiento y aplicación de las fuerzas de la naturaleza al bienestar humano. Con este propósito sacrificó amor y ocio, buscando la satisfacción únicamente en sus logros, y limitando su cuerpo a servir como una mera herramienta de su mente técnicamente creativa.

Debido a la tendencia moderna a dividir el trabajo así como a la especialización del esfuerzo a fin de ganar eficacia de producción en nuestra maquinaria industrial, se duda en concebir un futuro en el que la invención del superhombre de Tesla sea aplicada a la raza humana por completo, con una especialización diseñada para cada individuo desde el nacimiento.

El superhombre que Tesla ideó fue un santo científico. Los inventos que este mártir científico creó estaban concebidos para la paz, la felicidad y la seguridad de la raza humana, pero han sido utilizados para crear escasez, depresiones y la devastación de la guerra. Supongamos que la invención del superhombre se hubiese desarrollado y prostituido asimismo para los propósitos de políticos belicistas. Tesla imaginó las posibilidades y señaló la vida en comunidad de la abeja como una amenaza para nuestra estructura social a menos que los elementos de las vidas individual y comunal fuesen debidamente dirigidos y la libertad individual fuese protegida.

El superhombre de Tesla fue para este una invención maravillosamente exitosa, que pareció funcionar de manera satisfactoria, a ojos del mundo. Eliminó el amor de su vida; apartó a las mujeres incluso de su pensamiento. Fue más allá que Platón, que concibió una unión espiritual entre el hombre y la mujer libre de deseos sexuales; pues bien, eliminó incluso esta unión espiritual. Ideó la vida aislada en la que ningún hombre ni mujer pudiesen entrar, la autosuficiencia individual por la cual todas las consideraciones sexuales eran eliminadas por completo; el genio que viviría por siempre como una máquina pensante en funcionamiento.

La invención del superhombre de Tesla dio lugar a maravillas, y creyó que había logrado eliminar el amor de su vida mediante métodos científicos. Esta vida anormal constituye un experimento fascinante digno de observación para el filósofo y el psicólogo, puesto que no llegó a eliminar el amor. Este se manifestó a pesar de sus concienzudos esfuerzos de suprimirlo; y cuando lo hizo llegó en la forma más fantástica, en forma de un romance sin precedentes en los anales de la historia humana.

La vida de Tesla al completo parece ficticia, como si fuese una criatura legendaria de algún mundo olímpico. Un reportero, tras haber escrito la historia de sus descubrimientos e inventos concluyó: *Sus logros parecen el sueño de un dios embriagado.* Fue su invención del sistema de corriente alterna polifásico lo que hizo posible el aprovechamiento de las Cataratas del Niágara e inauguró la era moderna de la súper energía eléctrica, en la que la electricidad es transportada cientos de millas, para funcionar en las decenas de miles de fábricas de producción en serie de los sistemas industriales. Cada una de las altas torres semejantes a marcianos de las líneas transmisión eléctrica que se erigen en toda la Tierra y cuyos cables transmiten electricidad hasta ciudades lejanas es un monumento a Tesla; toda central eléctrica, todo dinamo y todo motor que dirige toda máquina en el campo son monumentos a él.

Reinventándose a sí mismo descubrió el secreto de transmitir energía eléctrica hasta los mismísimos confines de la Tierra sin cables, y demostró su sistema gracias al cual cantidades útiles de energía podían conducirse desde cualquier parte de la Tierra con tan solo una conexión al suelo; puso la Tierra entera en vibración eléctrica con un generador que arrojaba iluminación que rivalizaba con la ardiente artillería de los cielos. Como parte menor de este descubrimiento, creó el sistema de radio moderno; estudió los métodos de emisión de hoy en día hace cuarenta años, cuando otros solo veían en el sistema inalámbrico aquellos mensajes compuestos de puntos y de rayas que habían de salvar a los barcos en peligro.

Creó lámparas de iluminación y economía mucho mayores que las que utilizamos hoy en día; inventó las lámparas de tubo, fluorescentes e inalámbricas que creemos innovaciones de última hora e intentó encender la atmósfera de la Tierra al completo con sus corrientes eléctricas, para transformar nuestro planeta en una única lámpara terrestre y hacer a los cielos brillar de noche como brilla el sol de día.

Si otros inventores y descubridores de primera categoría fueron considerados antorchas en el progreso, Tesla fue un incendio. Fue el vehículo a través del cual los soles flameantes de un mañana más brillante concentraron sus rayos incandescentes en un mundo que no estaba preparado para recibir su luz. Tampoco es extraordinario que esta personalidad radiante hubiese llevado una vida extravagante y aislada. No se puede sobrestimar el valor de sus contribuciones a la sociedad. Ahora podemos analizar hasta cierto punto la personalidad que las creó. Se posiciona como un genio sintético, un superhombre hecho a sí mismo, la mayor invención del mayor inventor de todos los tiempos. No obstante, si juzgamos a Tesla como ser humano, a parte de sus modales sociales, encantadores y cautivadores, es difícil concebir una pesadilla peor que un mundo habitado exclusivamente por genios.

Cuando la naturaleza lleva a cabo un experimento y logra un avance es necesario que este se produzca de manera que el progreso no se pierda en el individuo, sino que se transmita a las generaciones futuras. Se requiere la utilización por parte del hombre de los valores sociales de la raza, de la cooperación del individuo con su especie y de que la posición mejorada se propague convirtiéndose en un legado colectivo. Tesla apartó el amor y a las mujeres de su vida de manera intencionada, y mientras alcanzaba un nivel intelectual gigantesco era incapaz de perpetuarse ya fuese a través de descendencia propia o bien de discípulos. El superhombre que construyó no era lo suficientemente grande como para tomar una esposa y perpetuarse de este modo. El amor que intentó suprimir de su vida y que creyó relacionado solo con las mujeres es una energía que en sus varios aspectos une a todos los miembros de la raza humana.

En su intento de eliminar por completo esta energía de su vida Tesla cortó los lazos que le hubiesen procurado los discípulos que, por otras vías, hubiesen perpetuado la fuerza de su genio pródigo. En consecuencia, solo transmitió al mundo la mínima parte de los productos creativos de su superhombre sintético.

La creación de un superhombre tal y como demostró Tesla fue un experimento grandioso en la evolución humana, muy digno del gigantesco intelecto que creció de él, pero no correspondió a los estándares de la Naturaleza; y el experimento tendrá que llevarse a cabo aún muchas veces hasta que comprendamos cómo crear una súper raza con la mente de Tesla, que pueda explotar el tesoro escondido del almacén de conocimiento de la Naturaleza, ahora también dotado con el poder vital del amor, que desbloqueará las fuerzas, más poderoso que ninguno de los que hoy vislumbramos, para mejorar el estatus de la raza humana.

Ningún indicio apuntaba que un superhombre nacía cuando la campanada de medianoche en la madrugada del 9 al 10 de julio de 1856 trajo a un hijo, Nikola, al hogar del Reverendo Milutin Tesla y de su esposa Djouka, en la aldea de Smiljan, en la provincia austrohúngara limítrofe de Lika, parte de Yugoslavia, en la actualidad. El padre del recién llegado, pastor de la iglesia del pueblo, era un antiguo estudiante de una escuela de entrenamiento de oficiales que se había rebelado contra las restricciones de la vida en el Ejército e ingresó en el sacerdocio, ámbito en el que podría expresarse más satisfactoriamente. La madre, si bien completamente incapaz de leer y de escribir, era una mujer intelectualmente brillante, quien sin asistencia literaria alguna llegó a contar con una excelente educación.

Tanto el padre como la madre contribuyeron a la rica herencia cultural del hijo, ampliada y transmitida por familias ancestrales que habían sido durante generaciones líderes de la comunidad. El padre provenía de una familia que había aportado hijos en la misma proporción a la Iglesia y al Ejército. La madre pertenecía a la familia Mandich, cuyos hijos desde generaciones inmemorables se habían convertido, con muy pocas excepciones, en pastores de la Iglesia Ortodoxa Serbia, y cuyas hijas eran tomadas como esposas por pastores.

Djouka, la madre de Nikola Tesla, cuyo nombre traducido al español sería Jorja, fue la mayor de siete hermanos. Su padre, al igual que su marido, era pastor de la Iglesia Ortodoxa Serbia; su madre, tras perder la vista progresivamente, se había quedado ciega poco después de dar a luz al séptimo de sus hijos, por lo que Djouka, la primogénita, se vio obligada desde muy joven a asumir la mayor parte de las obligaciones de su madre. Esto no solo le impidió ir a la escuela, sino que además su trabajo doméstico consumía de tal manera su tiempo que ni si quiera le fue posible adquirir los rudimentos de la lectura ni de la escritura a través del estudio en casa. Se trataba de una situación extraña en aquella familia culta a la que pertenecía. Sin embargo Tesla siempre asoció a su madre analfabeta mucho más que a su padre erudito con la fuente de la que heredó su habilidad inventiva. Ella ideó muchos instrumentos que facilitaban la tarea doméstica. Era además muy práctica y su marido, que contaba con una amplia educación, dejaba sabiamente en sus manos los asuntos de negocios relacionados tanto con la Iglesia como con el hogar.

Una memoria sorprendentemente retentiva sustituyó al alfabetismo en el caso de esta mujer extraordinaria. Dado que la familia se movía en círculos culturales retuvo de oído gran parte de la riqueza cultural de la comunidad. Era capaz de repetir, sin error ni omisión, miles de versos de la poesía nacional del país (las sagas de los serbios) y podía recitar largos pasajes de la Biblia. Podía narrar de memoria la obra poético-filosófica *Gorski Vijenac (La corona de las montañas)* de Pedro II de Montenegro. Poseía además un talento artístico y una destreza versátil en sus dedos para expresarlo. Su hermosa labor de costura le valió una gran fama por todo el campo. Según Tesla su destreza y su paciencia eran tales que podía, ya entrados los sesenta años, atar tres nudos solo con sus dedos en un abrir y cerrar de ojos.

Esta mujer inteligente sin educación académica transmitió a sus cinco hijos sus extraordinarias habilidades. El mayor, Dane Tesla, nacido siete años antes que Nikola, era el favorito de la familia debido a la carrera extraordinaria que su inteligencia prematura auguraba. Ya en sus primeros años de vida anticipó las extrañas manifestaciones que en el hermano que le sobreviviría constituyeron un preludio de genialidad.

El padre de Tesla comenzó su carrera en el servicio militar, una opción predecible para el hijo de un oficial; pero al parecer no heredó el gusto de su padre por la vida del Ejército. Un incidente tan leve como haber recibido una crítica por no conseguir mantener sus botones de cobre impecablemente bruñidos le hizo abandonar la escuela militar. Probablemente tenía más de poeta o de filósofo que de soldado. Escribió poesía que se publicó en prensa contemporánea. Escribió asimismo artículos acerca de problemas de la época que firmaba bajo el seudónimo de Srbin Pravicich, que en serbio significa *hombre de justicia*. Hablaba, leía y escribía serbocroata, alemán e italiano. Su interés por la poesía y la filosofía fue seguramente la causa de su atracción por Djouka Mandich. Ella tenía veinticinco años, dos años menos que él. Se casaron en 1847. Su atracción por la hija de un pastor influenció probablemente su siguiente decisión profesional, puesto que entró a formar parte del sacerdocio y pronto fue ordenado sacerdote.

Se le hizo pastor en la iglesia de Senj, un importante puerto marítimo con instalaciones para la vida cultural. Su trabajo fue satisfactorio, pero parece que alcanzó el éxito entre los parroquianos gracias a su carácter agradable y a su comprensión de los problemas más que gracias a una gran erudición en los asuntos teológicos y eclesiásticos.

Pocos años después de haber sido colocado a la cabeza de esta parroquia, un nuevo arzobispo que había pasado a liderar la diócesis quiso examinar las capacidades de los sacerdotes a su cargo y ofreció un premio al mejor sermón que se predicase durante su visita oficial. El reverendo Milutin Tesla rebosaba por entonces de interés por el laborismo entendido como un factor principal en los problemas sociales y económicos. Predicar un sermón sobre este tema fue en lo que a la conveniencia se refiere algo para nada práctico. Sin embargo nadie lo había acusado nunca de ser práctico, así que actuar de manera poco práctica estuvo en harmonía con su naturaleza. Escogió el tema que le parecía más interesante; por lo que cuando el arzobispo llegó escuchó un sermón sobre laborismo.

Meses más tarde Senj fue sorprendida por la visita inesperada del arzobispo, que dio a conocer que el Reverendo Tesla había pronunciado el mejor sermón, y lo obsequió con una banda roja que tuvo el privilegio de lucir en todas las ocasiones. Poco después se le hizo pastor en Smiljan, donde su parroquia abarcaba cuarenta hogares. Más tarde se le colocó a la cabeza de la parroquia, mucho mayor, de la ciudad vecina de Gospic. Sus tres primeros hijos, Milka, Dane y Angelina nacieron en Senj; en tanto que Nikola y su hermana menor, Marica, nacieron en Smiljan.

El primer entorno de Tesla fue el de una comunidad agrícola en una alta zona de meseta cerca de la costa este del mar Adriático en las montañas Velebit, que formaban parte de los Alpes: una cadena montañosa que se extendía desde Suiza hasta Grecia. Hasta su adolescencia no vio por primera vez una locomotora de vapor; por lo que su habilidad en lo mecánico no provino de su entorno.

La patria de Tesla recibe hoy en día el nombre de Yugoslavia, país cuyo nombre significa *Tierra de los eslavos del sur*. Abarca varios países anteriormente independientes: Serbia, Bosnia, Croacia, Montenegro, Dalmacia y también Eslovenia. Ambas familias, los Tesla y los Mandich, eran originarios de la parte occidental de Serbia, cerca de Montenegro. Smiljan, el pueblo donde Tesla nació, se encuentra en la provincia de Lika, que era en aquellos momentos una provincia dependiente del Imperio Austrohúngaro al igual que parte de Croacia y Eslovenia.

El apellido de Tesla se remonta a más de dos siglos y medio atrás. Antes de esta época el apellido de la familia era Draganic (pronunciado Drag'-a-nitch). El apellido de Tesla (pronunciado como se escribe, con idéntico énfasis en ambas sílabas), en el sentido más literal, es un nombre de oficio como Herrero, Pedrero o Zapatero. Como nombre común designa la herramienta para trabajar la madera que en español llamamos azuela. Se trata de un hacha con una cuchilla ancha perpendicular al mango, en lugar de paralela, como en la forma más conocida. Se utiliza para cortar en cuadrados grandes troncos de árbol. En el idioma serbocroata el nombre de esta herramienta es tesla. Los miembros de una rama de la familia Draganic recibieron tradicionalmente el apodo Tesla por haber heredado, en su gran mayoría, unos dientes frontales grandes, anchos y sobresalientes que se parecían mucho a la cuchilla triangular de la azuela.

El nombre Draganic y sus derivados aparecen frecuentemente en otras ramas de la familia Tesla como nombre de pila. Cuando se trata de un nombre de pila se traduce a menudo por Carlota, pero como nombre genérico significa amado y como apellido se traduce como Simpático.

La mayoría de los antepasados de Tesla de cuyas edades se tiene constancia superaron holgadamente la esperanza de vida media de sus épocas, si bien no hay pruebas concretas de que un antepasado de Tesla, tal y como él reivindicaba, hubiese vivido ciento cuarenta años. (Su padre murió a los cincuenta y nueve y su madre a los setenta y uno)

Si bien muchos de sus ascendientes tenían los ojos oscuros, sus ojos eran azules grisáceos. Aseguraba que sus ojos eran al principio más oscuros, pero a causa de un uso excesivo del cerebro e color había cambiado. No obstante su madre tenía los ojos grises, así como algunos de sus sobrinos, por lo que es probable que el gris de sus ojos fuese heredado, y no el resultado de una descoloración a causa de un uso excesivo del cerebro.

Tesla creció alto y esbelto: la gran estatura era un rasgo familiar y nacional. Cuando hubo alcanzado la edad adulta su estatura era exactamente de dos metros, o lo que es lo mismo, seis pies, dos pulgadas y un cuarto. Si bien su cuerpo era esbelto, presentaba proporciones normales. Sin embargo sus manos y sobre todo sus pulgares eran más largos de lo normal.

El hermano mayor de Nikola, Dane, era un muchacho brillante, y sus padres se gloriaban de su suerte al ser bendecidos con tal hijo. No obstante la diferencia entre los dos chicos era de siete años, y puesto que el hermano mayor murió a causa de un accidente a la edad de doce años, cuando Nikola apenas contaba con cinco, se hace difícil una comparación justa entre ambos. La pérdida del primogénito fue un duro golpe para los padres; el dolor, la tristeza de la familia se materializaron en la idealización de sus talentos y en la predicción de las posibilidades de genialidad que podría haber alcanzado, situación que constituyó un desafío para Nikola durante su juventud.

El superhombre Tesla nació del superniño Nikola. Obligado a sobresalir por un ansia de continuar en memoria de su amado hermano fallecido, así como debido a su propio empeño por superar los grandes logros que su hermano hubiese alcanzado de haber seguido viviendo, aprovechó de manera inconsciente extraños recursos en su interior. La existencia de estos recursos, al igual que ocurre con la carrera de los individuos, podría haber permanecido insospechada durante toda su vida si Nikola no hubiese sentido la necesidad de crear una esfera de vida más amplia para sí mismo.

Ya de niño era consciente de que no era un niño como los demás en cuanto a pensamientos, diversiones ni aficiones. Podía hacer las cosas que los chicos de su edad hacían normalmente y muchas otras que estos no podían. Las que más le interesaban eran estas últimas, y no encontraba compañeros que compartiesen su entusiasmo por ellas. Esta situación le hizo aislarse de sus coetáneos, y lo hizo consciente de que estaba destinado para algo extraordinario, si no para grandes logros en la vida. Su mente infantil exploraba de manera continua campos que no correspondían a su edad, y sus logros infantiles eran a menudo dignos de un hombre adulto.

Vivía, por supuesto, las típicas experiencias consistentes en incidentes insólitos que corresponden a un niño pequeño. Uno de los primeros sucesos que Tesla llegó a recordar fue una caída dentro de un tanque de leche caliente que se estaba calentando en el proceso que los nativos de su región utilizaban como medida higiénica, anticipando el proceso moderno de pasteurización.

Poco después se quedó encerrado por accidente en una remota capilla en la montaña que solo recibía visitas muy de vez en cuando. Pasó la noche en el pequeño edificio hasta que se descubrió su ausencia y se determinó su posible paradero.

Vivía en contacto con la naturaleza, con gran oportunidad de observar el vuelo de los pájaros que siempre ha despertado la envidia del hombre, e hizo lo que muchos otros chicos de su edad han hecho, con los mismos resultados. Cierta solución a la problemática del vuelo libre por el aire le vino dada por un paraguas y un poco de imaginación. El tejado de un granero fue su plataforma de lanzamiento. El paraguas era amplio, pero estaba en mal estado, a causa de muchos años de uso: se dobló hacia dentro apenas el vuelo había comenzado. No se fracturó ningún hueso, pero pasó las siguientes seis semanas en cama a causa del fuerte golpe. A pesar de ello reunía probablemente mejores razones para llevar a cabo este experimento que la mayoría de los otros que lo habían intentado. Reveló que durante prácticamente toda su vida experimentó una sensación peculiar al respirar hondo. Cuando lo hacía, lo embargaba una sensación de ligereza, como si su cuerpo perdiese todo su peso; por lo que debería, pensó, ser capaz de volar por el aire simplemente si así se lo proponía. No llegó a comprender durante la infancia que él era diferente a este respecto.

Un día cuando contaba cinco años uno de sus amiguitos recibió como regalo un sedal, por lo que todos los niños de la pandilla planearon una excursión para pescar. Aquel día, por alguna razón imposible de recordar, estaba reñido con los chavales, por lo que le dijeron que no podía acompañarlos. Ni siquiera le permitirían ver de cerca el sedal. Sin embargo había visualizado la idea general de un gancho al final de una cuerda. En poco tiempo ya había diseñado su propia interpretación de un anzuelo. No se le había ocurrido el detalle de una lengüeta y tampoco se le pasó por la cabeza usar cebo cuando salió por sí mismo a pescar. El anzuelo sin cebo no logró atraer a ningún pez pero, colgado en el aire, para gran sorpresa y satisfacción de Tesla, atrapó a una rana que saltaba alrededor. Volvió a casa con un saco de casi dos docenas de ranas. Puede que aquel día los peces no hubiesen picado, pero en cualquier caso sus compañeros regresaron a casa tras usar su nuevo anzuelo y sedal sin haber pescado pez alguno. Su triunfo fue absoluto. Cuando más tarde reveló su técnica todos los muchachos del barrio copiaron su anzuelo y su método, y en poco tiempo la población de ranas de la región mermó notablemente,

El contenido de los nidos de pájaro siempre suscitó la curiosidad de Tesla. Rara vez alteró estos contenidos ni a sus habitantes, pero en una ocasión trepó por un peñasco abrupto para investigar un nido de águila, y sacó de él a una cría de águila que encerró en un granero. Consideró que un ave en pleno vuelo sería una presa justa para su honda, de la que era un virtuoso.

También por este tiempo suscitó su interés una pieza de tubo hueco cortada de una caña que crecía en el barrio. Jugó con ella hasta convertirla en una pistola de soplado, y más tarde, haciendo un émbolo y obstruyendo uno de los extremos del tubo con una bolita de cáñamo húmeda, la convirtió en una pistola de aire comprimido. Entonces emprendió la fabricación de pistolas de este tipo de mayor tamaño, e ideó una cuyo extremo del émbolo se sostenía contra el pecho y el tubo tiraba enérgicamente hacia el cuerpo. Se comprometió a fabricar este artículo para sus amigos, como un hombre de negocios de cinco años. Cuando varios cristales de ventanas resultaron romperse de manera accidental al interponerse en el camino de su bolita de cáñamo, su propensión a la invención en este campo se vio frenada en seco por la destrucción de las pistolas y la administración parental de la caña.

Tesla inició su enseñanza académica asistiendo a la escuela del pueblo de Smiljan antes de su quinto cumpleaños. Pocos años después su padre fue designado pastor de una iglesia en la ciudad vecina de Gospic, por lo que la familia se mudó allí. Fue un día triste para el joven Tesla. Había vivido en contacto con la naturaleza y amado el campo abierto y las altas montañas entre las que hasta entonces había pasado toda su vida. La repentina transición a las artificialidades de la ciudad constituyó para él un gran impacto. Estaba en desarmonía con este nuevo entorno.

Su llegada a la vida urbana de Gospic a la edad de siete años comenzó de manera desafortunada. Como nuevo pastor de la ciudad, su padre se preocupaba por que todo se desarrollase sin problemas. Ordenaron a Tesla vestirse con sus mejores galas y asistir a los oficios del domingo. Naturalmente temió este espectáculo, por lo que se mostró muy contento cuando se le asignó tocar las campanas para convocar a los fieles al oficio y para anunciar el final de las ceremonias. Esto le otorgaba la oportunidad de permanecer oculto en el campanario mientras los parroquianos, sus hijas y los petimetres de sus hijos iban y venían.

Creyendo que había esperado el tiempo suficiente después del cierre del oficio para que la iglesia se limpiase el primer domingo, descendió tres peldaños a la vez. Una parroquiana adinerada que llevaba puesta una falda de cola larga que arrastraba elegantemente por el suelo y que había acudido al oficio con un séquito de criados permanecía detrás de los otros parroquianos para tener una charla con el nuevo pastor. Estaba haciendo una salida majestuosa justo en el momento en que Tesla, en su salto final desde la escalera, fue a aterrizar sobre la cola de la falda, rasgando así este accesorio del vestido que preservaba la dignidad de la mujer. Tanto la humillación y la ira de esta como la cólera de su padre cayeron sobre él de manera simultánea. Varios parroquianos que remoloneaban a la salida volvieron apresurados para regocijarse con el espectáculo. Desde entonces nadie se arriesgó a ser amable con este muchacho que había desatado la ira de la viuda noble y adinerada que tiranizó la comunidad social. Fue prácticamente excluido por los parroquianos, y así permaneció hasta que se redimió de una manera espectacular.

Tesla se sintió extraño y derrotado en su ignorancia de los modales urbanos. Su primera forma de enfrentar la situación fue evitarla. No se preocupó por salir de casa. Los chicos de su edad vestían pulcramente cada día, eran unos petimetres con los que él no se sentía identificado. Incluso desde la infancia Tesla fue meticulosamente esmerado en su vestimenta, pero al principio se colaría ropa de trabajo por encima de su ropa formal y deambularía por los bosques o se dedicaría al trabajo mecánico. No podía disfrutar la vida si esta se limitaba a las actividades en las que podía participar vestido de manera formal. Sin embargo Tesla poseía ingenio, y rara vez hubo alguna situación en la que no fuese capaz de usarlo. Poseía asimismo conocimiento acerca de los caminos de la naturaleza. Esto le otorgó una superioridad distinguida sobre los chicos de ciudad.

Aproximadamente un año después de que la familia se mudase a Gospic, se fundó una nueva empresa de bomberos. A esta debía suministrarla una bomba que remplazaría la útil pero inadecuada brigada de cubos. Los miembros de la nueva organización recibieron uniformes de colores brillantes y practicaron desfiles. Finalmente llegó la nueva bomba, una bomba manual que debía ser manejada por dieciséis hombres. Se organizó un desfile y una exhibición del nuevo artilugio. Casi todo Gospic se vistió para la ocasión y se congregó en el frente del río con motivo de la exhibición. Tesla se encontraba entre la multitud. No prestó atención a los discursos, pero concentró toda ella en el aparato pintado de un color brillante. Desconocía cómo funcionaba, pero le hubiese encantado tomarlo aparte e investigar su mecanismo.

El momento de la exhibición llegó cuando el último orador, al finalizar su dedicatoria, dio la orden de iniciar el funcionamiento de la bomba, que dispararía una corriente de agua desde la boquilla en dirección al cielo. Los ocho hombres regimentados a ambos lados de la bomba se agachaban y se levantaban alternativamente a la par que levantaban y bajaban las barras que manejaban los pistones de la bomba. Nada más ocurrió, ¡no surgió ni una gota de la boquilla!

Algunos oficiales de la empresa comenzaron a hacer ajustes febrilmente y, tras cada intento, ponían a los dieciséis hombres a oscilar arriba y abajo en los mangos de la bomba, siempre sin resultado. Se enderezaron las hileras de mangueras entre la bomba y la boquilla, se desconectaron de la bomba y se conectaron de nuevo; pero no salía ni una gota de agua del lejano final de la manguera que premiase los esfuerzos de los bomberos sudorosos.

Tesla formaba parte del grupo común de pillos que siempre se las apaña para ocupar la primera fila en tales ocasiones. Intentaba observar todo lo que ocurría desde el punto de vista más próximo y evidentemente sacaba de sus casillas a los oficiales enojados cuando sus repetidos esfuerzos se veían frustrados en continuos fracasos. Cuando uno de los oficiales se giraba por décima vez para descargar su frustración sobre los pillos y ordenarles que se apartasen de su radio de acción, Tesla lo agarró por el brazo.

Sé cómo solucionarlo, señor, dijo Tesla, *Sigan bombeando.*

Lanzándose al río, Tesla se desembarazó rápidamente de su ropa y se sumergió en el agua. Nadó hasta la manguera de succión que debía extraer el suministro de agua desde el río y que estaba retorcida, por lo que el agua no podía fluir a través de ella, y también aplanada por la aspiración creada por el bombeo. Cuando deshizo la parte que estaba retorcida el agua se precipitó en el conducto. Los hombres de la boquilla permanecieron por mucho tiempo en sus posiciones, recibiendo repetidos avisos de estar preparados cada vez que se hacía un ajuste, pero, como en ninguna de las ocasiones ocurría nada, se habían ido relajando y apenas prestaban atención a la dirección hacia la que apuntaba la boquilla. Cuando el chorro de agua salió disparado hacia arriba, cayó sobre los oficiales ensamblados y sobre los ciudadanos. Este suceso de drama inesperado revolucionó a la multitud al otro lado de la línea cerca de la bomba, y para dar rienda suelta a su alegría agarraron Tesla, ligeramente vestido, lo auparon a hombros de un par de bomberos e iniciaron una procesión por la ciudad. Aquel Tesla de siete años fue el héroe del día.

Más tarde, cuando Tesla explicó el incidente, dijo que no tenía la más mínima idea de cómo funcionaba la bomba, pero que al ver a los hombres bregar con ella le llegó un flash intuitivo de conocimiento que lo impulsó a acercarse a la manguera en el río. Recordando el evento desde el tiempo, dijo haber sabido cómo Arquímedes debió de sentirse cuando, después de descubrir su principio de flotación, corrió desnudo por las calles de Siracusa gritando *Eureka!*

A la edad de siete años Tesla había experimentado los placeres del reconocimiento público de su ingenio. Y lo que es más, había hecho algo que los petimetres, los chicos de su edad de la ciudad, no podían hacer, que ni siquiera sus padres podían hacer. Se había encontrado a sí mismo. Ahora era un héroe, y ya podía olvidarse que había saltado sobre la falda de una mujer y desgarrado su cola.

Tesla jamás perdió una oportunidad de ir de excursión por las montañas vecinas donde de nuevo podía disfrutar de los placeres de sus primeros años, que pasó en contacto con la naturaleza. En estas ocasiones se preguntaría a menudo si seguiría funcionando una tosca rueda de agua que él mismo había fabricado e instalado, cuando contaba con menos de cinco años de edad, en el arroyo de la montaña cerca de su casa en Smiljan.

La rueda consistía en un corte en forma de disco no demasiado bien tallado extraído de un tronco de árbol mediante enormes operaciones. Fue capaz de cortar un hueco en el centro y encajar dentro una especie de rama recta de un árbol, los extremos de la cual descansaban sobre dos palos con bragaduras que hincó en la roca a ambas orillas del arroyo. Esta disposición permitía que la parte inferior del disco se sumergiese en el agua y que la corriente lo hiciese rotar. El chaval empleó gran originalidad en fabricar este anciano aparato. La rueda se tambaleaba un poco, pero constituía para él una maravillosa pieza de construcción, y el placer que sentía al observar cómo su rueda de agua obtenía energía a partir del arroyo era inmensurable.

Este experimentó causó, como es de esperar, una impresión vitalicia en su joven mente plástica, y creó en él el deseo, que siempre se manifestó posteriormente en su trabajo, de obtener energía de las fuentes de la naturaleza que continuamente se desvanecen y se reponen.

En esta rueda de agua consistente en un disco tallado encontramos un primer indicio de su posterior invención de la turbina de disco liso. En su experiencia posterior, descubrió que todas las ruedas de agua cuentan con palas, pero su pequeña rueda de agua había funcionado sin ellas.

El primer experimento de Tesla en el que empleó métodos originales de producción de energía tuvo lugar cuando contaba nueve años. Constituyó una prueba de su ingenio y de su originalidad, si no de algo más. Se trataba de un motor que funcionaba con la energía de dieciséis insectos. Cogió dos finas astillas de madera, tan delgadas como un mondadientes y varias veces más largas, y las pegó en forma de cruz, de modo que presentaban el aspecto de las aspas de un molino. En el punto de intersección entre ambas pegó un eje hecho de otra fina astilla de madera. En esta parte deslizó una polea diminuta del diámetro de un guisante, aproximadamente. Deslizó asimismo un trozo de hilo a modo de correa de transmisión por encima de este conjunto y también alrededor de la circunferencia de una polea mucho más grande pero ligera montada también sobre un fino eje. La energía de esta máquina la proveían dieciséis abejorros. Había recolectado un tarro entero de estos insectos, que eran más que una plaga en el barrio. Pegó cuatro insectos con una pequeña cantidad de pegamento mirando en la misma dirección, a cada una de las cuatro aspas del molino. Los insectos batían sus alas, y de haber estado libres hubiesen levantado el vuelo a gran velocidad. Sin embargo estaban adheridos a las aspas cruzadas, así que en lugar de volar produjeron un movimiento circular de las aspas a alta velocidad, lo que al estar conectado por la correa de transmisión a la polea larga provocó el giro a lenta velocidad de esta última, pero desarrolló, tal y como Tesla cuenta, una sorprendentemente grande energía giratoria.

Orgulloso de su motor de insectos y de su constante funcionamiento (los insectos no dejaron de volar durante horas), llamó a uno de los muchachos del barrio para que lo admirase. El muchacho era hijo de un oficial del Ejército, y se divirtió por un tiempo con el motor de insectos hasta que descubrió el tarro de insectos aún sin utilizar. Sin dudarlo abrió el tarro, extrajo los insectos y se los comió. Esto repugnó tanto a Tesla que expulsó al muchacho de la casa y destruyó el motor. Durante años fue incapaz de soportar la visión de abejorros sin el regreso de esa sensación desagradable.

Este suceso fastidió mucho a Tesla, que había planeado añadir más ejes y adherir más voladores hasta tener un motor de más de cien insectos.

DOS

Los años que pasó Tesla en la escuela fueron más importantes por las actividades a las que se dedicaba en las horas extraescolares que por lo que aprendía en el aula. A la edad de diez años, cuando hubo acabado la enseñanza elemental en la Escuela Normal, Tesla entró en el college llamado Real Gymnasium, en Gospic. No era una edad inusualmente temprana para comenzar el Real Gymnasium, ya que esta institución corresponde más a nuestra escuela secundaria que al College británico.

Uno de los requisitos y una de las actividades a las que se consagraba un grandísimo porcentaje del tiempo de la clase durante los cuatro años era el dibujo a mano alzada. Tesla detestaba la materia casi hasta el punto de la rebelión abierta, por lo que sus notas eran muy bajas, lo que no respondía por completo sin embargo a una falta de habilidad.

Durante su infancia Tesla era zurdo, pero más tarde se volvió ambidiestro. Ser zurdo era un hándicap definitivo en el dibujo a mano alzada, pero su trabajo podría haber sido mucho mejor y habría obtenido mejores notas si no se hubiese dedicado al altruismo: un estudiante al que aventaja en el dibujo se esforzaba por conseguir una beca que no conseguiría de obtener las peores notas en dibujo a mano alzada. Tesla trató de ayudar a su compañero obteniendo él mismo de manera intencionada las peores notas de la pequeña clase.

Su asignatura preferida era matemáticas, en la que destacaba. Su excepcional competencia en este campo no se consideraba una virtud que contrarrestase su falta de entusiasmo por el dibujo a mano alzada. Un poder extraño le permitía llevar a cabo inusuales hazañas en el campo de las matemáticas, un poder que poseía desde su más tierna infancia, pero que había considerado un estorbo y que trató de eliminar porque parecía escaparse de su control.

Si pensaba en un objeto este aparecería ante él con apariencia sólida, maciza. Estas visiones poseían hasta tal punto los atributos de los objetos reales que le era a menudo difícil distinguir entre sus visiones y la realidad. Esta facultad atípica le era muy útil en sus tareas escolares de matemáticas.

Si se le proponía un problema de aritmética o de álgebra, le era indiferente salir a la pizarra para resolverlo o bien permanecer en su sitio. Su insólita facultad le permitía visualizar una pizarra en la que se hallaba escrito el problema, y donde aparecían todas las operaciones y símbolos pertinentes para su resolución. Cada paso aparecía mucho más rápido de lo que podía escribirlo en la pizarra real. En consecuencia, era capaz de hallar la solución casi tan pronto como el problema era en su totalidad planteado.

Sus profesores dudaron al principio de su honestidad, creyendo que se había servido de alguna trampa astuta para obtener las respuestas correctas. A su debido tiempo su escepticismo se disipó y lo aceptaron como un estudiante con una aptitud extraordinaria para la aritmética mental. No revelaría este poder a nadie y solo hablaría de él con su madre, quien anteriormente lo había apoyado en su empeño por acabar con él. Ahora que este poder había demostrado cierta utilidad, sin embargo, no deseaba tan fervientemente eliminarlo, sino que pretendía llegar a controlarlo por completo.

Mucho más que el trabajo que llevaba a cabo en la escuela le interesaba el trabajo que llevaba a cabo fuera de esta. Era un lector rápido y tenía una memoria retentiva hasta el punto de ser prácticamente infalible. Tenía facilidad para los idiomas. Además de su natal serbocroata llegó a ser competente en alemán, francés e italiano, lo que le abrió grandes almacenes de conocimiento a los que otros estudiantes no tenían acceso, aunque al parecer este conocimiento apenas le servía en su actividad escolar. Se interesaba por lo mecánico pero su escuela no contaba con clases de adiestramiento manual. No obstante adquirió gran competencia en el trabajo de la madera y de los metales con herramientas y métodos de su propia invención.

En el aula de uno de los cursos superiores del Real Gymnasium se exponían modelos de ruedas de agua. Estos modelos no estaban en funcionamiento pero despertaron no obstante el entusiasmo de Tesla. Le recordaban a la tosca rueda que había construido en las colinas de Smiljan. Había visto fotografías de las magníficas Cataratas del Niágara. Uniendo las posibilidades de energía que presentaban las majestuosas cataratas y las seductoras posibilidades que vio en aquellos modelos de ruedas de agua, afloró en su interior la pasión por realizar un grandioso logro. Adornando el tema de manera elocuente, dijo a su padre: *Algún día viajaré a América y utilizaré las Cataratas del Niágara para producir energía.* Treinta años después vería su predicción hecha realidad.

En la biblioteca de su padre había muchos libros. El conocimiento que estos encerraban le interesaba más que el que se le impartía en la escuela, y deseó pasar las tardes leyéndolos. Como en otros aspectos, lo llevó hasta el extremo, por lo que su padre le prohibió leerlos, temiendo que se dañara la vista con la tenue luz de las velas de sebo que por entonces se utilizaban para iluminar. Nikola trató de burlar la imposición llevando velas a su habitación y leyendo después de que le ordenasen acostarse, pero pronto descubrieron su violación de las órdenes y se escondió el suministro de velas de la familia. Entonces creó un molde de vela a partir de un trozo de hojalata y fabricó sus propias velas. Así, tapando el ojo de la cerradura y los resquicios alrededor de la puerta, conseguía pasar las horas de la noche leyendo volúmenes hurtados de las estanterías de su padre. Según decía, leería a menudo toda la noche sin sentirse para nada afectado por la falta de sueño. Un posterior descubrimiento, sin embargo, desató una enérgica disciplina parental. En aquella época tenía unos once años.

Al igual que otros chicos de su edad jugaba con arcos y flechas. Construyó arcos más grandes y flechas que seguían trayectorias más rectas, y tenía una puntería excelente, pero no se limitó a esto. Comenzó a construir ballestas, que podrían describirse como pistolas de arco y flecha. El arco se monta en un armazón y la cuerda se estira hacia atrás y se atrapa con un gancho del que se libera mediante un gatillo. La flecha se coloca en el punto medio del arco con el extremo contra la cuerda tensa. El arco se sostiene de manera horizontal sobre el armazón mientras que en el caso del tiro manual ordinario este se sostiene en posición vertical; de ahí que en inglés el aparato se denomine a veces *crossbow*, literalmente *arco cruzado*. Al ajustar la ballesta la flecha se coloca contra el abdomen y se estira hacia atrás la cuerda con la máxima fuerza posible. Tesla decía hacer esto tan a menudo que la piel de la zona de presión se le volvió callosa hasta parecer más bien piel de cocodrilo. Las flechas que se disparaban al aire desde la ballesta no se recuperaban nunca, ya que se perdían de vista. De cerca perforarían una tabla de pino de una pulgada de espesor.

Tesla desarrolló por la arquería una emoción que otros chicos no experimentaban. Imaginaba que montaba en aquellas flechas que él disparaba y que se perdían de vista en el azul de la bóveda de los cielos. Esa sensación de euforia que experimentaba al respirar hondo le otorgaba tal sensación de ligereza que se convenció de que en este estado le sería relativamente fácil volar por el aire con tan solo inventar una ayuda mecánica que lo lanzase y le permitiese vencer lo que él creía el ligero peso restante de su cuerpo. Su anterior salto nefasto desde el tejado de un granero no lo había desilusionado. Sus conclusiones coincidían con sus sensaciones; pero no se puede condenar con demasiada severidad a un muchacho de doce años que explora este difícil campo por sí solo por no percatarse de que nuestros sentidos a veces nos decepcionan, o que a veces nos decepcionamos a nosotros mismos al interpretar lo que nuestros sentidos nos dicen.

Cuando respiraba hondo hiperventilaba los pulmones, expulsando parte del dióxido de carbono residual, que es *ceniza química* y en gran parte inerte, y lo remplazaba por aire que contenía una mezcla de nitrógeno inerte y oxígeno muy activo a partes iguales. Como el último se encontraba presente en proporciones superiores a lo normal comenzaba inmediatamente a perturbar los equilibrios químicos del cuerpo. La reacción en el cerebro produce un resultado no muy diferente a una intoxicación etílica. Varios cultos utilizan este procedimiento para inducir experiencias místicas o sobrenaturales. ¿Cómo podría un chaval de doce años saber todo esto? Podía ver que los pájaros hacían un trabajo excelente al volar. Estaba convencido de que algún día el hombre volaría, y quería inventar la máquina que lo despegaría del suelo y lo elevaría en el aire.

Tuvo la gran idea cuando estudió el vacío: un espacio dentro de un recipiente del que todo el aire había sido extraído. Aprendió que todo objeto expuesto al aire estaba sometido a una presión de unas 0,95 atmósferas mientras que en el caso del vacío los objetos estaban libres de tal presión. Calculó que una presión de 0,95 atmósferas debería hacer girar un cilindro a alta velocidad y podría apañárselas para aprovechar esa presión circundando la mitad del cilindro con un vacío y dejando la otra mitad de su superficie expuesta a la presión del aire. Construyó esmeradamente una caja de madera que contaba en un extremo con una apertura en la que encajaba con gran precisión un cilindro, de tal forma que la caja quedaba hermética, y en un lado del cilindro la esquina de la caja contactaba de manera perpendicular. En el otro lado del cilindro la caja contactaba en posición tangente o plana. Lo dispuso así porque quería que la presión del aire se ejerciese de manera tangente sobre la superficie del cilindro, lo que sabía que era necesario para que la rotación se produjese. Si lograba que el cilindro rotase, para volar tan solo tendría que unir una hélice a un eje desde el cilindro, atar la caja a su cuerpo y obtener energía continua desde la caja de vacío, lo que lo elevaría por el aire. Su teoría era evidentemente errónea, pero en aquella época no tenía forma de saberlo.

La obra que constituía esta caja era indudablemente de gran categoría, si tenemos en cuenta que fue construida por mecánico autodidacta de doce años. Cuando conectó su bomba de vacío, una bomba ordinaria con las válvulas del revés, encontró que la caja era hermética, así que extrajo todo el aire, observando mientras tanto atentamente el cilindro. La bomba bombeó durante mucho tiempo sin que nada ocurriese, excepto que su espalda se resentía al tirar del mango de la bomba hacia arriba mientras creaba el mayor vacío posible. Descansó un momento. Respiraba hondo de lo exhausto que estaba, hiperventilando sus pulmones, y teniendo la alegre y vertiginosa sensación de ser tan ligero como el aire, un estado mental altamente satisfactorio para su experimento.

De repente el cilindro comenzó a girar, lentamente. ¡Su experimento era un éxito! ¡Su caja con poder de vacío funcionaba! ¡Volaría!

Tesla estaba loco de contento. Se sumió en un estado de éxtasis. No había nadie con quien compartir su júbilo, ya que no había hecho partícipe a nadie de su confidencia. Era su secreto, y se vio obligado a padecer este júbilo a solas. El cilindro continuaba girando lentamente. Aquello era real, no era una alucinación. Sin embargo, para su decepción, no llegaba a acelerarse. Lo había visualizado girando a grandísima velocidad pero en realidad giraba a una velocidad extremadamente lenta. Al menos su idea, calculó, era correcta. Con un trabajo un poco mejor podría tal vez conseguir que el cilindro girara más rápidamente. Permaneció embelesado contemplando cómo giraba a velocidad de tortuga durante menos de medio minuto. Y entonces el cilindro se detuvo, lo que rompió el hechizo y puso fin, por el momento, a sus vuelos aéreos mentales.

Indagó en el problema y localizó rápidamente la que él estaba seguro de que era la causa de la dificultad. Dado que el vacío, teorizaba, es la fuente de energía, si la energía se detiene, debe de ser porque el vacío ha cesado. Estaba seguro de que su bomba perdía aire. Levantó el mango, que subió fácilmente, lo que significaba definitivamente que había perdido el vacío en la caja. Bombeó de nuevo el aire, y de nuevo cuando obtuvo un gran vacío el cilindro comenzó a girar lentamente durante una fracción de minuto. Cuando se detuvo bombeó de nuevo vacío y el cilindro giró de nuevo. Esta vez continuó bombeando y el cilindro continuaba girando. Podía mantenerlo en movimiento tanto tiempo como quisiera mientras continuase bombeando el vacío.

Hasta donde podía ver, no había nada erróneo en su teoría. Examinó minuciosamente la bomba, llevando a cabo mejoras que darían lugar a un vacío potente, y estudió la válvula para que protegiese mejor el vacío de la caja. Trabajó en el proyecto durante semanas pero a pesar de sus más grandes esfuerzos no llegaba a obtener mejores resultados que el movimiento lento del cilindro.

Finalmente visualizó la verdad en forma de flash: el vacío de la caja se perdía porque el aire se fugaba por el lado del cilindro donde la tabla plana quedaba en posición tangente a la superficie del cilindro. Como el aire corría dentro de la caja movía el cilindro a su alrededor muy lentamente. Cuando el aire cesaba de correr dentro de la caja el cilindro se paraba. Supo entonces que su teoría estaba equivocada. Había dado por supuesto que incluso con el vacío prolongado sin aire que se fugase, la presión del aire se ejercería de manera tangente sobre la superficie del cilindro y que la presión produciría movimiento al igual que presionar la llanta de la rueda produciría su rotación. Sin embargo más tarde descubrió que la presión se ejerce de manera perpendicular sobre la superficie del cilindro en todos los puntos, como la dirección de los radios de una rueda, y que por lo tanto no podía utilizarla para producir un movimiento rotatorio tal y como había planeado.

Sin embargo este experimento no fue una derrota absoluta, ni si quiera aunque lo desalentase sobremanera. Se quedó con el conocimiento de que el aire que se colaba dentro del vacío incluso había producido de hecho un pequeño movimiento rotatorio en un cilindro, lo que lo condujo directamente, muchos años después, a la invención de la *turbina de Tesla*, el motor de vapor que batió todos los récords de caballos de vapor desarrollado por libras de peso: lo que él denominó *una central eléctrica del tamaño de un sombrero*.

La naturaleza parecía dedicarse constantemente a escenificar espectaculares exhibiciones para el joven Tesla, revelándole muestras del secreto de sus poderosas fuerzas.

Un día de invierno después de que una tormenta de nieve cayese húmeda y pegajosa, Tesla vagaba por las montañas con algunos chicos. Una pequeña bola de nieve rodó por el suelo y atrajo rápidamente más nieve hacia sí y se convirtió enseguida en una gran bola de nieve no demasiado fácil de mover. Hastiados de hacer muñecos y casas de nieve en tramos a nivel del suelo, los chavales comenzaron a arrojar bolas de nieve pendiente abajo. La mayoría de estos intentos eran inútiles, es decir, se estancaban en la nieve blanda antes de acumular un volumen adicional. Unas pocas bolas rodaban cierta distancia y se hacían más grandes para acabar atascándose y deteniéndose. Una, sin embargo, reunió las condiciones necesarias y rodó hasta convertirse en una gran bola, y entonces se extendió, enrollando la nieve a los lados como si enrollase una alfombra gigante, hasta convertirse de repente en una avalancha. De pronto una masa irresistible de nieve se movía por la pendiente empinada. Limpió la ladera de la montaña de nieve, árboles, tierra y de todo lo que pudiese llevarse por delante y arrastrar. La gran masa aterrizó en el valle de abajo con un golpe sordo que sacudió la montaña. Los chicos se asustaron porque en la montaña, por encima de donde ellos se encontraban, había nieve que debía de haber sido sacudida y empujada pendiente abajo, y que los enterraría y arrastraría.

Este suceso impactó a Tesla profundamente y marcó en gran medida su pensamiento a lo largo de su vida posterior. Había presenciado cómo una bola de nieve de unos pocos gramos de peso desataba un movimiento irresistible, devastador de miles de toneladas de materia inerte. Esto lo convenció de que hay fuerzas enormes bloqueadas en la naturaleza que pueden ser desatadas en cantidades gigantescas, para fines tanto útiles como destructivos, mediante el empleo de pequeñas fuerzas desencadenantes. En sus posteriores experimentos siempre buscó tales desencadenantes.

Tesla era un pensador original incluso desde niño y nunca dudó en concebir pensamientos a gran escala, llevando todo hasta su máxima dimensión final como medio de explorar el cosmos, lo que demuestra otro suceso que tuvo lugar el verano siguiente. Vagaba solo por las montañas cuando el cielo comenzó a cubrirse de nubes de tormenta. Hubo un flash de luz y casi instantáneamente un diluvio cayó sobre él.

Su mente de trece años de edad albergaba en aquella ocasión un pensamiento que le acompañó prácticamente durante toda su vida. Vio el flash de luz y entonces vio caer la lluvia a torrentes, por lo que llegó a la conclusión de que el flash de luz provocaba la precipitación. Arraigó en su mente la idea de que la electricidad controlaba la lluvia, y de que si uno era capaz de producir iluminación a su voluntad, podría controlarse el tiempo meteorológico. Entonces no habría periodos de sequía que arruinasen las cosechas, se podrían convertir los desiertos en viñedos, aumentaría extraordinariamente el suministro de alimentos del mundo y estos no escasearían en ninguna parte. ¿Por qué no podría producir iluminación?

La observación y las conclusiones extraídas por el joven Tesla eran dignas de una mente más madura, y trabajar en el proyecto de controlar los fenómenos meteorológicos del mundo a través de estos medios requeriría de un genio entre los adultos. Sin embargo había un fallo en su observación. Vio la luz llegar primero y la lluvia después. Posteriores investigaciones le habrían revelado que el orden de los eventos era el inverso allá arriba. En lo alto de la nube era la lluvia la que se producía primero y la luz después. La luz, sin embargo, llegaba primero porque recorría el camino desde la nube en menos de una milésima de segundo, mientras que las gotas de lluvia tardaban varios segundos en caer al suelo.

En este momento se plantó en la mente de Tesla la semilla de un proyecto que maduró más de treinta años después cuando, en las montañas de Colorado, produjo de veras rayos de luz y planeó más tarde utilizarlos para provocar lluvia. Nunca logró convencer a la Oficina de Patentes de Estados Unidos de la viabilidad del plan de producción de lluvia.

Tesla, de niño, no conocía los límites del universo de su pensamiento, y como resultado construyó un reino intelectual lo suficientemente grande para disponer de un espacio amplio en el que su mente más madura pudiese operar sin dar con obstáculos que lo retardasen.

Tesla finalizó su estancia en el Real Gymnasium de Gospic en 1870 a la edad de catorce años. Se había distinguido como alumno. En un curso, sin embargo, su profesor de matemáticas le suspendió aquel año de trabajo. Tesla sintió que se había cometido una injusticia contra él, por lo que se dirigió al director de la escuela y pidió que se le examinara de la materia de la forma más estricta posible, lo que se llevó a cabo en presencia del director y del profesor, y Tesla aprobó con una nota casi perfecta.

Su buen trabajo en la escuela y el reconocimiento por parte de la gente del pueblo de que poseía una amplitud de conocimiento mayor que la de cualquier otro joven de la ciudad instó a los administradores de la biblioteca pública a pedirle que clasificara los libros con que esta contaba y que elaborase un catálogo. Por entonces había leído ya la mayoría de los libros de la amplia biblioteca de su padre, por lo que le agradó tener acceso a una colección aún mayor y emprendió la tarea con gran entusiasmo. Apenas había comenzado a trabajar en este proyecto cuando fue interrumpido por una larga enfermedad intermitente. Cuando llegó a sentirse demasiado decaído para acudir a la biblioteca se había traído a casa una gran cantidad de libros, que leyó durante el tiempo de su reposo en cama. Su enfermedad alcanzó un punto crítico y los médicos abandonaron toda esperanza de salvar su vida.

El padre de Tesla sabía que este era delicado y, tras haber perdido a su otro hijo, intentó por todos los medios salvar a este. Estaba encantado con los brillantes logros de su hijo en casi todas las actividades en las que participaba, pero reconocía el gran peligro que suponía para la salud de Nikola la gran intensidad con la que abordaba los proyectos. La tendencia de Nikola a la ingeniería constituía para él una evolución peligrosa, puesto que creía que trabajar en este ámbito le plantearía exigencias demasiado duras, no solo por la naturaleza del trabajo, sino también por los largos años de estudio que tendría que dedicar. Si el joven se dedicase por el contrario al sacerdocio, no le sería necesario continuar sus estudios tras el Real Gymnasium, que acababa de finalizar. Por esta razón su padre prefirió para él una carrea en la Iglesia.

La enfermedad confirió a todo un aspecto sombrío. Cuando su enfermedad alcanzó la fase crítica y su resistencia se agotaba, Nikola no manifestaba intención de luchar por mejorar, sin sentir entusiasmo por nada. En esta fase de la enfermedad miraba lánguidamente uno de los libros de la biblioteca. Se trataba de un libro de Mark Twain. Este libro suscitó su interés, y entonces floreció su entusiasmo por la vida, lo que le permitió superar una crisis, y fue poco a poco recobrando la salud. Tesla atribuyó el haber salvado su vida al libro de Mark Twain, y cuando lo conoció años después ambos se hicieron íntimos amigos.

Tesla continuó, a la edad de quince años, en 1870, sus estudios en el High Real Gymnasium, correspondiente a nuestro Bachillerato, en Karlovac, Croacia. Su asistencia a este colegio fue posible gracias a una invitación de una prima de su padre casada con un Coronel de la familia Brankovic, que residía en Karlovac, de venir a vivir con ella y con su marido, un oficial del Ejército jubilado, mientras iba a la escuela. Su vida allí no fue para nada feliz. Apenas había llegado cuando contrajo la malaria a causa de los mosquitos de las tierras bajas de Karlovac, y no llegó a liberarse de la enfermedad durante años.

Tesla cuenta haber pasado hambre durante los tres años que duró su estancia en Karlovac. En la casa había gran cantidad de comida deliciosamente cocinada, pero su tía esgrimía el argumento de que no podía hacer comidas copiosas a causa de que su salud parecía débil. Su marido, un individuo hosco y fuerte, sirviéndose a sí mismo una segunda ración, trataba a veces de deslizar una buena porción de carne sobre el plato de Tesla, pero el coronel era siempre desautorizado por su esposa, que le quitaba la porción y cortaba otra del grosor de una hoja de papel, advirtiéndole a su marido: *Niko está delicado y debemos tener cuidado de no sobrecargar su estómago.*

Sus estudios en Karlovac le interesaban, sin embargo, y completó el curso de cuatro en solo tres, abordando el trabajo de la escuela con un entusiasmo peligroso, en parte como una vía de escape para distraer su atención de las desagradables condiciones del lugar en el que vivía. La impresión favorable y duradera que se llevó Tesla de Karlovac estaba relacionada con su profesor de física, un experimentador inteligente y original, que lo asombraba con las proezas que realizaba con indumentaria de laboratorio. No tuvo suficiente con este curso. De ahora en adelante deseaba dedicar todo su tiempo a la experimentación con electricidad. Supo que no se sentiría satisfecho en ningún otro ámbito. Se preparó su mente: había elegido su carrera.

Poco antes de su graduación su padre le escribió con la recomendación de no regresar a casa cuando acabara el curso, sino de hacer un largo viaje de caza. Sin embargo Tesla estaba impaciente por llegar a casa, quería sorprender a sus padres con la buena noticia de que había finalizado su estancia en el High Real Gymnasium un año antes de lo estipulado, así como anunciar su decisión de hacer del estudio de la electricidad el trabajo de su vida. Muy preocupados, sus padres, que en aquel momento hacían esfuerzos extenuantes por preservar su salud, se alarmaron doblemente. Primero a causa del incumplimiento de las instrucciones que le escribieron de no regresar a Gospic. No habían revelado la razón: se estaba extendiendo una epidemia de cólera. En segundo lugar a causa de la decisión de su hijo de estudiar una carrera que, según temían, supondría peligrosas exigencias a su delicada salud. Al volver a casa se encontró con que sus planes eran completamente contrariados, lo que lo entristeció mucho. Además, dentro de poco tendría que hacer frente a una situación incluso más repugnante que comenzar una carrera en la Iglesia, la de los tres años obligatorios en el Ejército. Estos dos poderosos factores actuaban en su contra e intentaban frustrar su ardiente deseo de comenzar de manera inmediata a descifrar el misterio y a aprovechar la gran energía de la electricidad.

Pensaba que nada podía superar la dificultad del apuro en que se encontraba. Se equivocaba, sin embargo; puesto que pronto que se enfrentaría a un problema mucho más serio. Justo el día posterior a su llegada a casa, cuando estos asuntos aún bullían, enfermó de cólera. Había llegado a casa desnutrido a causa de la cantidad insuficiente de comida a la que se le había limitado y la tensión de su intensa dedicación a los estudios. Además, padecía aún de malaria. Entonces llegó el cólera, y todos los otros problemas pasaron a un segundo plano respecto a este consistente en salvar la misma vida en contra de la letal embestida. A causa de sus condiciones físicas los médicos perdieron toda esperanza de salvarlo. Sin embargo sobrevivió a la crisis, pero esta lo dejó en un estado de absoluta debilidad y abatimiento. Guardó cama durante nueve meses casi físicamente destruido. A menudo tenía épocas de recaída, cada una de las cuales hacía que la recuperación pareciese más difícil.

La vida no le suponía ninguna motivación. Si sobrevivía se veía obligado a ingresar en el Ejército y, si nada ocurría que le impidiese acabar ese periodo de algo peor que la esclavitud, se vería obligado a estudiar para pastor. Le daba igual sobrevivir o morir. De haber dependido de su propia decisión, no se habría recuperado de las recaídas anteriores, pero no era de su decisión de lo que dependía. Alguna fuerza más poderosa que su propia consciencia lo empujaba, pero esta tenía que vencer en su contra, y no porque él pusiera de su parte. Los periodos de recaída se sucedían con alarmante frecuencia, cada vez con mayor intensidad. Parecía un milagro que hubiese superado el último, y ahora, con menos resistencia acumulada, se hundía en otro y se sumía rápidamente en la inconsciencia. Su padre entraba en su cuarto e intentaba desesperadamente despertarlo e incitarlo a una actitud más alegre y esperanzadora desde la que pudiese ayudarse a sí mismo, e hizo más de lo que los médicos podían hacer por él, pero no obtuvo resultado alguno.

Podría recuperarme si me dejaseis estudiar ingeniería eléctrica, dijo el joven hombre postrado con un susurro apenas audible. Apenas le quedaba energía ni siquiera para este esfuerzo, y tras pronunciar estas palabras parecía cruzar el límite de la nada. Su padre, agachándose atentamente hacia él y temiendo que el final hubiese llegado, lo agarró.

Nikola, le pidió, *no puedes dejarnos. Debes quedarte. Serás ingeniero. ¿Me escuchas? Irás a la mejor escuela de ingeniería del mundo y serás un gran ingeniero. Nikola, debes regresar, debes regresar y convertirte en un gran ingeniero.*

Los ojos de la figura postrada se abrieron lentamente. Ahora brillaba una luz en los ojos donde antes solo había un vidrio cadavérico. El rostro se movió un poco, muy poco, pero el ligero cambio que este movimiento hizo pareció querer esbozar una sonrisa. Era una sonrisa, una sonrisa débil, y era capaz de mantener sus ojos abiertos aunque, según parecía, esto suponía para él una lucha.

Gracias a Dios, dijo su padre, *Me oyes, Nikola. Irás a una escuela de ingeniería y serás un gran ingeniero. ¿Me entiendes?*

No restaban energías articular sonido alguno, pero la sonrisa se pronunció un poco más.

Había superado otra crisis en la que había escapado a la muerte por la mínima. Su recuperación pareció casi milagrosa. Le parecía, según relató Tesla más tarde, que desde aquel instante era como si atrajese energía vital de los seres queridos que lo rodeaban, y fue eso lo que usó para salir de la sombra.

Podía susurrar de nuevo. *Me pondré bien,* decía débilmente. Respiraba hondo, tan hondo como su cuerpo frágil y exhausto le permitía, el oxígeno que tan estimulante le había parecido en el pasado. Era la primera vez que lo hacía en los nueve meses que había pasado enfermo. Se sentía revigorizado con cada respiro. Parecía fortalecerse minuto a minuto.

En muy poco tiempo ya ingería alimentos y en una semana era capaz de sentarse. Unos pocos días después se tenía en pie. La vida sería ahora gloriosa. Sería ingeniero eléctrico. Todo lo que había soñado se haría realidad. A medida que pasaban los días recobraba fuerzas a un ritmo vertiginoso y regresó su voraz apetito. Era comienzos de verano. Se prepararía para entrar en una escuela de ingeniería a finales de otoño.

Pero había algo que había olvidado, que todos en la familia habían olvidado en la tensión de sus meses de enfermedad, algo en lo que ahora caían de repente. Un llamamiento del Ejército: ¡Debía afrontar tres años de servicio militar! ¿Arruinaría su asombrosa recuperación esta catástrofe que adoptaba la peor apariencia ahora que su carrera electa parecía de no ser por ella próxima? No acudir al llamamiento militar significaría pena de cárcel, y después de ella el servicio militar, además. ¿Cómo solucionaría este problema?

No se tiene constancia de lo que ocurrió. Tesla encubrió esta mancha en su carrera con la afirmación de que su padre consideraba recomendable que hiciese una expedición de caza durante un año para recobrar la salud. En cualquier caso Nikola desapareció. Se marchó con ropa de caza y algunos libros y papeles. Nadie sabe dónde pasó ese año, probablemente lo hizo en algún escondite en las montañas. Durante este tiempo fue un fugitivo del servicio militar.

Para cualquier individuo común esta situación hubiese sido de lo más seria. Para Tesla revestía la misma gravedad que la de un caso normal, con la complicación añadida de que su familia por parte de padre era una familia tradicionalmente militar, cuyos miembros habían alcanzado gran rango y honores en las actividades militares, y muchos de los cuales estaban ahora al servicio del Imperio Austrohúngaro. Convertirse en el equivalente a un insumiso y a un objetor de conciencia era para un miembro de esa familia un serio golpe a su prestigio, y podría provocar un escándalo si se corría la voz de la situación. El padre de Tesla usó esta circunstancia y el hecho de que Nikola contaba con una salud delicada como temas de conversación para inducir a sus parientes que ocupaban cargos militares a utilizar su influencia para permitir a su hijo escapar del reclutamiento y evitar el castigo por eludir responder a la llamada del Ejército. Al parecer tuvo éxito, pero le llevó un tiempo considerable disponerlo todo.

Escondiéndose en las montañas y con el tiempo de todo un año a su disposición, en esta vocación forzosa, Tesla consiguió trabajar todos los planes fantásticos que tenía para proyectos gigantes. Uno de ellos era la construcción y manejo de un túnel submarino que conectase Europa y los Estados Unidos, por el que pudiese transportarse el correo en contenedores esféricos movidos a través del túnel por la presión del agua. En sus primeros cálculos descubrió que la fricción del agua en las paredes de túnel requeriría una enorme cantidad de energía para soportarlo, lo que hacía el proyecto totalmente impracticable. Puesto que sin embargo trabajaba en el proyecto por puro entretenimiento, eliminó la fricción de sus cálculos y fue entonces capaz de diseñar un sistema muy interesante de correo intercontinental de alta velocidad. Tesla acabó utilizando el factor que hacía este interesante proyecto impracticable, a saber, la carga del agua en los lados del túnel, cuando inventó su innovadora turbina de vapor.

El otro proyecto con el que se entretenía fue trazado incluso a mayor escala y requería incluso más imaginación. Concibió el proyecto de construir un anillo alrededor de la Tierra a la altura del Ecuador, algo que se pareciese a los anillos de Saturno. El anillo de la Tierra, sin embargo, sería una estructura sólida, mientras que los anillos de Saturno estaban hechos de partículas de polvo.

A Tesla le encantaba trabajar con las matemáticas, y este proyecto le otorgaba una oportunidad excelente de utilizar todas las técnicas matemáticas disponibles para él. El anillo que Tesla diseñaba sería una estructura rígida construida mediante un sistema gigante de andamiaje dispuesto alrededor toda la Tierra. Una vez el anillo estuviese terminado, se retiraría el andamiaje y el anillo quedaría suspendido en el espacio y rotaría a la misma velocidad que la Tierra.

El proyecto debía de contar con alguna utilidad, decía Tesla, si se hallaba la manera de suministrar fuerzas reaccionarias que hiciesen al anillo sostenerse con respecto la Tierra mientras esta daba vueltas por debajo a una velocidad de 1.600 kilómetros por hora. Esto daría lugar a un sistema de plataforma en movimiento a alta velocidad de transportación que permitiría a una persona viajar por el mundo en un solo día.

Admitía encontrar en este proyecto el mismo problema que encontró Arquímedes, cuando dijo: *Dadme un punto de apoyo y una palanca lo suficientemente largos y moveré la Tierra. El punto de apoyo en el espacio sobre el que hacer reposar la palanca no era más alcanzable que la fuerza reaccionaria que se necesita para interrumpir la rotación del anillo hipotético alrededor de la Tierra,* dijo Tesla. Había otros factores que consideraba necesario ignorar en este proyecto, pero lo hizo de tal forma que no interfiriesen en su práctica matemática ni en sus planes de ingeniería cósmica.

Recobrada la salud y disipado el riesgo de recibir un castigo por parte del Ejército, Tesla volvió a su casa en Gospic para permanecer durante poco tiempo antes de viajar a Grätz, donde estudiaría ingeniería eléctrica, tal y como su padre le había prometido. Este hecho marcó en su vida un punto de inflexión. Finalizados los sueños y juegos de la infancia, ahora estaba preparado para establecer su trabajo serio de por vida. Había jugado a ser un Dios, sin dudar en planear remodelar la Tierra como planeta. El trabajo de su vida produciría logros poco menos fantásticos que los sueños de su niñez.

TRES

Tesla comenzó la edad adulta con la firme convicción de que fuerzas anónimas moldeaban para él un destino secreto. Se trataba de una situación que tuvo que sentir más que ser capaz de identificar o de describir con palabras. No vislumbraba su meta y no podía discernir el recorrido que conducía a ella. Estaba seguro del ámbito al que pretendía dedicar su vida, y usando las leyes físicas que conocía decidió planear una vida en la que, como en un proyecto de ingeniería, se operaría bajo principios que producirían los más altos índices de eficiencia. Por el momento no contaba aún con un plan de vida completamente definido, pero había ciertos elementos que intuitivamente sabía que no incluiría en sus operaciones, por lo que evitaba todas las actividades e intereses que pudiesen obstaculizar las mismas. Debía de tratarse de una vida con un solo objetivo, enteramente consagrada a la ciencia, sin contemplaciones ni para el ocio ni para el romance.

Con esta filosofía de vida viajó Tesla en 1875 a la edad de 19 años a Grätz, en Austria, para estudiar ingeniería eléctrica en el Polytechnic Institute. De aquí en adelante intentó concentrar todas sus energías en dominar aquella fuerza extraña, casi oculta de la electricidad, y de obtener su provecho para el bienestar humano.

Su primer esfuerzo por someter esta filosofía a una prueba práctica casi resultó en un desastre, a pesar de que funcionó satisfactoriamente. Tesla eliminó por completo el ocio y se sumergió en sus estudios con tal devoción entusiasta que solo se permitía cuatro horas de descanso, de las cuales no todas dedicaba a dormir. Se acostaba a las once de la noche y leía para dormirse. En las primeras horas de la mañana ya estaba de nuevo en pie, emprendiendo sus estudios.

Con tal horario logró al final del primer curso aprobar los exámenes de nueve asignaturas, casi el doble de lo obligatorio. Su diligencia impresionó sobremanera al profesorado; el decano de la facultad técnica escribió al padre de Tesla: *Su hijo es una estrella de primera categoría.* Sin embargo el esfuerzo estaba afectando a su salud. Quería hacer una demostración espectacular para expresarle a su padre de una manera práctica su agradecimiento por haberle permitido estudiar ingeniería. Cuando regresó a casa al final del año académico con la máxima nota en todas las asignaturas de las que se había examinado, esperaba que su padre lo recibiese con alegría, así como recibir elogios por su buen trabajo. Por el contrario, sus padres solo mostraron el más sutil entusiasmo por sus logros, pero sí mostraron un enorme interés por su salud, y reprendieron a Nikola por ponerla en peligro después de haber escapado a la muerte por la mínima.

Solo varios años después Tesla tuvo conocimiento de que el catedrático del Polytechnic Institute había escrito a su padre a comienzos del curso pidiendo que sacase a su hijo de la institución, ya que el joven estaba en riesgo de acabar con su propia vida a causa de un exceso de trabajo.

Cuando regresó al instituto para cursar el segundo año decidió limitar sus estudios a las asignaturas de física, mecánica y matemáticas, decisión afortunada, porque le otorgó más tiempo para enfrentarse a la situación que se dio más tarde en sus estudios y que conduciría a su primera y tal vez más grandiosa invención.

A comienzos de su segundo año en el instituto llegó desde París una pieza de equipo eléctrico, una máquina de Gramme, que podía utilizarse como dinamo y como motor. Si se hacía girar mediante fuerza mecánica generaría electricidad, y si se le suministraba electricidad funcionaría como un motor y produciría energía mecánica. Se trataba de una máquina de corriente continua.

Cuando el profesor Poeschl exhibió la máquina, Tesla quedó fuertemente impactado con su ejecución excepto en un sentido: en el conmutador se generaba una gran cantidad de chispas. Tesla formuló sus objeciones a este defecto.

En inherente a la naturaleza de la máquina, respondió el profesor Poeschl. *Podría reducirse en gran medida, pero siempre que usemos conmutadores estará presente. Mientras la electricidad circule en una dirección, y mientras un imán cuente con dos polos cada uno de los cuales actúe de manera opuesta en la corriente, tendremos que usar un conmutador para cambiar, en el momento preciso, la dirección de la corriente en el inducido rotatorio.*

Obvio, contraatacó Tesla, *La máquina está limitada por la corriente que usa. Lo que yo sugiero es deshacernos del conmutador usando corriente alterna.*

Mucho antes de la llegada de la máquina Tesla había estudiado la teoría de la dinamo y del motor, y estaba convencido de que el sistema por completo podría simplificarse de alguna forma. La solución del problema, sin embargo, escapaba a su comprensión; ni estaba seguro en absoluto de que el problema pudiese resolverse, hasta que el Profesor Poeschl ejecutó su exhibición. Entonces llegó a él la certeza como un flash imponente.

Las primeras fuentes de corriente eran baterías que producían una pequeña corriente continua. Cuando el hombre intentaba producir electricidad a partir de energía mecánica, pretendía crearla del mismo tipo que las baterías producían: una corriente continua en una dirección. Diferente era el tipo de corriente que produciría una dinamo cuando las bobinas de alambre girasen en un campo magnético: esta circulaba primero en una dirección y luego en la otra. El conmutador se concibió como un perspicaz dispositivo para sortear el aparente hándicap de la electricidad artificial y hacer que la corriente saliese en un flujo de una sola dirección.

Lo que se le ocurrió a Tesla fue dejar salir la corriente de la dinamo con sus direcciones alternas, eliminando así el conmutador, y suministrar este tipo de corriente a los motores, eliminando así la necesidad de conmutadores en estos. Muchos otros científicos habían jugado con la idea mucho antes de que a Tesla se le ocurriese, pero en su caso la concibió de una manera tan intensa, como un flash iluminador de entendimiento, que supo que su visualización contenía la respuesta correcta y práctica. Vio tanto los motores como las dinamos funcionando sin conmutadores, y de manera muy eficiente. Sin embargo no vio los detalles extremadamente importantes y esenciales de cómo podría obtenerse el resultado deseado, pero sintió una certeza rotunda de que podría resolver el problema. Por esta razón formuló con gran seguridad al profesor sus objeciones sobre la máquina de Gramme. Lo que no esperaba era desatar una lluvia de críticas.

El profesor Poeschl, sin embargo, se desvió del programa de lecciones establecido y dedicó la próxima lección a las objeciones de Tesla. Con minuciosidad metódica desmenuzó la proposición de Tesla y, disponiendo un punto detrás de otro, demostró lo impráctico de su naturaleza con tal convicción que silenció incluso a Tesla. Acabó la clase con la afirmación: *El señor Tesla realizará grandes cosas, pero es seguro que jamás hará esto. Equivaldría a convertir una fuerza continua de tracción como es la gravedad en una fuerza rotatoria. Se trata de un esquema de moción perpetuo, de una idea imposible.*

Tesla, si bien quedó temporalmente silenciado, no estaba convencido. El haber dedicado una clase entera a su observación constituía un gran elogio por parte del profesor, pero, como a menudo ocurre, el elogio estaba cargado de lo que el profesor esperaba que fuese la derrota aplastante de aquel al que elogiaba. No obstante Tesla quedó muy impresionado con su autoridad, y dudó por un momento en su creencia de que había interpretado correctamente su visión. Era tan obvia y precisa como las visualizaciones que tenía de las soluciones de problemas matemáticos y cuya veracidad siempre podía demostrar. Sin embargo esta vez tal vez fuese víctima de una alucinación autoinducida. Todas las otras cosas que el profesor Poeschl enseñaba estaban sólidamente fundadas en hechos demostrables, por lo que tal vez su profesor estuviese en lo cierto al contrariar su la idea de la corriente alterna.

No obstante, en lo más profundo de su ser, Tesla sostenía la firme convicción de que su idea era acertada. La crítica solo la sumergió de manera temporal, y pronto salió de nuevo a flote a la superficie de su pensamiento. Gradualmente se convenció de que, de manera contraria a su procedimiento habitual, el profesor Poeschl solo había demostrado en esta ocasión que no sabía cómo alcanzar un resultado dado, una deficiencia que compartía con todos en el mundo; y por lo tanto no pudo hablar con autoridad sobre el tema. Y además, razonó Tesla, la observación final con la que el profesor Poeschl creía haber rematado su alegato, *Equivaldría a convertir una fuerza continua de tracción como es la gravedad en una fuerza rotatoria*, era contradicho por la naturaleza, puesto que, ¿acaso no era la fuerza continua de tracción de la gravedad lo que hacía que la Luna girase alrededor de la Tierra y la Tierra girase alrededor del Sol?

No pude demostrar mi convicción en aquel momento, decía Tesla, *pero me llegó a través de lo que podría llamar instinto, a falta de un nombre más acertado. No obstante el instinto trasciende el conocimiento. Sin lugar a dudas tenemos en nuestro cerebro algunos nervios más agudos que nos permiten percibir verdades que no podríamos alcanzar a través de deducciones lógicas, y que sería inútil de intentar alcanzar a través de cualquier esfuerzo de pensamiento consciente.*

Una vez restaurados el entusiasmo y la seguridad en él, Tesla trató el problema con vigor renovado. Su poder de visualización (la habilidad de ver ante sí como objetos sólidos las cosas que concebía en su mente, y que había considerado un enorme estorbo en su infancia), demostraba ahora serle una gran ayuda en el intento de descifrar este problema. Ahora partía de la derrota intelectual administrada por su profesor para abordar el problema de una manera metódica.

Construyó en su mente una máquina detrás de otra, y como las visualizaba delante de sí podía trazar con sus manos los diversos circuitos a través del inducido de las bobinas de campo, y seguir el recorrido de las corrientes rápidamente cambiantes, pero en ningún caso produjo la rotación deseada. Dedicó prácticamente todo lo que quedaba de curso a este reto. Había aprobado tantos exámenes durante el primer curso que durante el segundo contaba con mucho tiempo para dedicar a este problema.

Parecía, sin embargo, que estaba condenado a fracasar en este proyecto, puesto que al final del curso no estaba más cerca de la solución de lo que estaba cuando comenzó. Veía su orgullo herido y luchaba en el lado defensivo. Ignoraba que lo que parecían fracasos en sus experimentos mentales y de laboratorio servirían más tarde como la materia prima de la que nacería aún otra visión.

En Grätz se había producido un cambio radical en el modo de vida de Tesla. El primer año había actuado como un glotón intelectual, sobrecargando su mente y casi arruinando su salud en el proceso. En el segundo año se concedió más tiempo para digerir el alimento mental del que se ocupaba, y se permitió más entretenimiento. Durante este tiempo Tesla empleó el juego de cartas como forma de relajación. Sus perspicaces procesos mentales y sus poderes de deducción altamente desarrollados le permitían ganar más frecuentemente de lo que perdía. Nunca se quedaba con el dinero que ganaba, sino que lo devolvía a los perdedores al final del juego. Cuando perdía, sin embargo, los otros jugadores no actuaban de la misma manera. Desarrolló además una pasión por los billares y el ajedrez, adquiriendo extraordinaria competencia en ambos.

La afición por el juego a las cartas que Tesla desarrolló en Grätz lo condujo a una situación embarazosa. Cerca del final del curso su padre le envió dinero para pagar su viaje a Praga y para sufragar los gastos que derivaban de ser estudiante universitario. En lugar de viajar directamente a Praga Tesla regresó a Gospic para visitar a su familia. Durante una partida de cartas con algunos jóvenes de la ciudad, Tesla se encontró con que su habitual suerte lo eludía, y perdió el dinero que debía sufragar sus gastos universitarios. Confesó a su madre lo que había hecho. Esta no lo reprendió. Tal vez el destino utilizaba este método para protegerlo de la sobrecarga de trabajo que podía arruinar su salud, razonaba ella, puesto que necesitaba descanso y relajación. La pérdida de dinero era mucho más fácil de afrontar que la pérdida de salud. Tomando prestado dinero de un amigo, se lo dio a Tesla diciéndole: *Alégrate de que estás aquí.* Volviendo al juego, experimentó un cambio de suerte del que salió no solo con el dinero que su madre le había dado sino también con prácticamente todo el dinero para los gastos universitarios que había perdido anteriormente. No devolvió a los perdedores estas ganancias, como era antes su costumbre. Volvió a casa, devolvió a su madre el dinero que esta le había avanzado y anunció que nunca jamás volvería a divertirse con el juego de cartas.

En lugar de entrar en la universidad de Praga en el otoño de 1878 tal y como había planeado, Tesla aceptó un puesto lucrativo que se le ofreció en un establecimiento técnico en Maribor, cerca de Grätz. Cobraba sesenta florines al mes más un extra independiente por el trabajo completado, una remuneración muy generosa en comparación con los sueldos de la época. Durante este año Tesla vivió muy modestamente y ahorró sus ganancias.

El dinero que había ahorrado en Maribor le permitió costearse un año en la Universidad de Praga, donde continuó sus estudios en matemáticas y física. Continuó experimentando con la idea enormemente desafiante de la corriente alterna, que ocupaba su mente. Había explorado, sin éxito, un gran número de métodos, y a pesar de que sus fracasos corroboraban la aseveración del profesor Poeschl de que nunca saldría exitoso, no estaba dispuesto a abandonar su teoría. Aún tenía fe en que hallaría la solución al problema. Sabía que la ciencia eléctrica era joven y estaba en crecimiento, y sentía en el interior de su conciencia que haría el importante descubrimiento que contribuiría en gran medida a convertir la joven ciencia en el poderoso gigante del futuro.

Habría sido un placer para Tesla haber continuado sus estudios, pero ahora le era necesario ganarse la vida. La muerte de su padre tras su graduación en la Universidad de Praga lo obligaba a ser económicamente independiente: ahora necesitaba un trabajo. Se extendía en Europa la entusiasta recepción del nuevo invento americano de Alexander Graham Bell, el teléfono, y Tesla escuchó que se instalaría en Budapest una nueva estación central. El director de la empresa era un amigo de la familia. La situación prometía.

Sin esperar a determinar la situación en Budapest, Tesla, rebosante de la esperanza juvenil y de la confianza en sí mismo típicos del recién graduado, viajó a la ciudad esperando hacerse con un puesto ingenieril en el nuevo proyecto telefónico. Al llegar descubrió rápidamente que no había puesto alguno abierto, ni era posible crear uno para él, dado que el proyecto se hallaba aún en fase de debate.

Sin embargo, por razones financieras, era urgente que se asegurase de inmediato un trabajo de algún tipo. El mejor que pudo obtener era mucho más modesto de lo que había esperado. El sueldo era tan microscópico que jamás mencionaría la cantidad, pero era suficiente para evitarle pasar hambre. Trabajaba como delineante en la Oficina Telegráfica Central del gobierno húngaro, que incluía el teléfono que se desarrollaba recientemente en su jurisdicción.

No transcurrió demasiado tiempo hasta que la habilidad excepcional de Tesla atrajo la atención del inspector jefe. Pronto se le ascendió a un cargo de mayor responsabilidad en el que tenía como tarea diseñar y hacer cálculos y estimaciones en relación con las nuevas instalaciones telefónicas. Cuando la nueva central telefónica se abrió finalmente en Budapest en 1881, lo colocaron a cargo de ella.

Tesla estaba muy contento con su nuevo puesto. A la edad de veinticinco años estaba completamente a cargo de una empresa de ingeniería. Su facultad inventiva estaba ocupada por completo y llevó a cabo muchas mejoras en los aparatos de la estación central. Allí hizo su primera invención, por entonces denominada repetidor o amplificador, pero que hoy en día recibe el nombre más gráfico de altavoz, un ancestro del productor de sonido ahora tan común en los aparatos de radio caseros. Este invento nunca se patentó ni se describió públicamente, pero, según declaró Tesla posteriormente, haría con su originalidad, diseño, ejecución e ingenio una loable exhibición junto a sus posteriores inventos más conocidos. Sin embargo su principal interés continuaba siendo el problema del motor de corriente alterna cuya solución continuaba eludiéndolo.

Trabajador incansable, consumiendo siempre la energía que le quedaba con el mayor número de actividades con que podía colmar un día, rebelándose siempre porque los días tenían demasiadas pocas horas y las horas demasiados pocos minutos y los segundos que los componían eran de una duración demasiado corta, y limitándose siempre a un periodo de descanso de cinco horas de las que solo dedicaba dos horas a dormir, consumía continuamente sus reservas vitales y finalmente tuvo que rendir cuentas a la naturaleza. Finalmente se vio forzado a interrumpir el trabajo.

Los médicos que lo asistieron jamás habían diagnosticado la peculiar enfermedad que lo atacaba esta vez y sin embargo se trató de una experiencia que casi le costó la vida. Los médicos pensaban que se encontraba a las puertas de la muerte. Los extraños síntomas que manifestaba atrajeron la atención de un renombrado médico, que afirmó que la ciencia médica no podía hacer nada por él. Uno de los síntomas de la enfermedad era una sensibilidad aguda de todos los órganos de los sentidos. Sus sentidos habían sido siempre extremadamente agudos, pero esta sensibilidad se exageraba ahora tantísimo que los efectos eran una forma de tortura. El tic-tac de un reloj tres habitaciones más allá sonaba como los golpes de un martillo en un yunque. La vibración del tráfico normal de la ciudad, transmitido a través de una silla o de un banco, resonaba a través de su cuerpo. Se hacía necesario colocar las patas de su cama sobre almohadillas de goma para eliminar las vibraciones. El habla común sonaba como un jaleo atronador. El roce más ligero tenía el efecto mental de un golpe tremendo. Un rayo de luz solar brillando sobre él producía el efecto de una explosión interna. En la oscuridad podía percibir un objeto a una distancia de tres metros y medio gracias a una sensación peculiar y espeluznante en su frente. Su cuerpo entero era constantemente atacado por sacudidas y temblores. Su pulso, decía, variaba de unos pocos latidos débiles por minuto a más de ciento cincuenta por minuto.

A lo largo de esta misteriosa enfermedad luchaba con ferviente deseo por recuperar su estado normal. Tenía ante sí una tarea que completar: debía hallar la solución al problema del motor de corriente alterna. Durante estos meses de tormento sentía intuitivamente que la solución estaba cada vez más cerca, y que debía vivir para presenciar el momento en que esta emergiese de su mente inconsciente. Durante este tiempo era incapaz de concentrarse ya fuese en este o en otro tema.

Una vez hubo pasado la crisis y hubieron disminuido los síntomas, la mejora llegó rápido, y con ella la vieja urgencia de emprender proyectos. No podía abandonar su gran reto. Este se había convertido en parte de él. Trabajar en ello ya no era una decisión voluntaria. Sabía que si se detenía moriría, de la misma forma que sabía que si fracasaba perecería. Estaba enredado en una red invisible de estructura intangible que se estrechaba a su alrededor. El sentimiento de que cada vez se acercaba más a la solución, de que esta se encontraba solo un poco más allá de la punta de sus dedos, era causa tanto de su lamentación como de su júbilo. Temía que cuando resolviese el problema este dejase un gran vacío en su vida.

Aun a pesar de su optimismo se trataba todavía de un tremendo problema sin solución.

Cuando la sensibilidad agudizada retornó a la normalidad permitiéndole retomar el trabajo, fue a pasear por el parque urbano de Budapest con un antiguo compañero de clase cuyo nombre era Szigeti, a última hora de una tarde de febrero de 1882. Mientras una gloriosa puesta de sol cubría el cielo con una llamativa mancha de palpitantes colores, Tesla se dedicaba a una de sus aficiones preferidas, recitar poesía. De joven había memorizado muchos volúmenes, y ahora se alegraba de comprobar que el horrible castigo que su cerebro había experimentado no había disminuido su memoria. Una de las obras que era capaz de recitar de principio a fin era el Fausto de Goethe.

El sol que se ponía pintaba en el cielo un panorama prismático que le recordó algunas hermosas líneas de Goethe:

> *El resplandor se retira, hecho está el día de trabajo*
> *Se apura allí la vista, nuevos campos de vida explorando*
> *¡Ah! ¡Y que ningún ala me alce de este suelo*
> *Para poder seguir eternamente su estela!*

Tesla, alto, flaco y demacrado, pero con un fuego en sus ojos que igualaba a las nubes incendiarias de los cielos, agitaba los brazos en el aire y sacudía su cuerpo mientras se hacía eco de las líneas ondulantes. Hacía frente al drama de color del cielo como si se dirigiese al globo de luz roja mientras este arrojaba sus amorfas masas de color, matices, cromos, a lo largo de la combada bóveda de los cielos.

De repente la figura animada de Tesla se tornó en una pose rígida, como si hubiese entrado en trance. Szigeti se dirigió a él, pero no obtuvo respuesta alguna.

Sus palabras fueron de nuevo ignoradas. El amigo estaba a punto de agarrar la altísima figura sin movimiento y zarandearla para devolverlo a la consciencia cuando Tesla habló.

¡Mira! Dijo, dejando escapar las palabras como un niño que balbucea emocionado. *Mira cómo lo invierto.* Continuaba mirando fijamente el sol como si la bola incandescente lo hubiese sumido en un trance hipnótico.

Szigeti recordó la imagen de Goethe que Tesla había estado recitando: *El resplandor se retira... Se apura allí la vista, nuevos campos de vida explorando,* una descripción poética de la puesta de sol, y luego sus posteriores palabras: *¡Mira! Mira cómo lo invierto.* ¿Se refería Tesla al sol? ¿Quería decir que podía detener el movimiento del sol a punto de perderse en el horizonte, invertir su curso y comenzar a elevarlo de nuevo hacia el zénit?

Sentémonos y descansemos un rato, dijo Szigeti, señalándole un banco, pero Tesla no hizo amago de moverse.

¿Es que no lo ves?, protestó Tesla agitado. *¿No ves qué fácilmente se produce? Ahora pulso este interruptor y lo revierto. ¡Mira! Se produce igual de fácilmente en la dirección opuesta. ¡Observa! Lo detengo. Lo inicio. No hay chispas. No hay nada en él que chispee.*

¡Pero no veo nada! Dijo Szigeti *El sol no está chispeando. ¿Te encuentras bien?*

No lo entiendes, irradió Tesla, aún agitado, girándose como para otorgar una bendición a su compañero. *Hablo de mi motor de corriente alterna. He resuelto el problema. ¿Acaso no lo ves justo aquí delante de mí, funcionando casi silenciosamente? Es el campo magnético rotatorio lo que lo produce. Observa cómo el campo magnético rota y arrastra el inducido a su alrededor. ¿No es hermoso? ¿No es sublime? ¿No es simple? He resuelto el problema. Ahora puedo morir en paz. Pero debo vivir, debo retomar el trabajo y construir el motor para poder otorgárselo al mundo. Los hombres no volverán a ser esclavos de arduas tareas. Mi motor los liberará, hará el trabajo por el mundo.*

Ahora comprendió Szigeti. Tesla le había hablado anteriormente de su intento de resolver el problema de un motor de corriente alterna, y aprehendió el significado completo de las palabras del científico. Sin embargo Tesla nunca le había revelado su habilidad de visualizar los objetos que concebía en su mente, por lo que era necesario que describiese sus visiones, y que la solución se le había revelado de repente mientras admiraban la puesta de sol.

Tesla estaba ahora algo más sereno, pero flotaba en el aire en un delirio de éxtasis casi religioso. Durante su estado de agitación había estado respirando hondo, y la hiperventilación de sus pulmones le había producido un estado de euforia.

Cogió una rama y la utilizó para dibujar un diagrama sobre la superficie polvorienta de la mugre del paseo. Mientras explicaba los principios técnicos de su descubrimiento, su amigo comprendió rápidamente la belleza de su concepción, y permanecieron juntos hasta altas horas de la noche debatiendo sus posibilidades.

La concepción de un campo magnético rotatorio era majestuosamente bella. Introducía en el mundo científico un nuevo principio de sublime grandeza cuya sencillez y utilidad inauguraba un vasto y nuevo imperio de útiles aplicaciones, en el que Tesla había alcanzado la solución que su profesor había asegurado imposible.

Los motores de corriente alterna habían presentado hasta entonces lo que parecía un problema sin solución porque el campo magnético producido por las corrientes alternas cambiaba tan rápido como la corriente. En lugar de producir una fuerza rotatoria daban lugar a una vibración inútil.

Hasta el momento todo el que había intentado construir un motor de corriente alterna había utilizado un solo circuito, como se hacía en el caso de la corriente continua. En consecuencia, el motor diseñado era como un motor de vapor de un solo cilindro, colocado en un punto muerto, en la parte superior o inferior de la máquina.

Lo que Tesla hizo fue utilizar dos circuitos, cada uno portando la misma frecuencia de corriente alterna, pero en los que las ondas de corriente estuviesen una fuera del camino de la otra. Esto equivalía a añadir a un motor un segundo cilindro. Los pistones de ambos cilindros estaban conectados al eje de tal forma que las manivelas de ambos formaban un ángulo que las hacía alcanzar la parte superior o inferior del conjunto en momentos diferentes. No era posible que ambas estuviesen en el punto muerto al mismo tiempo. Si una estuviese en el punto muerto, la otra estaría fuera de este y lista para hacer comenzar a girar el motor con una carrera de fuerza.

Esta analogía, por supuesto, simplifica demasiado la situación, puesto que el descubrimiento de Tesla tuvo un alcance mucho mayor y más fundamental. Lo que Tela había descubierto era una manera de crear un capo magnético rotatorio, un torbellino magnético en el espacio que poseía propiedades fantásticamente nuevas e intrigantes. Se trataba de una concepción absolutamente nueva. En el caso de los motores de corriente alterna un campo magnético fijo era transformado por medios mecánicos en la producción de rotación en un inducido conectando sucesivamente a través de un conmutador cada una de las series de bobinas dispuestas alrededor de la circunferencia de un inducido cilíndrico. Tesla produjo un campo de fuerza que rotaba en el espacio a alta velocidad y era capaz de atrapar herméticamente en su abrazamiento un inducido que no requería de conexiones eléctricas. El campo rotatorio poseía la propiedad de transferir de manera inalámbrica a través del espacio por medio de sus líneas de fuerza energía a las bobinas del circuito cerrado simple sobre el inducido aislado que le permitía construir su propio campo magnético que se atrapase a sí mismo en el torbellino magnético rotatorio producido por las bobinas de campo. La necesidad de un conmutador quedaba eliminada por completo.

Ahora que había alcanzado esta magnífica solución del problema científico más difícil, los problemas de Tesla no se habían disipado; sino que solo comenzaban, pero durante los siguientes dos meses se halló sumido en un estado de placer extático jugando con su nuevo juguete. No le era necesario construir modelos de cobre o hierro: en su taller mental los construía de todas las variedades. Una corriente constante de nuevas ideas asaltaba continuamente su mente. Llegaban tan rápido, decía, que no podía ni utilizarlas ni retenerlas todas. En este breve periodo desarrolló todos los tipos de motores que se asociarían posteriormente a su nombre.

Elaboró diseños de dinamos, de motores, de transformadores y de todos los otros dispositivos pertinentes para un sistema de corriente alterna completo. Multiplicó la eficacia del sistema de dos fases haciéndolo funcionar con tres o más corrientes alternas de manera simultánea. Se trataba de su célebre sistema de energía polifásico.

Elaboraba las construcciones mentales con meticuloso cuidado en lo que se refiere al tamaño, la fuerza, diseño y material; y las testaba mentalmente, aseguraba, dejándolas funcionar durante semanas, tiempo tras el cual las examinaría exhaustivamente en busca de signos de desgaste. He aquí la más inusual de las mentes funcionando de la más inusual de las maneras. Si en cualquier momento construía una máquina mental, su memoria retenía durante cualquier momento posterior todos los detalles, incluso los más sutiles.

Sin embargo el estado de suprema felicidad del que Tesla disfrutaba estaba destinado a acabar pronto. La estación central de la que era empleado, y que dirigía Puskas, aquel amigo de la familia, fue vendida. Cuando Puskas regresó a París recomendó a Tesla para un puesto en el establecimiento parisino al que estaba asociado, oportunidad que Tesla aprovechó de buena gana. Se dijo a sí mismo que París sería un maravilloso trampolín que catapultaría al mundo su gran invención.

El incipiente superhombre Tesla llegó a París con un equipaje ligero pero con la cabeza repleta a estallar con su maravilloso descubrimiento del campo magnético rotatorio y los resultados de inventos significativos basados en este. Si hubiese sido un inventor al uso, se hubiese ataviado entre la gente de una manera que indicase que sabía algo importante, pero manteniendo un secretismo absoluto en lo que a la naturaleza de los inventos se refiere. Hubiese temido que alguien le robase su secreto. Pero la actitud de Tesla era justo la contraria. Tenía algo que regalar al mundo y quería que el mundo lo conociese, que conociese la fascinante historia al completo, desvelando todos los detalles técnicos. No había aprendido por entonces, ni llegó a aprender nunca, el oficio de ser perspicaz y astuto. Su plan de vida era secular. Se preocupaba menos por las ventajas del momento pasado, más por la meta final; y quería otorgar este sistema de corriente alterna polifásico recientemente descubierto a la humanidad para que todos los hombres pudiesen beneficiarse de él. Era consciente de que su invento encerraba una fortuna, pero no sabía cómo extraerla. Sabía que había una ley de compensación más elevada según la cual obtendría beneficios suficientes al regalar al mundo su descubrimiento. El método mediante el cual esto se llevaría a cabo le interesaba mucho menos que la necesidad de conseguir que alguien escuchara los detalles de su fascinante invento.

Con un metro ochenta y siete de estatura, esbelto, de conducta tranquila, meticulosamente pulcro en la vestimenta, lleno de autoconfianza, tenía un aire que gritaba *Os desafío a plantearme un problema matemático que no pueda resolver,* una actitud consecuente con sus veinticinco años, pero también que también correspondía a su habilidad.

Gracias a la carta de recomendación de Puskas obtuvo un puesto en la Continental Edison Company, una compañía francesa que tenía como objeto fabricar dinamos, motores e instalar sistemas de iluminación bajo las patentes de Edison.

Se le asignaron barrios en el Bulevar san Michel, pero por las noches frecuentaba y cenaba en los mejores cafés mientras su sueldo durase. Estuvo en contacto con muchos americanos que trabajaban en empresas eléctricas. Dondequiera que encontrase un oído paciente entre aquellos que contaban con conocimiento de los asuntos eléctricos, allí describía su sistema de corriente alterna de dinamos y motores.

¿Se apropió alguien de su invención? No existía el más mínimo riesgo de que así ocurriese. Ni siquiera podía regalarla. A nadie le interesaba lo más mínimo. El mayor riesgo tuvo lugar cuando el doctor Cunningham, americano, jefe de la planta en la que Tesla trabajaba, le sugirió la fundación de una sociedad anónima.

Con su gran invención del sistema de corriente alterna palpitando en su cerebro y pidiéndole alguna forma en la que poder desarrollarse, era un infortunio para él el verse obligado a trabajar durante todo el día con máquinas de corriente continua. No obstante su salud era en aquel momento fuerte. Se levantaba poco después de las cinco de la mañana, caminaba hasta el Sena, nadaba durante media hora, caminaba hasta Ivry, cerca de las puertas de París, donde trabajaba, un viaje que requería una hora de camino a buen ritmo. Para entonces eran las siete y media. Pasaba la siguiente hora comiendo un sustancioso desayuno que jamás le parecía suficiente para evitar que su apetito se tornase en un obstáculo mucho antes del mediodía.

El trabajo que se le había asignado en la fábrica de la Continental Edison Company era de una naturaleza heterogénea, en gran medida la de un ingeniero principiante. En poco tiempo se le asignó la tarea de viajar como solucionador de problemas, consistente en visitar instalaciones eléctricas en varias partes de Francia y Alemania. Esta función no agradaba a Tesla pero desempeñaba un trabajo concienzudo y examinaba minuciosamente las dificultades con las que se encontraba en cada central eléctrica. Pronto fue capaz de presentar un plan definido para mejorar las dinamos fabricadas por su empresa. Presentó sus sugerencias y obtuvo permiso para llevarlas a cabo con ciertas máquinas. Cuando se probaron fueron un rotundo éxito. Entonces le pidieron que idease reguladores automáticos, que eran muy necesarios. También estos funcionaban a la perfección.

La compañía había quedado en una posición embarazosa y amenazaba con sufrir grandes pérdidas a causa de un accidente en la estación de ferrocarril en Estrasburgo, en Alsacia, por entonces parte de Alemania, donde se habían instalado una central eléctrica y luces eléctricas. En la ceremonia de inauguración, en la que estaba presente el emperador Guillermo I, un cortocircuito en el cableado provocó una explosión que derribó una de las paredes. El gobierno alemán se negó a consentir la instalación. En 1883 enviaron a Tesla para poner la planta en estado de funcionamiento y reconducir la situación. El problema técnico no supuso dificultades pero le pareció necesario tener mucho tacto y buen juicio para manejar la cantidad de papeleo extrudido por el gobierno alemán como precaución ante percances adicionales.

Una vez que hubo puesto el trabajo en curso se tomó algún tiempo para construir un motor de corriente alterna bifásico real encarnando así su descubrimiento de la soldadura magnética rotatoria. Desde aquel día inolvidable en Budapest en que hizo su gran invención había construido muchas en su mente. Había traído consigo materiales desde París para este fin y encontró una tienda de maquinaria cerca de la estación de Estrasburgo donde podría hacer parte del trabajo. No contaba con mucho tiempo, tal y como esperaba, y si bien era un perspicaz aficionado de la mecánica, la tarea requería tiempo. Era muy exigente, fabricaba cada pieza de metal con las dimensiones exactas a cada milímetro y después las pulía.

Finalmente había una colección miscelánea de partes en aquella tienda de maquinaria de Estrasburgo. Habían sido fabricadas sin utilizar bocetos. Tesla podía proyectar ante sus ojos un dibujo, completo al detalle, de todas y cada una de las partes de la máquina. Estos dibujos eran más reales que cualquier anteproyecto, y recordaba de manera exacta las dimensiones que había calculado mentalmente para cada pieza. No tenía que comprobarlas mediante montajes parciales. Sabía que encajarían.

Con estas piezas montó rápidamente una dinamo a fin de generar la corriente alterna bifásica que necesitaba para hacer funcionar el motor de corriente alterna, y finalmente su nuevo motor de inducción. No había diferencias entre el motor que había construido y el que había visualizado. Aquel que había visualizado era tan real que tenía toda la apariencia de ser sólido. El que construyó en la tienda de maquinaria no presentaba con respecto a este elemento de novedad alguno. Era tal y como lo había visualizado un año antes. Había experimentado mentalmente con su equivalente y con muchas variaciones de este a lo largo de los meses que habían transcurrido desde que tuvo la gran visión mientras se extasiaba con la puesta de sol en Budapest.

Una vez hubo completado el montaje, puso en marcha el generador de energía. Había llegado el momento de poner finalmente a prueba la validez de su teoría. Cerraría un interruptor y si el motor giraba quedaría demostrado lo acertado de esta. Si no ocurría nada, si el inducido del motor solo se quedaba quieto, pero vibraba, su teoría no sería correcta y habría estado alimentando su mente con alucinaciones basadas en fantasías y no en hechos reales.

Cerró el interruptor. El inducido giró instantáneamente, alcanzó la velocidad máxima en un flash y después continuó funcionando en casi completo silencio. Cerró el interruptor de inversión y el inducido se detuvo inmediatamente y comenzó a girar en la dirección opuesta igual de rápido. Esto suponía la absoluta vindicación de su teoría.

Mediante este experimento solo había sometido a prueba su sistema bifásico; pero no necesitaba una prueba de laboratorio para convencerse de que sus sistemas trifásicos para la generación de electricidad y para usar esta corriente para la transmisión y para la producción de energía funcionaría incluso mejor, y que su sistema monofásico funcionaría casi igual de bien. Con este modelo en funcionamiento sería ahora capaz de comunicar a las mentes de los otros las visiones que había ido atesorando durante tanto tiempo.

Esta prueba significaba mucho más para Tesla que la mera compleción exitosa de un invento; significaba un triunfo por su método de descubrir nuevas verdades a través del proceso mental único que usaba consistente en la visualización de las fabricaciones mucho antes de que estas se construyesen de manera real. A partir de estos resultados desarrolló un sentimiento ilimitado de autoconfianza: podía pensar y trabajar a su manera para lograr cualquier meta que se propusiera.

La autoconfianza de Tesla tenía una buena razón de ser. Acababa de pasar su vigésimo séptimo cumpleaños. Le parecía ayer cuando el profesor Poeschl aparentemente lo había derrotado de manera rotunda por decir que podría hacer funcionar un motor con corriente alterna. Ahora había logrado de manera demostrable aquello que el erudito profesor había calificado de imposible.

Ahora Tesla tenía disponible un tipo de sistema eléctrico completamente nuevo que utilizaba corriente alterna, mucho más flexible e inmensamente más eficiente que el sistema de corriente continua. Pero ahora que lo había conseguido, ¿qué podía hacer con él? Los directivos de la Continental Edison Company de los que era empleado se habían negado siempre a escuchar sus teorías sobre la corriente alterna. Sentía que intentar despertar su interés incluso por el modelo en funcionamiento sería inútil. Durante su estancia en Estrasburgo había hecho muchos amigos, entre ellos el alcalde de la ciudad, el señor Bauzin, que compartía su entusiasmo acerca de las posibilidades comerciales del nuevo sistema y esperaba que este redundase en el establecimiento de una nueva industria que traería a la ciudad fama y prosperidad.

El alcalde reunió a un grupo de estrasburgueses pudientes a los que se enseñó el motor en funcionamiento y a los que tanto Tesla como el alcalde les explicaron el nuevo sistema y sus posibilidades. La exhibición fue un éxito desde el punto de vista técnico, pero fue por otra parte una rotunda derrota: ningún miembro del grupo mostró el más mínimo interés. Tesla se sintió abatido. Escapaba a su comprensión que el mayor invento en el campo de la ciencia eléctrica, que contaba con ilimitadas posibilidades comerciales, fuese rechazado de plano.

El señor Bauzin le aseguró que su invento contaría, sin duda alguna, con un mayor acogimiento en París. Su regreso a París sin embargo se vio pospuesto hasta la primavera de 1884 a causa de los retrasos de la burocracia para aceptar finalmente la instalación completa en la estación de Estrasburgo. Durante este tiempo Tesla ansiaba con placentera expectación un triunfante regreso a París. Se le había prometido una recompensa sustancial si tenía éxito en la tarea de Estrasburgo; y de la misma manera se le recompensaría por las mejoras en el diseño de motores y dinamos, y también por los reguladores automáticos para las dinamos. Era posible que esto le proporcionase suficiente dinero para organizar una exhibición a tamaño completo de su sistema de corriente alterna polifásico, de tal forma que las enormes ventajas de este sistema por encima de la corriente continua pudiesen demostrarse en directo. Entonces no tendría problema alguno en recaudar el capital requerido.

Cuando regresó a las oficinas de París y pidió la liquidación de sus cuentas de Estrasburgo y de su regulador automático, le dieron rodeos, dicho de forma moderna. Para usar nombres ficticios, tal y como Tesla narró la historia, el director, el señor Smith, que le había asignado las tareas, le dijo que no tenía poder sobre los trámites financieros, que todo estaba en manos de otro directivo, el señor Brown. El señor Brown le explicó que él administraba los asuntos financieros pero que no tenía autoridad para incoar proyectos o para efectuar pagos que no fuesen los dirigidos por el administrador delegado, el señor Jones. El señor Jones le dijo que tales asuntos estaban en manos de sus directores de departamentos, y que nunca interfería en sus decisiones, por lo que Tesla debía visitar al directivo a cargo de los asuntos técnicos, el señor Smith. Tesla recorrió varias veces este círculo vicioso hasta finalmente desistir, asqueado. Decidió no renovar su oferta del sistema de corriente alterna, ni mostrar su motor en funcionamiento, y dimitió inmediatamente de su puesto.

Sin duda alguna Tesla tenía derecho a una cantidad superior a veinticinco mil dólares por los reguladores que había ideado y por sus servicios en Estrasburgo. De haber tenido los directivos siquiera dos dedos de frente, o el más común sentido de la honestidad, hubiesen intentado fijar la cantidad en cinco mil dólares, al menos. Tesla, presionado por la necesidad de dinero, habría aceptado sin dudarlo tal cantidad, aunque con el sentimiento de estar siendo enormemente engañado.

Tal oferta hubiese mantenido a Tesla probablemente en la nómina de sueldos de la compañía, y hubiese preservado para sí la posesión del mayor inventor del mundo y de alguien que por el momento había demostrado de manera definitiva ser un trabajador extraordinariamente valioso.

Por unos insignificantes miles de dólares perdieron no solo al hombre que habría ganado para la empresa esa cantidad de dinero muchas veces todos los años, sino que también perdían la oportunidad de obtener el control a escala mundial de la mayor y más provechosa invención eléctrica jamás hecha.

Uno de los administradores de la compañía, el señor Charles Batchellor, director del departamento de Trabajos, antiguo ayudante e íntimo amigo de Thomas A. Edison, apremió a Tesla a viajar a Estados Unidos y trabajar con este. Tesla decidió aceptar la sugerencia. Vendió sus libros y todos sus otros objetos personales excepto unos cuantos artículos que pretendía llevar consigo. Reunió sus pocos recursos financieros, adquirió los billetes para su viaje en ferrocarril así como para su viaje en transatlántico hasta Nueva York. Su equipaje consistía en un pequeño bulto de ropa que llevaba bajo el brazo y algunos otros objetos que guardaba revueltos en los bolsillos.

Las últimas horas fueron ajetreadas, y cuando estaba a punto de subir al tren, justo cuando este estaba preparado para salir de la estación, se percató de que no llevaba el equipaje. Cogiendo rápidamente su cartera, que contenía los billetes del ferrocarril y del barco de vapor y todo su dinero, se percató con horror de que no llevaba nada de ello. En el bolsillo llevaba algo de suelto, no sabía cuánto, no tenía tiempo de contarlo. El tren arrancaba. ¿Qué debía hacer? Si perdía este tren, también perdería el barco, pero no podía viajar en ninguno de los dos sin billetes. Corrió a lo largo del tren en marcha, intentando componer su mente. Al principio sus largas piernas le permitían mantenerse a su altura sin dificultad, pero ahora el tren ganaba velocidad. Finalmente decidió saltar al interior. El dinero suelto que descubrió era suficiente para costear el billete del tren, por poco. Explicó su situación a los oficiales escépticos del barco de vapor y, cuando nadie más aparecía para reclamar su reserva en el barco a la hora de partir, le permitieron embarcar.

Para alguien tan delicado como Tesla, un largo viaje en barco de vapor sin la ropa adecuada era una experiencia fastidiosa. Había esperado dar con molestias arreglándoselas con la mínima cantidad de ropa que había planeado llevar con él, pero cuando incluso esta previsión se vio truncada, las molestias se volvieron penurias. A esto se sumaba el recuero de disgusto y resentimiento acerca de sus experiencias recientes.

El barco le era de poco interés. Lo exploró concienzudamente y mientras tanto hizo algunos contactos con miembros de la compañía del barco. Había malestar entre la tripulación. También Tesla sentía malestar. Se sintió identificado con los miembros de la tripulación a causa del injusto tratamiento que recibían. Los agravios que afectaban a la tripulación habían conducido a una de esas situaciones en las que una pequeña chispa puede provocar una gran explosión. La chispa saltó en alguna parte del barco cuando Tesla se hallaba bajo cubierta en las cabinas de la tripulación. El capitán y los oficiales se pusieron duros y, con algunos de los miembros leales de la misma, decidieron afrontar el problema utilizando cabillas como porras. Pronto se convirtió en una batalla campal. Tesla se encontró en medio de una pelea en la que no se dejaba títere con cabeza.

De no haber sido Tesla joven así como alto y fuerte, su provechosa carrera habría acabado en ese momento. Tenía unos brazos largos en proporción a su metro ochenta y siete de estatura. El puño al final de su brazo podía golpear como una porra las manos del adversario, y su altura le permitía elevarse sobre los otros luchadores de tal forma que su cabeza no era fácil de alcanzar. Golpeó mucho y fuerte, sin saber en ningún momento de qué lado peleaba. Cuando la pelea terminó se tenía en pie, lo que no podía decirse de una veintena de miembros de la tripulación. Los oficiales habían sofocado lo que calificaban de motín, pero también mostraban señales de haber vivido una batalla. Definitivamente Tesla no fue invitado a sentarse a la mesa del capitán durante el viaje.

Pasó el resto del viaje atendiendo montones de moratones y sentándose a meditar en la popa del barco, que efectuaba su viaje hacia Nueva York demasiado lentamente. Pronto pondría un pie en la tierra de las promesas doradas y conocería al famoso señor Edison. Estaba destinado a aprender que se trataba de una auténtica tierra de promesas doradas, pero también a descubrir algo que le abriría los ojos sobre el cumplimiento de las promesas.

CUATRO

La espectacular conferencia y demostración de Tesla ante el Instituto Americano de Ingenieros Eléctricos en Nueva York sobre su trabajo, capturó la atención de la fraternidad eléctrica alrededor del mundo. La mayoría de los ingenieros eléctricos no dudaron que los descubrimientos de Tesla creaban una nueva era en la industria eléctrica. Pero, ¿qué se podía hacer a respecto? Había pocos fabricantes que podían tomar ventaja. Sus descubrimientos estaban en el mismo predicamento que un diamante de diez libras. Nadie cuestionaría el valor de la piedra, pero ¿quién podría darse el lujo de comprarla o hacer uso de ella?

Para ese entonces, Tesla no había pensado en comercializar su trabajo. Estaba en medio de un programa de trabajo experimental que estaba lejos de ser terminado y deseaba concluirlo antes de comprometerse con otra actividad. El creía que no habría alternativa para establecer su propia compañía y comprometerse en la fabricación de dínamos, motores y transformadores. Tal camino, lo alejaría de su trabajo experimental original que tanto lo fascinaba y que no deseaba interrumpir. Sin embargo, en lo que a él respecta, la comercialización de sus invenciones era un problema que podía posponerse, por lo menos mientras el financiamiento actual de su trabajo siguiera en pie.

George Westinghouse, jefe de la empresa Westinghouse Electric, en Pittsburgh, era un hombre de visión. Él era famoso como inventor de numerosos aparatos eléctricos pero principalmente por su freno de aire para los trenes, y había hecho una fortuna con la explotación de sus propios inventos. Westinghouse reconoció las enormes posibilidades comerciales que representaban los descubrimientos de Tesla y la inmensa superioridad del sistema de corriente alterna sobre el sistema de corriente continua. Era un hombre de negocios y no se limitó en su elección entre los dos sistemas.

Por otro lado, Edison, jefe de la compañía Edison General Electric Company, encaraba una limitación. El invento de Edison fue la lámpara eléctrica incandescente. Al desarrollar este proyecto se enfrento a la búsqueda de una forma de usarla de forma comercial. Para poder vender sus lámparas al público necesitaba electricidad para poder encenderlas. Esto requería la construcción de generadores eléctricos y sistemas de distribución. Otro tipo de lámpara eléctrica entonces disponible era la lámpara de arco, en la cual Edison no estaba muy interesado. Los generadores eléctricos de Edison se estandarizaron con corriente continua de bajo voltaje. En esa época los motores de corriente continua estaban en uso, y la mayoría de los hombres técnicos no creían probable la existencia de un motor de corriente alterna práctico. Por ello, desde el punto de vista de Edison, el sistema de corriente continua ofrecía una serie de ventajas de carácter práctico.

Westinghouse no tenía ningún proyecto comparable a la lámpara incandescente alrededor del cual tuvo que crear condiciones para protegerlo tales como las limitaciones de corriente continua para poder así ver los descubrimientos de corriente alterna de Tesla desde un punto de vista imparcial y puramente objetivo. Llegó a su decisión un mes después de la conferencia de Tesla. Una vez hecho esto, envió una breve nota a Tesla en la que se comprometía a visitarlo en su laboratorio.

Los dos inventores no se conocían pero estaban familiarizados con sus respectivos trabajos. Westinghouse, nacido en 1846, era diez años mayor que Tesla, era bajo de estatura, corpulento, barbudo, de aspecto impresionante y tenía la costumbre ser muy franco, rayando en la brusquedad, en la conducción de sus asuntos. Tesla tenía treinta y dos años, era alto, moreno, guapo, delgado y suave. Era una pareja de alto contraste en el laboratorio de Tesla, pero tenían tres cosas en común: ambos eran inventores, ingenieros y apasionados de la electricidad. Tesla tenía en su laboratorio dínamos, transformadores y motores con los que pudo demostrar sus descubrimientos y modelos en condiciones reales de funcionamiento. Westinghouse se sintió como en casa y rápidamente quedo cautivado por el inventor y sus inventos.

Así, Westinghouse fue favorablemente impresionado y decidió actuar rápidamente. Tesla narra la historia al autor.

«Yo le daré un millón de dólares en efectivo por sus patentes de corriente alterna, además de regalías», espetó Westinghouse al sorprendido Tesla. Sin embargo, este caballero alto y suave no mostró ninguna seña de que casi había sido arrollado por la sorpresa.

«Si las regalías son de un dólar por caballo de fuerza, entonces acepto la oferta», respondió Tesla.

«Un millón en efectivo, las regalías: un dólar por caballo de fuerza», repitió Westinghouse.

«Eso es aceptable», dijo Tesla.

«Vendido», dijo Westinghouse. «Recibirá un cheque y el contrato en unos días».

Este fue el caso de dos grandes hombres, visionarios en un panorama gigantesco, y cada uno con fe absoluta en el otro, acordando una transacción tremenda con absoluto desprecio de los detalles.

Para un invento de la época, el monto involucrado fue, sin duda alguna, un récord. Mientras que a Tesla le gustaba pensar en su sistema polifásico como una sola invención, fue, sin embargo, la venta de una veintena de inventos en los que ya se había emitido patentes, y otras tantas estaban por emitirse. Con un total de cuarenta patentes involucradas en la transacción, la mayoría de ellas fundamentales, Tesla recibió alrededor de 25,000 dólares por patente. Así, Westinghouse obtuvo una ganga sin precedentes mediante la compra de las patentes en cantidades mayoristas.

Westinghouse llega a un acuerdo con Tesla para que acudiera a Pittsburgh durante un año, «por un alto sueldo», para actuar como consultor en la aplicación comercial de sus inventos. La generosa oferta hecha por el magnate de Pittsburgh para la compra de sus patentes hizo que Tesla no tuviera más preocupaciones acerca del tiempo que debía dedicar a la explotación de sus inventos en el mercado a través de su propia compañía. Por lo tanto, pudo permitirse ofrecer este año de su tiempo.

El aparato que Tesla demostró a Westinghouse cuando éste visitó su laboratorio, y que funcionó tan bien, fue diseñado para funcionar con una corriente de 60 ciclos. La investigación de Tesla había demostrado que esta era la frecuencia con la que se podría lograr la mayor eficiencia de la operación. A frecuencias más altas se producía un ahorro en la cantidad necesaria de hierro; pero la perdida de eficiencia, y las dificultades de diseño que se desarrollaron, no se compensaban con el muy pequeño ahorro en el costo del metal. A frecuencias más bajas, la cantidad de hierro requerido aumentaba, y el tamaño del aparato crecía más rápido que el aumento justificado de la eficacia.

Tesla fue a Pittsburgh y esperaba aclarar todos los problemas en menos de un año. Aquí, sin embargo, se encontró con los ingenieros que enfrentaban el problema de producir un motor con un diseño que asegurara, primero, la certeza de funcionamiento suave y fiable; segundo, la economía de la operación; tercero, la economía en el uso de materiales; cuarto, la facilidad de fabricación; así como otros problemas. Tesla tenía estos problemas en mente, pero no con la urgencia con la que los ingenieros las enfrentaban. Además, fue muy firme en la elección de los 60 ciclos como la frecuencia estándar de corriente alterna, mientras que los ingenieros, los que tenían experiencia en 133 ciclos, no estaban tan seguros de que la frecuencia más baja sería mejor para los motores de Tesla.

En todo caso, había conflictos entre el inventor, interesado principalmente en los principios, y los ingenieros interesados ___ en los problemas prácticos de diseño. Encontraron problemas muy precisos para hacer trabajar el motor de Tesla en una corriente monofásica en tamaños pequeños. En este tipo de diseño, se tenían que incorporar artificios en el motor para lograr algunas de las características de una corriente de dos fases en la corriente monofásica que se suministraba para hacerlo funcionar.

Tesla estaba muy disgustado con la situación. Sintió que su asesoramiento sobre su propio invento no estaba siendo aceptado así que dejó Pittsburgh. Westinghouse estaba seguro de que la situación se arreglaría por si sola y trató de persuadirlo para que se quedara. Tesla reveló, muchos años más tarde, que Westinghouse le ofreció veinticuatro mil dólares al año, un tercio de los ingresos netos de la empresa y de su propio laboratorio, si se quedaba a dirigir el desarrollo de su sistema. Tesla, entonces rico y ansioso por volver a la investigación, rechazó la oferta.

El trabajo de desarrollo procedió después de que Tesla se fue, y pronto se produjeron diseños prácticos para todos los tamaños de motores y dínamos, y comenzó su fabricación. Tesla fue feliz al saber que el estándar de 60 ciclos, su elección enfática pero que había sido cuestionada sobre el terreno al ser menos práctica en unidades pequeñas, había sido adoptado como la frecuencia estándar.

Al regresar a su laboratorio en Nueva York, Tesla declaró que él no había hecho ninguna contribución significativa para la ciencia eléctrica durante el año que pasó en Pittsburgh. «Yo no era libre en Pittsburgh», explicó; «Yo era dependiente y no podía trabajar. Para hacer trabajo creativo debo ser completamente libre. Cuando me liberé de esa situación, las ideas e invenciones fluyeron en mi cerebro como un catarata.» Durante los siguientes cuatro años, dedicó una gran parte de su tiempo a los nuevos acontecimientos de su sistema de energía polifásica, y solicitó cuarenta y cinco patentes todas las cuales se le concedieron. Aquellas otorgadas en el extranjero alcanzan el total de varias veces este número.

Las ideas de dos gigantes entre los inventores, Edison y Tesla, se reunieron en el frente de batalla. Afuera de los laboratorios de los dos genios, a la vista el uno del otro en el sur de la Quinta Avenida en Nueva York, sucedieron acontecimientos que cambiaron el mundo.

Había habido un considerable conflicto entre Edison, que se adhirió estrictamente a la corriente continua, y los que apoyaban las reclamaciones de corriente alterna. La empresa Thomson-Houston Company y la empresa Westinghouse Electric Company habían desarrollado ampliamente este campo para la iluminación eléctrica en serie y la iluminación de arco antes de que se desarrollara el sistema de energía de Tesla. Edison había confrontado en muchas ocasiones a estos competidores, atacando la corriente alterna como insegura debido a los altos voltajes utilizados y el advenimiento del sistema de Tesla añadió más leña al fuego.

Tesla creía que los intereses de Edison habían tomado parte en el diseño del proyecto para desacreditar a la corriente alterna cuando las autoridades de la prisión del Estado de Nueva York adoptaron la corriente alterna de alta tensión para la electrocución de los condenados. No hay duda acerca de la ayuda que brindó la elección de las autoridades penitenciarias al grupo de corriente continua; pero su decisión fue, sin duda, basada en el hecho de que la corriente directa no se podía, por cualquier medio práctico, producir a los altos voltajes requeridos, mientras que los potenciales de corriente alterna se podrían aumentar muy fácilmente.

La corriente directa es tan mortal, al mismo voltaje y amperaje, como la corriente alterna. Sin embargo, en esta «guerra de las corrientes» como en otras guerras, las influencias que gobernaron fueron el apelo a las emociones, en lugar de a los hechos.

La tarea de implementar una base eléctrica para los Estados Unidos, que es lo que George Westinghouse se comprometió cuando comenzó a explotar la patente de Tesla, era gigantesca y requería no sólo el talento de ingeniería, sino también el capital. La empresa Westinghouse Electric Company experimentó una tremenda expansión en el volumen de su negocio, pero la oleada ascendente se produjo en un momento en que el país estaba entrando en una etapa de depresión comercial y financiera; y Westinghouse pronto se encontró en dificultades. Además, esta fue una época en la que intereses financieros gigantes y competitivos luchaban por el control de la estructura industrial del país a través del control del capital. Fue una época de fusiones, un período en que los intereses financieros construían unidades más grandes de producción mediante la fusión de empresas más pequeñas en campos relacionados, con frecuencia obligando estas combinaciones sin tener en cuenta lo que los propietarios de las empresas deseaban.

Una fusión, iniciada internamente y organizada por consentimiento mutuo, reunió a las empresas Thomson-Houston Company y Edison General Electric Company, los dos mayores competidores de Westinghouse Electric, para formar la actual General Electric Company. Este fue un desafío para los competitivos intereses financieros.

Westinghouse había expandido su negocio a un ritmo acelerado al explotar las patentes de Tesla. Debido a su estructura financiera perdió un cierto grado de flexibilidad, se hizo vulnerable ante los operadores financieros y de pronto se encontró en las redes de una fusión que involucró unir varias pequeñas empresas con su organización. Los intereses financieros que habían entrado en la situación exigieron que la empresa Westinghouse Electric Company se reorganizara como un paso hacia el logro de la fusión con la Empresa Eléctrica de Estados Unidos y con la empresa Consolidated Electric Light Company; la nueva unidad se nombraría Westinghouse Electric y Manufacturing Company.

Antes de que esta reorganización se consumara, los asesores financieros, en posiciones estratégicas, insistieron en que Westinghouse se deshiciera de algunos de sus planes y proyectos que consideraban poco aconsejables o un perjuicio para conseguir que la nueva compañía tuviera fundaciones sólidas desde el punto de vista financiero.

Una de las exigencias era que Westinghouse se deshiciera del contrato con Tesla, el cuál exigía el pago de regalías de un dólar por cada caballo de fuerza en todos los artículos de corriente alterna que se vendían bajo sus patentes. (No existe ninguna prueba escrita sobre este contrato. El autor ubicó dos fuentes de información. Una de ellas estaba totalmente de acuerdo con la historia que aquí se relata y la otra afirma que el pago del millón de dólares equivalía a regalías anticipadas y Tesla lo describe así, declarando que no le fueron pagadas otras regalías.) Los asesores financieros señalaron que si el negocio que Westinghouse esperaba hacer, bajo las patentes de Tesla en el año siguiente, sería tan grande y tan lejos como la estima, la cantidad a pagar en virtud de este contrato sería tremenda, equivalente a millones de dólares; y esto, en el momento de la reorganización, parecía una carga peligrosa y ponía en peligro la estabilidad que ellos trataban de alcanzar para la nueva organización.

Westinghouse se opuso enérgicamente al procedimiento. Insistió en que este pago de regalías sobre las patentes estaba de acuerdo con los procedimientos habituales y señaló que no sería una carga para la compañía, ya que estaba incluido en los costos de producción, siendo pagado por los clientes, y cubierto por las ganancias de la compañía. Westinghouse, él mismo un inventor de primera magnitud, tenía un fuerte sentido de la justicia en su trato con los inventores.

Sin embargo, los asesores financieros no debían ser ignorados. Ellos detuvieron a Westinghouse en el acto insistiendo en que el millón de dólares que había pagado a Tesla era una compensación más que adecuada para una invención, y que al haber hecho un pago tan exorbitante había puesto en peligro la estructura financiera de la empresa y así como los intereses de sus banqueros. Se argumentó que cualquier otro punto que pusiera en peligro la reorganización, en el esfuerzo de mantener el contrato de regalías, resultaría en la retirada de la ayuda que podría salvar a la empresa.

La situación se redujo a la técnica común: «O lo uno o lo otro».

Westinghouse tuvo que manejar las negociaciones con Tesla. Ninguna situación podría ser más embarazosa para él. Sin embargo, Westinghouse era un realista entre los realistas. Nunca dudó en enfrentar los hechos de manera directa y contundente. Cuando compró las patentes de Tesla, Westinghouse había sido breve y contundente: «Yo le daré un millón de dólares en efectivo por sus patentes de corriente alterna, además de regalías». Pero ahora se enfrentaba al problema de deshacer la situación en la que había entrado con tanta brevedad. En aquel entonces el dinero hablaba y él tenía el control del dinero. Ahora, Tesla tenía la posición dominante; poseía un contrato válido que valía varios millones de dólares y podía ir a los tribunales para forzar el cumplimiento de sus términos.

La demanda exitosa de Edison contra los infractores de su patente de la lámpara eléctrica, que trajo desgracia a muchas empresas que violaron sus derechos de propiedad de patente, había provocado que todo el mundo industrial tuviera un nuevo y saludable respeto por los derechos de patente.

Westinghouse no tenía ninguna razón para creer que Tesla mostraría la menor inclinación a renunciar a su contrato o para permitir que los términos fueran modificados para disminuir la tasa de regalías. Sabía que el orgullo de Tesla había sido herido por el desacuerdo con los ingenieros de Pittsburgh, y que no tendría un estado de ánimo conciliador. Por otro lado, Westinghouse sabía que había logrado que las ideas de Tesla fueran adoptadas. Su mayor consuelo provenía del hecho de que había creado el contrato con buena fe y con la misma buena fe, estaba tratando de manejar una situación mucho menos satisfactoria. Quizá podría ofrecer a Tesla un puesto ejecutivo en la empresa en lugar del contrato. Habría ventajas mutuas en dicho acuerdo.

Tesla sostuvo que no había medio alguno para fijar el valor definitivo del contrato. Sus patentes cubrían todos los departamentos del nuevo sistema de alimentación de corriente alterna, y las regalías podrían recogerse en el equipo de generadores y en los motores. En ese momento la industria de la energía eléctrica apenas había comenzado; nadie podía prever el futuro y conocer el tremendo volumen de negocio que se desarrollaría.

(Los últimos datos disponibles indican que en 1941 la fuerza de la maquinaria de generación eléctrica en operación en los Estados Unidos era de 162 millones caballos de fuerza, prácticamente todos de corriente alterna. Suponiendo un crecimiento uniforme de 1891 a 1941, la potencia instalada en 1905, cuando las primeras patentes de Tesla habrían expirado, habría sido cercana a los veinte millones. Esta cifra es, al parecer, demasiado alta. De acuerdo con un censo de las estaciones centrales de Estados Unidos realizado por T. Commerford Martin (Mundo Eléctrico, 14 de Marzo de 1914) la potencia de los generadores en funcionamiento en 1902 fue 1.62 millones y en 1907 la cifra había aumentado a 6.90 millones. Sobre una base pro rata, por año, esto daría la cifra de 5 millones correspondiente a 1905, año en que las primeras patentes de Tesla habían caducado. Durante este período muchos fabricantes que habían estado utilizando energía de vapor instalaron dínamos en sus fábricas y operaron plantas aisladas. Estos no se incluyeron en las cifras de estación central y, si se hubieran añadido, se llegaría a la potencia total de quizá 7 millones. Tesla habría tenido derecho a 7 millones de dólares de regalías sobre este equipo, sobre la base de su acuerdo de un dólar por caballo de fuerza. Además, habría tenido derecho a las regalías sobre los motores que utilizaban la energía generada por estos dínamos. Si se hubieran utilizado sólo tres cuartas partes de la corriente generada para el poder, este le habría derecho a las regalías adicionales de 5 millones de dólares, o un total de 12 millones.)

Sería una tarea difícil para cualquier ejecutivo, no importa cuán astuto o inteligente sea, disuadir a un hombre de un contrato que le producirá neto muchos millones de dólares, o inducirlo a aceptar una reducción de las tasas que ascienden a millones.

Westinghouse pidió a Tesla reunirse con él en el mismo laboratorio, en el Sur de la Quinta Avenida, donde había comprado las patentes cuatro años antes. Sin preliminares o disculpas, Westinghouse le explicó la situación.

«Su decisión determina el destino de la Compañía Westinghouse», dijo el magnate de Pittsburgh.

«Suponga que debería negarme a renunciar a mi contrato; ¿Qué haría usted entonces?» preguntó Tesla.

«En tal caso, usted tendría que hacer frente a los banqueros, porque yo ya no tendría ningún poder en la situación ", respondió Westinghouse.

«Y si yo renunció al contrato, ¿usted salvará su empresa y mantendrá el control para que pueda seguir adelante con sus planes y brindar así mi sistema polifásico al mundo? "continuó Tesla.

«Creo que su sistema polifásico es el mayor descubrimiento en el campo de la electricidad», explicó Westinghouse. «Fue mi esfuerzo para brindarlo al mundo lo que provocó la presente dificultad, pero tengo la intención de continuar, pase lo que pase, con mis planes originales para poner el país bajo una estructura de corriente alterna.»

Irguiéndose en toda su estatura de seis pies y dos pulgadas y de forma radiante, Tesla dijo al magnate de Pittsburgh, «Sr. Westinghouse, usted ha sido mi amigo, usted creyó en mí cuando los demás no tenían fe; usted fue lo suficientemente valiente para seguir adelante y pagarme un millón de dólares cuando los demás carecían de coraje; usted me apoyó cuando incluso sus propios ingenieros carecían de visión para ver las grandes cosas por venir que usted y yo vimos; usted ha estado a mi lado como un amigo. Los beneficios que obtendrá la civilización con mi sistema polifásico significan más para mí que el dinero en juego. Señor Westinghouse, usted salvará su empresa para que yo pueda desarrollar mis inventos. Aquí está su contrato y aquí está mi contrato, romperé ambos en pedazos y así ya no tendrá ningún problema con mis regalías. ¿Es eso suficiente?»

Haciendo coincidir sus acciones a sus palabras, Tesla rompió el contrato y lo tiró en el cesto de la basura; Westinghouse, gracias al gesto magnífico de Tesla, pudo regresar a Pittsburgh y utilizar las instalaciones de la compañía reorganizada, que se convirtió en la actual Westinghouse Electric and Manufacturing Company, para cumplir la promesa hecha a Tesla de poner a disposición del mundo su sistema de corriente alterna.

Probablemente en ninguna parte de la historia está registrado un sacrificio tan magnífico por la amistad como que en el que participó Tesla al ceder a Westinghouse 12 millones de dólares en regalías no pagadas, aunque Westinghouse personalmente sólo recibió beneficios indirectos de este gesto.

También es probable que la falta de pago de estas regalías a Tesla haya dado lugar a uno de los mayores obstáculos al progreso científico e industrial que la raza humana ha experimentado. Unos años más tarde Tesla, siendo aún un gigante intelectual lejos de la cima de su mayor crecimiento y quien generando una gran serie de inventos y descubrimientos de primera magnitud, de igual importancia que sus primeros esfuerzos que brindan al mundo una estructura de energía eléctrica, se encontró sin fondos para desarrollar sus descubrimientos, por lo que muchos de ellos se han perdido.

Casi cincuenta años después de esta majestuosa renuncia de la riqueza en el altar de la amistad, tiempo durante el cual Tesla tuvo la oportunidad de ver a los Estados Unidos y al mundo en su conjunto enriquecerse con el poder que él había puesto a disposición, fue llamado a responder con un discurso a la citación honorífica por el Instituto de Bienestar Social de Inmigrantes. Tesla, entonces de unos ochenta años, no pudo presentarse en persona. Experimentó décadas de pobreza en la que se enfrentó al ridículo por su incapacidad para desarrollar invenciones que él declaró haber hecho, y se vio obligado a mudarse con frecuencia de un hotel a otro, debido a la imposibilidad de pagar sus facturas. A pesar de estas experiencias, no desarrolló ningún rencor hacia Westinghouse en cuyo nombre sacrificó sus 12 millones de dólares de regalías. En cambio, retuvo su cálida amistad. Esto lo podemos corroborar en una cita hecha en el discurso que envió al Instituto y que fue leído durante la cena celebrada en el Hotel Biltmore el 12 de Mayo de 1938:

«George Westinghouse fue, en mi opinión, el único hombre en este mundo que podía tomar mi sistema de corriente alterna en las circunstancias entonces existentes y ganar la batalla contra el prejuicio y el poder del dinero. Fue un pionero de imponente estatura, uno de los verdaderos nobles del mundo de los cuales los Estados Unidos pueden estar muy orgullosos y con quien la humanidad tiene una gran deuda de gratitud.»

CINCO

Cuando Tesla salió de la Oficina de Inmigración en Castle Garden, Manhattan, el verano de 1884; sus pertenencias consistían en cuatro centavos, un libro de sus propios poemas, un par de artículos técnicos que él había escrito, unos cálculos para el diseño, una máquina voladora y algunos cálculos matemáticos que había realizado al intentar resolver una integral sumamente difícil. Además, tenía la carta que el señor Batchellor había hecho para presentarlo a Edison y la dirección de un amigo. En su carta, Batchellor escribía: «Conozco a dos hombres brillantes y usted es uno de ellos; el otro es este joven».

Como no tenía dinero para el transporte, Tesla tuvo que caminar los varios kilómetros hasta la casa de su amigo. La primera persona a quien se dirigió para pedirle indicaciones sobre el camino era un policía, un individuo hosco. La manera en que le entregó las indicaciones le hizo pensar a Tesla que quería iniciar una pelea sobre el tema. Aunque él hablaba muy bien inglés, lo único que entendió de la jerga del policía fue la dirección en la que apuntó su porra.

Mientras caminaba en la que creía que era la dirección correcta, preguntándose cómo se las ingeniería para comer y encontrar alojamiento sin más que cuatro centavos en caso de no lograr encontrar a su amigo; pasó por un negocio en el que vio a un hombre tratando de arreglar una máquina eléctrica que le pareció familiar. Entró justo cuando el hombre estaba a punto de rendirse por considerar imposible la tarea de reparar el aparato.

—Déjeme hacerlo—dijo Tesla—. Haré que funcione.

Y sin más rodeos se puso a trabajar. Resultó ser una tarea difícil, pero finalmente, volvió a funcionar.

—Necesito un hombre como tú para que se encargue de estas malditas máquinas extranjeras—dijo el hombre—. ¿Quieres un trabajo?

Tesla le agradeció y le dijo que iba camino a otro trabajo, con lo cual el hombre le dio veinte dólares. Tesla no había esperado ninguna recompensa por lo que consideraba un pequeño favor y se lo expresó, pero el hombre insistió en que su trabajo lo valía y que se contentaba pagándole. Tesla nunca había estado tan contento por un dinero caído del cielo ya que, por el momento, tenía comida y alojamiento asegurados. Con la ayuda de nuevas indicaciones, que le fueron entregadas con más gentileza esta vez, encontró la casa de su amigo, donde se hospedó durante la noche. Al día siguiente se dirigió a la oficina central de Edison en Nueva York, situada en la South Five Avenue (actual West Broadway)

Gracias a la presentación del señor Batchellor, pudo ver rápidamente a Edison, que estaba afanado resolviendo unos problemas de conexión en su nueva central generadora y el sistema de luz eléctrica. La central se ubicaba en el centro de Pearl Street y abastecía un territorio de radio relativamente pequeño.

En su primer encuentro, Tesla resultó positivamente impresionado por Edison. Le sorprendió que un hombre con una educación tan limitada pudiera lograr tanto en un campo tan técnico como la electricidad, lo que hizo que se preguntara si todo el tiempo que había pasado adquiriendo una educación de gran alcance no había sido un desperdicio. ¿Habría estado más adelantado si hubiera empezado su trabajo práctico basándose en la experiencia, como había hecho Edison? No obstante, con el paso de varios días, definitivamente, decidió que el tiempo y el esfuerzo que había dedicado a su educación, constituía la clase de inversión más sabia.

Edison, por su parte, no tuvo una impresión tan positiva de Tesla. Esto, debido a que Edison era un inventor que obtenía los resultados por el método de la prueba y el error; en cambio Tesla, calculaba todo mentalmente y resolvía los problemas antes de realizar cualquier «trabajo» en ellos. Como resultado, los dos hombres brillantes hablaban un lenguaje técnico completamente distinto. Y había otra diferencia muy importante: Edison pertenecía a la corriente continua, mientras que Tesla, a la escuela de pensamiento de la corriente alterna. Los eléctricos de aquel tiempo podían llegar a ser, y lo eran, altamente sensibles respecto a sus diferencias de opinión sobre este tema. Las discusiones despertaban todo el fervor de los debates políticos o religiosos y todo lo desagradable se asociaba con los adherentes del otro lado de la discusión. El comentario menos desagradable que se le hacía a un oponente era que su inteligencia era inferior. Cuando Tesla describió con entusiasmo su sistema polifásico y dijo que creía que la corriente alterna era la única clase práctica de corriente para ser utilizada en un sistema eléctrico de potencia y de iluminación, Edison rió, pues él estaba usando corriente continua en su sistema. Inmediatamente le dijo a Tesla que no estaba interesado en la corriente alterna, que ésta no tenía futuro y que cualquiera que incursionara en ese campo estaba perdiendo el tiempo; y que, además, se trataba de una corriente mortal, mientras que la corriente continua era segura. Tesla no cedió terreno en esta discusión, pero no logró que sus esfuerzos por que Edison escuchara su presentación sobre su sistema de distribución eléctrica polifásico dieran resultado. En terrenos técnicos eran mundos aparte.

Sin embargo, gracias a la recomendación de Batchellor sobre el valioso trabajo que había realizado en las máquinas de corriente continua de Edison en Europa, Tesla obtuvo, sin mucho protocolo, un puesto en la empresa de Edison para efectuar trabajos rutinarios menores. Pero algunas semanas después, tuvo la oportunidad de demostrar su habilidad. Edison había instalado una de sus plantas de energía eléctrica en el barco a vapor Oregon, el más rápido y moderno barco de pasajeros de la época. La instalación anduvo bien durante muchos meses hasta que ambas dínamos dejaron de funcionar. No era posible retirarlas y reemplazarlas por unas nuevas, por lo que era necesario reparar las antiguas de algún modo; pero esto, según le habían dicho a Edison, era imposible sin llevarlas al taller. Ya había pasado la fecha de zarpe programada y Edison se encontraba en una situación embarazosa debido al retraso que estaban causando sus máquinas.

En la tarde Edison le pidió a Tesla si podía ir al barco y ver qué se podía hacer frente a esta situación. Después de haber cogido algunos instrumentos que pensó que necesitaría, Tesla subió a bordo del Oregon. Descubrió que, debido a corto-circuitos, algunas bobinas del inducido se habían quemado; y se habían producido circuitos abiertos en otro sitio de las máquinas.

Recurrió a algunos miembros de la tripulación para que lo ayudaran y trabajó durante toda la noche hasta que, alrededor de las cuatro de la mañana, ambas máquinas volvieron a operar tan bien como el día en que recién habían sido instaladas. Cuando volvía al taller en la parte baja de la South Avenue a las cinco de la mañana, al comienzo de un tenue amanecer, se encontró con un grupo de hombres que justo se iba. Entre ellos se encontraban Edison, Batchellor (que entretanto había regresado de París) y muchos otros que habían finalizado su trabajo de noche y volvían a casa.

—Aquí está nuestro parisino dando vueltas en la noche—dijo Edison.

—Recién vengo del Oregón—Respondió Tesla—. Ambas máquinas están funcionando.

Edison, sorprendido, sacudió la cabeza y se apartó sin decir más palabra. Al reunirse con el grupo, dijo a Batchellor, lo suficientemente alto para que los oídos del entusiasta Tesla pudiesen escucharlo:

—Batchellor, éste es un maldito buen hombre.

A partir de ese momento, la posición de Tesla entre los empleados ascendió varios niveles y se le asignaron tareas más cercanas al diseño y a los problemas de funcionamiento. Encontró interesante el trabajo y se concentró en él por más de dieciocho horas diarias, desde las diez y media de la mañana hasta las cinco de la madrugada, todos los días incluyendo los domingos. Al ver lo aplicado que era, Edison le dijo:

—He tenido muchos asistentes trabajadores, pero tú los sobrepasas a todos.

Tesla observó muchas maneras en las que se podía mejorar el diseño de las dínamos para que operaran de un modo más eficiente. Describió su plan a Edison y enfatizó en el aumento de producción y el menor costo operacional que resultaría de los cambios que estaba proponiendo. Edison, ávido por apreciar el valor del incremento de la eficiencia, contestó: —Te daré cincuenta mil dólares si logras hacerlo.

Tesla diseñó veinticuatro tipos de dínamos, eliminando los inductores de núcleo largo utilizados entonces y sustituyéndolos por los más eficientes de núcleo corto; y agregó algunos controles automáticos, cuyas patentes estaba tramitando. Meses más tarde, cuando finalizó su tarea y algunas de las máquinas ya estaban construidas y probadas; consideró que había cumplido con su parte de la promesa y solicitó que se le pagara lo acordado. A lo que Edison respondió: —Tesla, tú no entiendes nuestro humos americano.

Tesla se quedó atónito al descubrir que lo que él creía que era una promesa concreta, había sido relegado simplemente a la típica broma práctica del día. No recibió ni un centavo de remuneración, más allá de la no muy generosa paga semanal, por los nuevos diseños e inventos ni por la enorme cantidad de horas extras. Por lo tanto, renunció inmediatamente a su trabajo. Era la primavera de 1885.

Durante el período de menos de un año que Tesla pasó con Edison, desarrolló una buena reputación en el círculo de eléctricos, por lo que cuando estuvo desocupado le ofrecieron una oportunidad de la cual obtener provecho. Un grupo de patrocinadores le propuso formar una compañía bajo su nombre, lo cual parecía una oportunidad real para dar a conocer su sistema de corriente alterna, así que con gran entusiasmo se involucró en el proyecto. Pero cuando presentó su plan, los patrocinadores le informaron que no estaban interesados en la corriente alterna, sino que querían que desarrollara una lámpara de arco funcional para la iluminación de las calles y de las fábricas. En aproximadamente un año desarrolló la lámpara solicitada, obtuvo varias patentes en su invento, y su fabricación y uso estaban en curso.

Desde un punto de vista técnico, la empresa fue un éxito, pero el mismo Tesla sufrió otra difícil experiencia financiera a causa de ella, puesto que había recibido un salario relativamente bajo durante el período de desarrollo. Según el acuerdo, su principal compensación sería una parte de las acciones de la compañía. Recibió un bonito certificado grabado de accionista y luego, por alguna manipulación que no comprendió, lo sacaron de la compañía y fue difamado poniendo en duda sus habilidades como ingeniero e inventor. Cuando intentó transformar el certificado en efectivo, se enteró de que las acciones de las compañías recientemente establecidas que no podían demostrar su poder de generar dividendos poseían un escaso valor. Sin duda, la opinión que estaba desarrollando sobre los hombres de negocios, tanto del viejo como del nuevo continente, no era muy halagadora.

Luego vino la etapa más desagradable de la vida de Tesla. Sin ninguna fuente de ingresos, se vio obligado a trabajar como jornalero entre las primaveras de 1886 y 1887, sobre lo cual expresó:

—Viví un año de angustias y lágrimas amargas, por lo que mi sufrimiento se intensificó con las necesidades materiales.

La situación económica no era muy buena en el país, por lo tanto, no sólo le era difícil encontrar a alguien que quisiera escuchar sobre su proyecto de corriente alterna, sino también obtener alojamiento y comida como un trabajador de grandes competencias; y se dio cuenta de que tampoco era fácil asegurarse las tareas más insignificantes por un salario casi miserable. Nunca comentó este período de su vida, tal vez, porque le generaba tal desazón, que prefirió borrar todos esos recuerdos de su memoria. Algunas reparaciones eléctricas e, incluso, la excavación de zanjas por 2 dólares al día se encuentran entre los trabajos que realizó. El hecho de que sus habilidades fueran completamente desperdiciadas le molestaba más que la degradación personal implicada. Afirmó que su educación le parecía una burla.

Durante el invierno a principios de 1887, mientras trabajaba cavando zanjas, se fijó en él el encargado de la cuadrilla, quien también había sido forzado por las circunstancias a tomar un trabajo de un nivel más bajo que el acostumbrado. La historia de los inventos de Tesla y sus grandes expectativas respecto a su sistema de corriente alterna habían impresionado al capataz, que lo presentó al señor A. K. Brown, de la compañía de telégrafos Western Union, quien, a su vez, contribuyó con su propio dinero e hizo que un amigo se le uniera en el proyecto de Tesla.

Estos dos caballeros organizaron y financiaron la Tesla Electric Company y en agosto de 1887 establecieron un laboratorio en 33-35 de la South Fifth Avenue (actual West Broadway), cerca de la Bleecker Street, no lejos del taller de la Edison Company. Edison había rechazado la idea del sistema de corriente alterna de Tesla y ahora Tesla era su vecino con un laboratorio propio, donde empezaba a desarrollar la idea rival. Dentro de esta pequeña área iba a disputarse la gran batalla de la industria eléctrica sobre la cuestión di si se debía utilizar la corriente continua o la alterna. Edison, ya famoso, estaba sinceramente comprometido con la corriente continua, sus centrales eléctricas estaban funcionando en varias ciudades y, además, tenía el apoyo del famoso financiero J. P. Morgan. En cambio, Tesla era desconocido y contaba sólo con un pequeño aporte financiero. La corriente continua era técnicamente simple, mientras que la alterna era técnicamente compleja. No obstante, Tesla sabía que en estas complejidades había ilimitadas posibilidades de utilidad.

Los oscuros días de Tesla quedaban atrás. Asimismo, pronto iba a descubrir que la aceptación o el rechazo del sistema de corriente alterna no estaban basados en hechos técnicos, sino en consideraciones económicas, reacciones y prejuicios; y que la naturaleza humana era un factor más importante que la verdad científica. Sin embargo, en poco tiempo, vería realizados algunos de sus mayores expectativas y sueños, además de un gran éxito como recompensa a sus esfuerzos.

En cuanto obtuvo algo semejante a las condiciones justas bajo las cuales continuar su trabajo, la estrella en ascenso del genio Tesla cruzó los cielos eléctricos como un meteorito. Tan pronto como la recientemente organizada Tesla Electric Company abrió sus laboratorios en la South Fifth Avenue, comenzó la construcción de una variedad de piezas de dínamo de maquinaria eléctrica. Para él no era necesario hacer ningún cálculo ni trabajo ni anteproyecto ya que en su mente todo estaba claro como un cristal con el más mínimo detalle de cada pieza del sistema. Como consecuencia, produjo muy rápido las unidades operativas con las cuales demostró los principios de su sistema polifásico de corriente alterna. La única parte del equipo que había construido en Estrasburgo (el primer modelo de motor de inducción) proveía la prueba física que necesitaba para demostrar que el resto de sus cálculos eran correctos.

Los equipos que construyó en el nuevo laboratorio eran idénticos a aquéllos que había concebido en los dos meses en Budapest siguiendo la extraordinaria revelación del principio del campo magnético rotatorio. Sostuvo que no realizó ni el más mínimo cambio en las máquinas que había construido mentalmente durante ese tiempo. Cuando éstas estuvieron listas, ninguna de ellas falló en su funcionamiento, tal como él había predicho. Cinco años habían transcurrido desde que había desarrollado los diseños y en ese tiempo no había trazado ninguna línea sobre el papel; sólo había recordado perfectamente hasta el último detalle.

Tesla producía, tan rápido como las máquinas podían ser construidas, tres sistemas completos de maquinaria de corriente alterna para corrientes monofásica, bifásica y trifásica; y realizó experimentos con corrientes de cuatro y seis fases. En cada uno de los tres sistemas principales produjo las dínamos para generar la corriente, los motores para generar energía y transformadores para aumentar y disminuir el voltaje, así como una variedad de dispositivos para controlar automáticamente la maquinaria. No sólo produjo los tres sistemas, sino que además proporciono métodos por los cuales podían estar interconectados y modificaciones que entregaban una diversidad de modos de empleo de cada uno de los sistemas. Unos pocos meses después de la apertura del laboratorio, presentó su motor bifásico al profesor W. A. Anthony, de la Universidad de Cornell, para probarlo. El profesor Anthony informó que la eficiencia de éste era igual a la del mejor motor de corriente continua.

Ahora Tesla no sólo construía las máquinas que visualizaba, además resolvía la teoría matemática fundamental subyacente a todo el equipo. Ésta era tan elemental que no sólo cubría los principios aplicados a la maquinaria para operar a 60 ciclos por segundo, que es la frecuencia de uso estándar en la actualidad, sino que servía igual de bien para todo el rango de corrientes de baja (y alta) frecuencia. Con la corriente continua de Edison, no se había considerado práctico trabajar con potencial más allá de los 220 V en sistemas de distribución, pero con corriente alterna era posible producir y transmitir corrientes de varios cientos de voltios, lo que permitía una distribución económica, y éstas podían reducirse al voltaje más bajo para el uso del cliente.

Tesla quiso obtener una sola patente que abarcara el sistema completo y todos las dínamos, transformadores, sistemas de distribución y motores que lo componían. Los representantes de sus patentes, Duncan, Curtis & Page; archivaron la solicitud para esta patente el 12 de octubre de 1887, seis meses después de la apertura del laboratorio y cinco años y medio después de que Tesla había hecho su invento del campo magnético rotatorio.

No obstante, la Oficina de Patentes lo rechazó por considerarlo como una aplicación « autobús » e insistió en que había que dividirlo en siete inventos separados, cada uno provisto de su propia aplicación. Fue así como dos grupos de aplicaciones independientes fueron designados el 30 de noviembre y el 23 de diciembre, respectivamente. Debido a la originalidad de estos inventos y a que cubrían campos de la electricidad inexplorados, casi no encontraron ninguna dificultad en la Oficina de Patentes y en aproximadamente seis meses las patentes fueron emitidas. (Fueron enumeradas así 381 968; 381 969; 381 970; 382 279; 382 280; 382 281 y 382 282. Éstas incluían los motores monofásico y bifásico, su sistema de distribución y los transformadores polifásicos. En abril del año siguiente, 1888, solicitó y luego obtuvo cinco otras patentes, las que incluían los sistemas trifásico de cuatro y tres hilos. Éstas fueron denominadas 390 413; 390 414; 390 415; 390 721 y 390 820. Durante el año solicitó y le fueron concedidas dieciocho más: 401 520; 405 858; 405 859; 416 191; 416 192; 416 193; 416 194; 416 195; 418 248; 424 036; 433

700; 433 701; 433 702; 433 703; 445 207; 445 067; 459 772 y 464 666).

Debido a que la Oficina de Patentes comenzó a emitir sucesivamente patentes fundamentales a Tesla, el sector de la ingeniería eléctrica se vio atraído por este inventor prácticamente desconocido. La importancia de sus descubrimientos que marcaron una época fue rápidamente reconocida y fue invitado a dar una conferencia en el Instituto Americano de Ingenieros Eléctricos el 16 de mayo de 1888. La invitación era una evidencia de que había «triunfado». Tesla aceptó la invitación y se entregó por completo a la preparación de la conferencia, pues sentía que le permitiría contar al mundo eléctrico la historia de su sistema de corriente alterna ya acabado y las tremendas ventajas que éste presentaba sobre la corriente continua.

Esta conferencia se convirtió en un clásico del campo de la ingeniería eléctrica. En ella, Tesla presentó la teoría y aplicación práctica de la corriente alterna en la ingeniería energética. Con sus patentes describió los fundamentos con respecto a los circuitos, máquinas y el funcionamiento; y la teoría, bajo la cual casi todo el sistema eléctrico del país estaba establecido y aún operando. Ningún nuevo desarrollo de nada de una magnitud siquiera un poco comparable se había realizado en el campo de la ingeniería eléctrica hasta ese momento.

La conferencia de Tesla, con los inventos y descubrimiento que en ella incluyó, lo establecieron frente a la profesión de ingeniería eléctrica, como el padre de todo el campo del sistema energético de corriente alterna y el inventor destacado del área eléctrica.

No es fácil visualizar la tremenda explosión de desarrollo eléctrico y progreso que surgió del laboratorio de Tesla en los pocos meses después de su inauguración. Produjo una oleada de avances que llevó al mundo eléctrico al inicio de la nueva era de energía de sopetón aunque, obviamente, pasaron varios años para que la explotación comercial se pusiera en marcha. El mundo de la ingeniería eléctrica estaba asombrado, perplejo y desconcertado por la multitud de descubrimientos que recibía en una rápida sucesión desde el laboratorio de Tesla y estaba lleno de admiración por el prodigioso nuevo genio que había surgido entre sus filas.

El sistema eléctrico de potencia de Tesla, que empleaba alto voltaje para la transmisión, redujo el funcionamiento de las centrales eléctricas de corriente continua meramente a empresas locales, capaz de abastecer un área de un radio aproximado de 1,5 kilómetros cómo máximo. En cambio, sus motores utilizaban corriente alterna que podía ser transmitida económicamente cientos de kilómetros y aportó un sistema trifásico y bifásico económico para las líneas de transmisión.

Los magníficos cambios que la invención de la corriente alterna de Tesla y sus descubrimientos produjeron en la industria eléctrica pueden entenderse al considerar la desventaja con la que, hasta el momento, habían operando las centrales eléctricas de corriente continua del sistema de Edison. La electricidad era generada en las plantas eléctricas por dínamos de un tamaño relativamente pequeño y la corriente era luego distribuida a los clientes por conductores de cobre extendidos en conductos debajo de las calles. Una parte de la energía eléctrica que pasaba a estos conductores en la planta no llegaba como electricidad al extremo de la línea porque en la ruta se convertía en calor inútil debido a la resistencia de los conductores.

La energía eléctrica se compone de dos factores: la corriente, o cantidad de electricidad; y el voltaje, o la presión bajo la cual se mueve la corriente. La pérdida de resistencia era sometida por la corriente sin importar el voltaje. Un amperio de corriente experimentaba una pérdida definitiva causada por la resistencia y esta pérdida era la misma si la presión era de 100, 1000 o 100 000 voltios. Si el valor de la corriente se mantenía fijo, entonces la cantidad de energía transportada por un cable variaba según el voltaje. Por ejemplo, hay 100 000 veces más energía transportada en un cable que lleva una corriente de 1 amperio a 100 000 voltios que cuando la corriente es de 1 amperio y la presión es de 1 voltio.

Si la cantidad de corriente conducida por un cable se duplica, la pérdida de calor aumenta cuatro veces; si la corriente se triplica, estas pérdidas aumentan nueve veces; y si la corriente se cuadruplica, las pérdidas aumentan dieciséis veces. Esta situación pone límites definidos a la cantidad de corriente que pueden llevar los conductores.

Además, junto con ello, hay una disminución en la presión. En un conductor de media milla de largo (800 m aprox.), del tamaño aceptado y transmitido bajo la corriente promedio, habría una disminución aproximada de 30 voltios. Para compensarlo de alguna manera, las dinamos fueron diseñadas para generar 120 voltios en lugar del estándar de 110 voltios, para los cuales se diseñaron bombillas. Cerca de la central eléctrica los clientes obtendrían un exceso de voltaje, mientras que a 800 metros de distancia, recibirían una corriente de 90 voltios. Las antiguas bombillas de carbono de Edison no iluminaban mucho a 110 voltios y estaban muy lejos de proporcionar una luminosidad satisfactoria a 90 voltios.

Como consecuencia de lo anterior, la generación y difusión de la corriente eléctrica continua se convirtió en un asunto muy localizado. La planta eléctrica de Edison podía abastecer un área de menos de 1,6 km de diámetro. Con el fin de entregar un servicio a una ciudad más grande, era necesario contar con una planta en cada kilómetro cuadrado o, incluso, más cerca si se buscaba proveer una corriente satisfactoria uniforme. Afuera de las grandes ciudades la situación se hacía aún más complicada. Por lo tanto, existía una seria dificultad si la electricidad se convertía en la fuente universal de energía.

El sistema de corriente alterna de Tesla, que Edison había rechazado rotundamente cuando se lo había propuesto, liberó la electricidad de su cautiverio al aislamiento local. Sus motores de corriente alterna no sólo eran más simples y adaptables que las máquinas de corriente continua, sino que, gracias a un método altamente eficiente de la utilización de los motores (consistentes en dos bobinas de alambre alrededor de un núcleo de hierro) era posible aumentar el voltaje y, simultáneamente, disminuir la corriente en una cantidad proporcionada, o realizar el proceso inversamente. Sin embargo, la cantidad de energía involucrada permanecería, prácticamente, inalterada.

El alambre de cobre representa una gran inversión cuando es adquirido en grandes cantidades. El diámetro del alambre fija el límite de la cantidad de corriente que conduce. En el sistema de corriente continua de Edison no existía ningún método práctico para transformar una corriente eléctrica, puesto que el voltaje permanecía fijo y, cuando se aumentaba la corriente hasta la capacidad de conducción del alambre, ningún otro aumento era posible en el circuito.

En cambio, con el circuito de Tesla se podía aumentar enormemente la cantidad de energía que conducía un alambre aumentando el voltaje y dejando que la corriente permaneciera fija dentro de los límites de transporte del circuito. En el sistema polifásico de corriente alterna, un alambre muy pequeño podía llevar miles de veces, o más, la cantidad de energía eléctrica que lograba en el circuito de corriente continua de Edison.

Utilizando el sistema de Tesla, la energía podía ser distribuida económicamente a largas distancias a partir de la central. Si se deseaba, era posible quemar carbón en la boca de una mina para generar electricidad y distribuir la corriente a un bajo costo a ciudades lejanas, o generar electricidad donde se disponía de energía hidráulica y transmitirla a puntos distantes donde podría ser utilizada.

Tesla rescató el gigante eléctrico del dominio de las centrales eléctricas y le entregó libertad geográfica, la oportunidad de expandirse a los espacios abiertos y emplear su magia. Puso los cimientos para nuestro sistema de superpotencia actual. Un desarrollo de tal magnitud estaba destinado a ser cargado con dinamita, de seguro entraría en acción tan pronto como alguien encendiera una cerilla en el detonador.

SEIS

Cuando Tesla dejó la planta de Westinghouse en Pittsburgh el año 1889 para volver a su laboratorio en Nueva York, entró en un mundo nuevo. El magnífico sistema polifásico que ya había fabricado no era más que un ejemplo de las grandes maravillas que aún tenía que revelar y estaba ansioso por comenzar a explorar el nuevo terreno.

No estaba internándose en un campo completamente desconocido en el cual tendría que palpar el camino en la oscuridad con la esperanza de toparse con algo de valor, aunque cualquier otro en ese momento habría estado en esa situación. En esa profética tarde de febrero de 1882 en Budapest, cuando tuvo la visión del campo magnético rotatorio, recibió junto con ella una iluminación que le reveló el cosmos entero en sus infinitas variaciones y sus innumerables formas de manifestación como una sinfonía de corrientes alternas. Para él, la armonía del universo era ejecutada en una escala de vibraciones eléctricas de una gran gama en octavas. En una de las octavas inferiores había una sola nota, la corriente alterna de 60 ciclos por segundo, y en una de las octavas superiores había luz visible con su frecuencia de mil millones de ciclos por segundo.

Tesla tenía en mente un camino de experimentación en el cual exploraría esta zona de vibración eléctrica entre su corriente alterna y las ondas de luz. Aumentaría la frecuencia de la corriente alterna a través de las desconocidas zonas intermedias. Si una nota en una octava inferior produjo un invento tan extraordinario, como el campo magnético rotatorio y el sistema polifásico, ¿quién podría imaginar las gloriosas posibilidades que continuaban ocultas en otras notas en octavas superiores? Y había miles de octavas para explorar. Construiría un armonio eléctrico produciendo vibraciones eléctricas en todas las frecuencias y estudiaría sus características. Luego, esperaba ser capaz de entender el motivo de la sinfonía cósmica de vibraciones eléctricas que se difundía por todo el universo.

A la edad de treinta y tres años, Tesla no era adinerado. Había recibido un millón de dólares de parte de la Westinghouse Company por su primera cosecha de inventos, de lo cual, la mitad fue para A. K. Brown y su socio, quienes habían financiado sus experimentos. Aún vendrían grandes inventos. Nunca necesitaría dinero, pues él creía que obtendría regalías de los millones por las patentes de su corriente alterna. Podría gastar dinero sin reservas como él quisiera, penetrando los secretos de la Naturaleza y aplicando sus descubrimientos para el bienestar humano. Era su responsabilidad estar tan comprometido, puesto que sabía que había sido dotado como ningún otro hombre había sido bendecido con visiones, talento y habilidad; y él, a su vez, dotaría al mundo de tesoros celestiales de conocimiento científico, el cual extraería de los recovecos secretos del universo y, a través de las actividades de su poderosa mente, lo transformaría en acciones para iluminar las vidas, alumbrar los trabajos y aumentar la felicidad de la raza humana.

¿Era una actitud egocentrista? Si era así, no estaba motivado por el egoísmo. A Tesla, no importaba lo que él pensaba, siempre y cuando permaneciera objetivo en su forma de pensar y sus pensamientos pudiesen ser traducidos en hechos demostrables. ¿Y si se consideraba a sí mismo mejor que otros hombres, no concordaba acaso con los hechos? Tal vez, se consideraba un hombre del destino. ¿No podía entregar evidencia para respaldar esta opinión? Realmente, para Tesla no era necesario ver que un acontecimiento ocurriera para disfrutar su realización. ¿No había anunciado cuando joven que haría un motor de corriente alterna funcional sólo para que su profesor le dijera que se trataba de un objetivo imposible de alcanzar (y ya había logrado esta «imposibilidad»)? ¿No había tomado las dínamos de corriente continua de Edison, a quien todo el mundo contemplaba como a un gran genio, y había mejorado enormemente su diseño y funcionamiento, distribuyendo y produciendo electricidad? A todas estas preguntas, Tesla respondería afirmativamente sin sobrepasar los límites de la modestia respecto a sus logros.

Su actitud no era la de un egoísta, sino que sentía una gran fe en sí mismo y en la visión que había recibido. Para un nombre con sus habilidades, con tal magnitud de autoconfianza y con los recursos necesarios para avanzar en sus proyectos, el mundo de los logros no tiene límites. Ésa era la imagen de Tesla cuando volvió a su laboratorio en la Quinta Avenida baja, Nueva York, a fines de 1889.

Tesla había estudiado una gran variedad de frecuencias de corriente alterna con el fin de seleccionar aquélla con la cual el funcionamiento de su sistema polifásico fuera más eficiente. Sus cálculos indicaron cambios importantes en las características y efectos cuando la corriente disminuía, cálculos que fueron confirmados por sus observaciones con la maquinaria eléctrica que construyó. Señaló que se requerían incluso pequeñas cantidades de hierro al disminuir las frecuencias, por lo que ahora deseaba explorar las frecuencias más altas en las que, sin hierro en el circuito magnético, deberían producirse efectos inusuales.

De vuelta en Budapest, siguiendo su descubrimiento del campo magnético rotatorio, había jugado haciendo cálculos mentales de las propiedades de la corriente alterna por todo el recorrido desde la frecuencia más baja hasta la de la luz, una zona que nadie había explorado hasta ahora. Sin embargo, nueve años antes, en 1873, James Clerk Maxwell, de la Universidad de Cambridge, Inglaterra, había publicado su hermosa presentación de una teoría electromagnética de la luz, donde sus ecuaciones indicaban que existía una gran gama de vibraciones electromagnéticas por encima y por debajo de las vibraciones de luz visible cuyas longitudes de onda eran más largas y más cortas. Mientras Tesla estaba dedicado a hacer modelos de su sistema polifásico en 1887, en Alemania, el Profesor Heinrich Hertz puso a prueba la teoría de Maxwell en la gama de ondas de unos pocos metros de largo. Le era posible producir tales ondas debido a la descarga de chispas de una bobina de inducción y las podía absorber del espacio y convertirlas nuevamente en una pequeña chispa a cierta distancia de la bobina.

El trabajo de Hertz sirvió de apoyo a la teoría de Tesla de que existía un importante descubrimiento que hacer en casi cada nota de toda la escala de vibraciones entre las ya conocidas de la energía eléctrica y las de la luz. Tesla se sentía seguro de que podría aumentar continuamente la frecuencia de las vibraciones eléctricas hasta igualar las de la luz, de que sería capaz de producir luz gracias a un proceso directo y sumamente eficiente en vez del extremadamente derrochador utilizado en la bombilla incandescente de Edison, en el que las ondas de luz útiles correspondían a una fracción muy pequeña de las ondas de calor emitidas en el proceso y que eran desperdiciadas y sólo el cinco por ciento de la energía eléctrica era efectivamente utilizado.

Tesla comenzó su investigación construyendo dínamos de corriente alterna rotativas de hasta 384 polos magnéticos: dispositivos con los que era capaz de generar corrientes de hasta 10 000 ciclos por segundo. Encontró que estas corrientes de alta frecuencia presentaban muchas posibilidades fascinantes para una transmisión de potencia incluso mayor que la de su práctico sistema polifásico de 60 ciclos. Por lo tanto, continuó con una línea paralela de investigación de transformadores tanto para aumentar como para disminuir el voltaje de tales corrientes.

Las dínamos de corriente alterna de alta frecuencia, similares a las que Tesla había diseñado en 1890, fueron posteriormente desarrolladas por F. W. Alexanderson en los transmisores inalámbricos de alta potencia, que después de más de dos décadas posicionó la transmisión inalámbrica trasatlántica en una base práctica tan sólida que el Gobierno no permitió que el dominio de ésta lo tuviera otro país y conservó la posición predominante de los Estados Unidos en el mundo inalámbrico.

Los transformadores de alta frecuencia que Tesla desarrolló demostraron un funcionamiento espectacular. No contenían ni un rastro de hierro (por cierto, se encontró que la presencia de hierro interfiere con esta operación). Se trataba de transformadores de núcleo de aire, que consistían, simplemente, en bobinados concéntricos primarios y secundarios. Los voltajes que pudo producir con estos transformadores, que se hicieron conocidos como «bobina de Tesla», fueron muy altos. En sus primeros experimentos consiguió potenciales que producían chispas a lo largo de algunos centímetros en el aire, pero en poco tiempo logró grandes avances y produjo descargas que generaban llamas. Al trabajar con estos voltajes se enfrentó a dificultades en el aislamiento del aparato, por lo tanto, desarrolló la técnica de uso universal en la actualidad en los sistemas de alta tensión: la de sumergir el aparato en aceite y eliminar todo el aire de las bobinas. Un descubrimiento de gran importancia comercial.

No obstante, había un límite más allá del cual los generadores rotativos de alta frecuencia no eran factibles, por lo que Tesla comenzó la tarea de desarrollar un nuevo tipo de generador. No había nada novedoso en la idea básica que empleó. En las dínamos rotativas, la corriente es generada al mover un alambre en círculo por delante de varios polos magnéticos en sucesión. El mismo efecto se puede lograr moviendo el alambre de un lado a otro con un movimiento oscilante frente a uno de los polos magnéticos. Sin embargo, nadie hasta el momento había producido una dínamo funcional con movimiento de vaivén. Tesla creó una que era sumamente funcional para su propósito en particular, pero para otros fines no presentaba mucha utilidad, por lo que más tarde sintió que podría haber aprovechado mucho mejor el tiempo invertido en ella. Consistía en un ingenioso motor de un cilindro sin válvulas, que podía operar con aire comprimido o vapor y que poseía lumbreras al igual que un motor marino de dos tiempos pequeño, además de una barra extendida desde el pistón hasta la culata por ambos extremos y a cada extremo de las barras se unía una bobina plana de alambre que, por la acción oscilante del pistón, se movía de un lado a otro a través del campo de un electroimán. El campo magnético, gracias a su efecto amortiguador, servía como volante.

Tesla logró obtener una velocidad de 20 000 oscilaciones por minuto y, para mantener en funcionamiento este notable grado de constancia, propuso mantener la misma velocidad constante en su sistema polifásico de 60 ciclos y el uso de motores sincrónicos desmultiplicados hasta el punto adecuado, así como relojes que marcarían la hora exacta en cualquier sitio donde la corriente alterna estuviera disponible. Esta propuesta estableció los fundamentos de nuestros actuales relojes eléctricos. Así como con muchas otras de sus prácticas y útiles sugerencias, no patentó su idea ni obtuvo ningún beneficio económico.

Trabajando en su sistema polifásico, Tesla adquirió un conocimiento absoluto del rol que cumplían los dos factores, capacidad e inductancia, en los circuitos de corriente alterna; donde el primero actuaba como un resorte y el segundo, como un depósito de almacenamiento. Sus cálculos indicaron que con corrientes de frecuencia lo suficientemente alta, sería posible producir resonancia con valores relativamente pequeños de capacidad e inductancia. Producir resonancia es sintonizar un circuito eléctricamente. Los efectos mecánicos análogos a la resonancia eléctrica son los que causan que un péndulo oscile por un amplio arco al darle una serie de toques programados muy suaves pero iguales o que un puente se caiga cuando los soldados marchan simultáneamente sobre él. Cada pequeña vibración refuerza las precedentes hasta que se producen efectos enormes.

En un circuito eléctrico sintonizado un condensador suministra la capacidad y una bobina de alambre suministra la inductancia. Un condensador ordinario consiste en dos placas paralelas de metal separadas a una pequeña distancia por un material aislante. Cada una de ellas está conectada a ambos extremos de la bobina de inductancia. El tamaño del condensador y de la bobina está determinado por la frecuencia de la corriente. La combinación de bobina y condensador, y la corriente están sintonizadas entre sí. La corriente puede imaginarse fluyendo por el condensador hasta que éste está completamente cargado, luego fluye elásticamente a la bobina de inductancia, la que almacena la energía produciendo su campo magnético. Cuando la corriente deja de fluir en la bobina, el campo magnético colapsa y devuelve a la bobina la corriente que se utilizó previamente para construir el campo magnético, lo que hace que el flujo de corriente retorne al condensador para recargarlo y así inundarlo nuevamente, gracias a lo cual está listo para repetir el proceso. Estos flujos de ida y vuelta entre el condensador y la bobina se producen en sintonía con el retorno de la corriente alterna, que suministra la energía cuando la resonancia está establecida. Cada vez que esto ocurre, la corriente de carga actúa en el momento preciso para estimularlo, por lo tanto, la oscilación aumenta hasta un valor inmenso.

Mucho año después, al hablar del plan de sintonización eléctrica de circuitos durante una conferencia, Tesla dijo:

—La primera pregunta que hay que responder es si se puede producir efectos de resonancia puros. La teoría y los experimentos muestran que por su naturaleza es imposible ya que mientras las oscilaciones se vuelven más vigorosas, las pérdidas en los cuerpos vibrantes y en el medio aumentan rápidamente, por lo que se hace necesario verificar las vibraciones; de lo contrario, éstas aumentarán siempre. Afortunadamente, no se puede producir una resonancia pura porque, si así fuera, no se sabe qué peligros podrían estar esperando al experimentador inocente. Sin embargo, en cierto grado, la resonancia sí es producible, pero la magnitud de sus efectos es limitada debido a la imperfecta conductividad y a la imperfecta elasticidad del medio o a la, generalmente mencionada, pérdida de fricción. Mientras más pequeñas son estas pérdidas, mayores son los efectos.

Tesla aplicó los principios de sintonización eléctrica a sus bobinas y descubrió que era capaz de producir enormes efectos de resonancia y generar voltajes muy altos. Los principios de sintonización que estableció en 1890 son los que han hecho posible nuestra radio actual y el desarrollo del nuevo arte inalámbrico. Él había estado trabajando y demostrando estos principios antes de que otros que recibieron el reconocimiento hubiesen empezado a estudiar la primera lección de electricidad.

Mientras buscaba una nueva fuente de corrientes de alta frecuencia, más altas que las que podían ser producidas por cualquier sistema mecánico, Tesla utilizó un descubrimiento del año en que había nacido, el que había sido efectuado por Lord Kelvin, en Inglaterra, en 1856; y al cual aún no se le había dado ningún uso. Hasta antes del descubrimiento de Kelvin se pensaba que, cuando un condensador estaba descargado, la energía fluía de una placa a otra (como al verter agua de un vaso), de modo que se restablecía el equilibrio. Kelvin demostró que el proceso era mucho más interesante y complejo, que su acción era como el movimiento ascendente y descendente que ocurre al soltar un resorte que está tensamente instalado. Mostró que la electricidad va de una placa a otra y luego vuelve; un proceso que se repite hasta que toda la energía almacenada es utilizada para acabar con las pérdidas de fricción. Los movimientos de un lado a otro ocurren con una frecuencia sumamente alta: cientos de millones por segundo.

La combinación de las descargas de condensadores y de circuitos sincronizados dio paso a una nueva esfera en la ciencia de la electricidad tan significativa e importante como el sistema polifásico de Tesla. Trabajó métodos extraordinariamente simples y automáticos para cargar los condensadores con bajo voltaje (corrientes continua y alterna) y descargarlos con sus nuevos transformadores de núcleo de aire, o bobina de Tesla, para producir corrientes de altísimos voltajes que oscilaran a la altísima frecuencia de descarga del condensador. Las propiedades de estas corrientes no eran como nada que se hubiese visto antes. Nuevamente, era pionero en un nuevo campo por completo, que presentaba muchas posibilidades. Trabajaba con fervor en su laboratorio y, cuando se tendía en su cama para sus cincos horas de descanso, que incluían dos de sueño, formulaba nuevos experimentos.

En 1890 Tesla anunció el efecto de calefacción de sus corrientes de alta frecuencia en el cuerpo y propuso su uso como recurso terapéutico. Él era el pionero, pero pronto aparecieron muchos imitadores en el país y en el extranjero, que afirmaban ser los creadores. Sin embargo, no realizó ningún esfuerzo por proteger su descubrimiento ni para prevenir que piratearan su invento. Cuando la misma observación se había efectuado treinta años antes en los laboratorios que utilizaban osciladores de tubos de vacío como fuente de las corrientes de alta frecuencia, había sido catalogado de nuevo descubrimiento y desarrollado como una nueva maravilla. No obstante, el descubrimiento original de Tesla representa los fundamentos de una gran variedad de aplicaciones electrónicas muy recientes, en las que las corrientes de alta frecuencia son utilizadas para producir calor con propósitos industriales.

Cuando dio su primera conferencia sobre el tema al Instituto Americano de Ingenieros Eléctricos en mayo de 1891, era capaz de producir descargas en forma de chispas de un largo de 12,7 centímetros, con un potencial de alrededor de 100 000 voltios, pero lo más importante era que podía producir fenómenos que incluían láminas eléctricas de llamas y un variedad de nuevas formas de iluminación: lámparas eléctricas del tipo que nunca antes se había visto, ni siquiera imaginado por las más alocada mente de cualquier investigador.

Esta conferencia produjo sensación en los círculos eléctricos. Todavía era famoso en este campo por las sorprendentes revelaciones que había presentado frente a la misma organización en la ocasión anterior, cuando había descrito su descubrimiento del sistema polifásico de corriente alterna. Este descubrimiento era un logro intelectual de una genialidad desconcertante, que resultó impresionante debido a su tremenda importancia comercial. Aunque los experimentos con corrientes de alta frecuencia y de alta potencia eran espectaculares; el chisporroteo de las chispas de alto voltaje, la intermitencia de las láminas de alta potencia de las llamas eléctricas, los brillantes bombillas y tubos de las estufas eléctricas, los espectaculares efectos físicos que produjo con las nueva corrientes hicieron un llamado emocional a los sorprendidos espectadores.

¡El hombre que pudo realizar estos dos inventos pioneros en dos años debe ser más que un genio! Las noticias de sus nuevos logros se expandieron rápidamente por el mundo y ahora la fama de Tesla reposa sobre dos cimientos.

La fama mundial que alcanzó en ese momento no fue afortunada. Tesla era un completo superhombre que no había experimentado la gran satisfacción de la adulación y culto al héroe que recibía ahora. Hace sólo cinco años había andado hambriento y sin un centavo por las calles de Nueva York, compitiendo con una multitud de desempleados igual de hambrientos por los pocos trabajos existentes que requerían fuerza bruta, mientras que su cabeza rebosaba de importantes inventos, los cuales estaba ansioso por entregar al mundo. Nadie lo había escuchado entonces y ahora la élite intelectual lo honraba como un genio sin parangón.

Tesla fue una figura increíble en Nueva York en 1891, puesto que era un individuo alto, enigmático, apuesto y fornido; que tenía una habilidad para llevar ropas que le conferían un aire de magnificencia; quien hablaba un perfecto inglés pero transmitía una atmósfera de cultura europea, lo cual era adorado en ese tiempo, por lo que cualquiera que lo mirara veía en él un personaje excepcional. Oculta detrás de su comportamiento tranquilo y humilde, y de una extrema modestia que se manifestaba como una timidez exagerada; estaba la mente de un genio que había trabajado las maravillas eléctricas que encendieron la imaginación de todos y superaron el entendimiento de la vasta mayoría de la población. Asimismo, Tesla era un joven (aún no tenía treinta y cinco años) que recientemente había recibido un millón de dólares y era soltero.

Un soltero con un millón de dólares, cultura y fama no podía evitar ser una señal luminosa en Nueva York a comienzos de los alegres noventa. Muchas eran las codiciosas señoras con hijas casaderas que posaban sus ojos en dirección de este joven idóneo, los líderes sociales lo consideraban una fascinante decoración para sus salones, los grandes hombres de negocios lo veían como un hombre bueno que debían conocer y los intelectuales de la época encontraban que sus logros casi increíbles representaban una fuente de inspiración.

A excepción de las comidas formales, Tesla siempre cenaba solo y bajo ninguna circunstancia lo hacía con una mujer en una cena de pareja. No importaba cuánto pudiera deshacerse una mujer en elogios o se esforzara por ganar su favor, pues él mantenía, de una manera inflexible, una actitud completamente impersonal. En Waldorf-Astoria y en Delmonico's tenía unas mesas particulares reservadas siempre para él, las que estaban apartadas en el comedor porque cuando entraba en cualquiera de los restoranes era el centro de atención de todas las miradas y no disfrutaba estando en exhibición.

A pesar de toda la adulación que recibía, Tesla deseaba una sola cosa; continuar con sus experimentos en el laboratorio sin que distracciones externas lo molestaran. Había un gran imperio de nuevo conocimiento por descubrir. Brillaba con una potencia de entusiasmo por el trabajo que era tan alta como el voltaje de las corrientes con las que él estaba trabajando y nuevas ideas venían a él con casi la misma velocidad de los ciclos de su corriente de alta frecuencia.

Había tres amplios campos en los que quería desarrollar aplicaciones, las que se encontraban claramente diseñadas en su mente: un sistema de transmisión inalámbrica de energía que superaría su propio sistema polifásico; un nuevo tipo de iluminación y la transmisión inalámbrica de inteligencia. Deseaba trabajar simultáneamente en todos ellos, puesto que no había temas separados ni aislados, sino que estaban todos entrelazados; eran todos notas en esta gran escala cósmica de vibración representada por su querida corriente alterna. No quería tocar una sola nota a la vez, como haría un violinista; prefería ser como un pianista y tocar varias notas al mismo tiempo, y enlazarlas en bellos acordes. Si le hubiese sido posible ocupar la posición de director y tocar todos los instrumentos simultáneamente en una gran orquesta sinfónica, habría estado aún más complacido. Sin embargo, los instrumentos de su orquesta serían dispositivos eléctricos oscilando en sintonía con sus corrientes de excitación o su medio. En la medida en que era incapaz de hacer realidad sus mayores deseos se sumió bajo una presión mental que lo condujo a adoptar un ritmo de trabajo que ningún individuo de fuerza normal podría resistir sin terminar en un completo colapso físico.

La espectacular conferencia y la demostración de corrientes de alta frecuencia y de alta potencia que ofreció frente al Instituto Americano de Ingenieros Eléctricos en 1891, en la Universidad de Columbia, provocó una sensación tan profunda como la anterior. Cada una inauguró un ámbito completamente nuevo de investigación científica y descubrimientos prácticos. Los descubrimientos tratados en cada conferencia habrían sido suficiente para crecer como el fruto de una vida de trabajo y darle una fama perdurable. Tales acontecimientos en rápida sucesión parecían casi irreales, aunque Tesla parecía recién haber comenzado su carrera, con trabajos más importantes por venir aún.

Sociedades científicas de Estados Unidos y Europa le solicitaban conferencias, pero él se excusaba debido a la gran presión que ejercía su trabajo en su tiempo. Igual de insistentes eran las peticiones sociales que recibía. Grupos sociales pretendían honrarlo de cualquier modo y, de ese modo, brillar con el reflejo de su gloria. Tesla no era vulnerable al asedio de la alta sociedad, que lo apuntaba simplemente como a un meteorito incandescente, pero los listos «cazadores de leones» de la época pronto descubrieron su talón de Aquiles: un interés inteligente en sus logros y un oído empático por sus sueños de maravillas por venir.

Con el funcionamiento exitoso de esta técnica, Tesla fue capturado y pronto idolatrado completamente. Era invitado de honor en una continua ronda de actividades y él cumplía las obligaciones sociales participando activamente, como retribución, en la organización de elaboradas cenas en el Waldorf-Astoria seguidas de fiestas de demostración en su laboratorio en la South Fifth Avenue. Tesla nunca hizo un trabajo a medias, es por ello que cuando organizaba una cena, no dejaba nada a la suerte en materia de comida, servicio y decoración. Pedía pescados y aves excepcionales, carnes de una excelencia incomparable y elegía licores y exquisitos vinos de las mejores viñas. Sus comidas eran el tema de conversación de la ciudad y ser invitado a las cenas de Tesla era un signo de distinción social, probaba que se era pare del íntimo grupo de la élite dentro de Ward MacAllister's «400». Tesla presidía estas cenas como el anfitrión más meticuloso, o más aún, como un antiguo monarca absoluto, quien probaba todas las comidas traídas al comedor, y rara vez estos acontecimientos se desarrollaron sin que el impresionante anfitrión enviara de vuelta alguna salsa o vino cuya excelencia fuera cuestionable como digno de sus invitados.

Después de cada una de estas comidas, Tesla acompañaba a sus invitados a su laboratorio bajo la Washington Square, donde sus demostraciones eran aún más espectaculares que sus cenas. Su don para el drama y los aparatos de aspecto extraño que ocupaban su laboratorio aportaban un fondo estrafalario y grotesco a la fantástica exhibición de fuerzas aparentemente sobrenaturales que con dedos invisibles hacían girar objetos; producían esferas y tubos de diferentes tamaños que brillaban con gran resplandor en colores desconocidos como si una sección de un sol distante hubiese sido trasplantado en la oscura habitación y el crepitar del fuego y el silbido de las láminas de llamas que salían de las monstruosas bobinas para acompañar las emanaciones sulfúricas de ozono generadas por descargas eléctricas sugería que el cuarto del mago estaba conectado directamente con las calientes bóvedas del infierno. Tampoco se disipó esta ilusión cuando Tesla permitió que cientos de miles de voltios de electricidad pasaran a través de su cuerpo y encendieran una lámpara o fundieran un alambre que él sostenía.

La asombrosa proeza inofensiva de las corrientes de voltajes extremadamente altos y altas frecuencias pasando a través de su cuerpo era una de las que Tesla había elaborado en sus experimentos mentales mucho antes de haber tenido la oportunidad de probarlas en su laboratorio. Con experiencias desagradables había constatado que las corrientes alternas de baja frecuencia, tal como se utilizan actualmente en los circuitos eléctricos domésticos, producían un doloroso golpe si pasaban por el cuerpo. Sin embargo, las ondas de luz que impactaron en su cuerpo no le produjeron ninguna sensación dolorosa. Concluyó que la única diferencia entre la corriente eléctrica y las ondas de luz era un asunto de frecuencia, pues las corrientes eléctricas oscilaban a una razón de 60 por segundo, mientras que las ondas eléctricas, a miles de millones por segundo.

En algún lugar entre estos dos extremos, el golpe que produce propiedades de vibraciones electromagnéticas debe desaparecer y Tesla supuso que el punto estaría cerca del extremo inferior del intervalo. Dividió en dos factores el daño producido en el cuerpo por una descarga eléctrica: uno, la destrucción de tejidos por el efecto de calentamiento, el cual aumenta o disminuye debido al aumento o disminución del amperaje de la corriente y dos, la sensación de un dolor agudo que varía según la cantidad de alteraciones de la corriente, cada una de las cuales produce un sencillo estímulo que es transmitido por los nervios como dolor.

Sabía que los nervios podían responder a estímulos a una razón de hasta 700 por segundo, aproximadamente, pero no eran capaces de transmitir impulsos recibidos a una razón mayor. En este sentido, actuaban muy parecido al oído, que no puede oír vibraciones en el aire sobre una frecuencia de alrededor de 15 000 por segundo; y al ojo que es ciego a las vibraciones de colores mayores a las de la luz violeta.

Cuando construyó sus dínamos de corriente alterna de alta frecuencia, llegó a obtener frecuencias de hasta 20 000 por segundo con las cuales probar su teoría, y mediante pruebas donde ponía sus dedos sobre los terminales podía demostrar que los nervios no eran capaces de percibir las vibraciones individuales a este ritmo tan acelerado. El amperaje, que conducía la potencia destructora de tejido, era aún muy alto en la salida de estos aparatos para pasar sin peligro a través de su cuerpo, incluso si no existía la sensación de dolor.

Al conducir estas corrientes a través de sus recién inventados transformadores de núcleo de aire, podía incrementar diez mil veces su voltaje y reducir proporcionalmente el amperaje. De este modo, la densidad de corriente se reducía a un punto más bajo que el que producía dolor. Tenía una corriente que no producía sensibilidad ni dañaba los tejidos. Con precaución, probó su teoría pasando las corrientes a través de dos dedos, luego a su brazo, después de una mano a la otra a través de su cuerpo y, finalmente, de la cabeza a los pies. Si una chispa saltaba desde o hacia su cuerpo, experimentaba una sensación de pinchazo en el punto de contacto, pero ésta podía disiparse sosteniendo un pedazo de metal desde y hacia donde la chispa podía saltar mientras la corriente pasaba a través de los tejidos sin producir sensación alguna.

La energía contenida en estas corrientes, que es proporcional a la corriente multiplicada por el voltaje, podía ser muy alta y producir efectos espectaculares, como derretir varillas de metal, hacer explotar discos de plomo y encender lámparas incandescentes o de tubo de vacío después de pasar, sin dolor, a través de su cuerpo.

Las sociedades científicas europeas persistían en sus esfuerzos por conseguir que Tesla aceptara sus invitaciones a presentarse frente a ellos y, finalmente, él accedía. Fijaba un nivel muy alto en el contenido de sus conferencias y su preparación implicaba una cantidad de trabajo enorme, debido a que todo el material tenía que ser completamente nuevo y a que él nunca presentaría un experimento previamente exhibido. Cada propuesta técnica debía ser, al menos, veinte veces probada para asegurar una precisión total. Cada conferencia duraba entre dos y tres horas, donde cada minuto estaba atestado de nuevas e impresionantes demostraciones de su continua sarta de descubrimientos. Para ilustrar sus charlas, utilizaba una gran variedad de dispositivos concebidos por él mismo y fabricados en sus laboratorios. Por lo tanto, una conferencia de Tesla era un acontecimiento extremadamente importante en el mundo científico y una muy impresionante ocasión para aquéllos que eran lo suficientemente afortunados de ser aptos para asistir.

Tesla organizó una conferencia ante el Instituto de Ingenieros Eléctricos en Londres el 3 de febrero de 1892 y ante la Sociedad Internacional de Ingenieros en París el 19 de febrero. Su decisión de presentarse en Europa estaba influenciada, de algún modo, por el hecho de que le ofrecían la oportunidad de visitar su hogar en Gospic, pues se había enterado por cartas recientes que la salud de su madre estaba deteriorada.

La conferencia ante el Instituto de Ingenieros Eléctricos fue todo un éxito. Los periódicos ingleses de ingeniería, como se observaría, habían sido mezquinos en extender un reconocimiento a Tesla por dar prioridad a su descubrimiento del campo magnético rotatorio y habían subestimado el valor práctico de su sistema polifásico de corriente alterna; sin embargo, esta actitud no representaba al gran organismo de ingenieros, que era más generoso en sus elogios y entusiasmo, y cuya actitud era compartida por los científicos ingleses.

Cuando Tesla llegó a Londres fue recibido en muchos lugares por hombres famosos. En la Institución Real, donde el inmortal Michael Faraday había realizado sus investigaciones fundamentales en magnetismo y electricidad; Sir James Dewar y una comisión de científicos igualmente célebres, deseaban convencerlo de que repitiera su conferencia frente a esta organización. Tesla podía mostrarse claramente obstinado en mantener sus planes y en este caso exhibió su firmeza usual. El famoso científico escocés enfrentó su testarudez con la misma insistencia persuasiva. Condujo a Tesla a la jaula de Faraday (casi una reliquia sagrada para la ciencia inglesa), lo hizo sentarse en el trono y luego sacó un recuerdo familiar casi igual de preciado: una porción de una botella de whisky que era el resto de la reserva personal de Faraday que había permanecido intacto por cerca de un cuarto de siglo. De ésta le sirvió un generoso medio vaso. Sir James ganó. Tesla cedió y ofreció la conferencia la tarde siguiente.

Lord Rayleigh, el ilustre físico inglés, quedó encantado con la reunión en la Institución Real, donde acudió la élite del mundo científico y una vasta representación de la nobleza del reino. Rayleigh, después de presenciar la presentación de los experimentos de Tesla, que no eran menos inspiradores para los científicos que para los legos, dedicó unas palabras de elogio al inventor y afirmó que poseía un gran don para el descubrimiento de principios científicos fundamentales y le rogó que concentrara sus esfuerzos en alguna gran idea.

Tesla negó tener la habilidad de un gran inventor, pero simplemente estaba siendo modesto puesto que sabía que su habilidad por descubrir verdaderas fundamentales lo hacía único entre los hombres. No obstante, consideró seriamente la sugerencia de Rayleigh de concentrarse en alguna idea grandiosa. Sin embargo, no es seguro que haya sido un buen consejo. La mente de Tesla tenía un alcance de una magnitud cósmica y se adaptaba a los grandes avances peligrosos. El consejo de Rayleigh era como proponerle a un explorador que posee una habilidad excepcional para penetrar en un continente desconocido y abrirlo a la civilización, que se estableciera y cultivara una hacienda dado que obtendría una recompensa más concreta y específica a los esfuerzos realizados.

Dos semanas después, Tesla dio su conferencia programada ante la Sociedad Física en París y la repitió ante la Sociedad Internacional de Ingenieros Eléctricos. Se trataba de su segunda visita a París desde que había renunciado a su trabajo en la Continental Edison Company en esta ciudad hace ocho años. Inmediatamente después de haber dejado la Westinghouse Company en el otoño de 1889 (época en la que también cumplió con los requisitos para su ciudadanía estadounidense), había realizado una breve visita a Francia para asistir a la Exposición Internacional. Entretanto, la fama de sus sistemas polifásicos se había extendido a Europa, a lo cual se había sumado el prestigio de su espectacular trabajo con las nuevas corrientes de alta frecuencia. En París fue recibido como un héroe, al igual que en Londres.

Sería interesante saber qué pensamientos cruzaban las mentes de los ejecutivos de la Continental Edison Company al observar las enormes contribuciones a la ciencia y a la industria del ingeniero cuyos servicios habían perdido a causa de sus tácticas que sólo consideraban el dinero cuando Tesla se las ofreció en 1883 e, indudablemente, podrían haber adquirido por una cantidad relativamente pequeña el sistema polifásico por el cual Westinghouse pagó 1 000 000 dólares cinco años después.

Una conferencia de Tesla era una avalancha de nuevos y fascinantes conocimientos. Definitivamente, emocionaba a su público con una enormidad de ostentosos descubrimientos originales y como resultado, casi cada contribución perdía su identidad individualmente en la deslumbrante concentración de la completa galaxia de sorprendentes trabajos.

En su conferencia de 1892 titulada «Experimentos con Corrientes Alternas de Alto Potencial y Alta Frecuencia» Tesla describió muchos de sus descubrimientos cuyo uso general se ha dado sólo en la actualidad y han sido denominados como inventos modernos. Entre ellos se encuentra el neón y otros gases que contienen las bombillas, así como las lámparas fosforescentes. Muchos de los inventos que presentó aún no se han utilizado, incluyendo, como se podrá constatar, la bombilla de carbono o la bombilla incandescente de filamento metálico, que requieren solamente una conexión con cable; y otros que realizó más tarde que eran buenos generadores de los misteriosos rayos X.

La transcripción de estas conferencias llega a las 40 000 palabras. Utilizaba muchas piezas del equipo y, generalmente, realizaba varios experimentos con cada una de ellas. Presentó lámparas «inalámbricas» y tubos de vidrio fluorescentes que no requerían una conexión por cable para su funcionamiento. Asimismo, describió motores que funcionaban con un cable y de forma inalámbrica o sin cable. Pero tal vez el más importante desarrollo que presentó fue el tubo electrónico sensible (el original de todos los tubos de nuestra radio actual y otros tubos electrónicos), el dispositivo que, según predijo Tesla, permitiría recibir mensajes de telégrafo inalámbricos a través del Atlántico. En la actualidad, se pueden entregar más detalles acerca de todos estos descubrimientos.

La intención de Tesla era realizar una corta visita a su antigua casa en Gospic cuando hubiese terminado sus conferencias, pero las circunstancias lo forzaron a hacer su viaje antes de lo esperado. Al volver a su hotel después de haber ofrecido su segunda conferencia en París, recibió la noticia de que su madre estaba gravemente enferma. Corrió a la estación de ferrocarriles y llegó a tiempo para subir a un tren justo antes de que partiera. Se adelantó y telegrafió para tener un servicio de transporte especial y así acortar su viaje. De este modo, logró llegar a Gospic para ver a su madre con vida. Llegó en la tarde y ella falleció la misma noche.

La gran ansiedad que experimentó durante su ajetreado viaje sin poder dormir desde París hasta Gospic provocó que un mechón de cabello del lado derecho de su cabeza se volviera blanco de la noche a la mañana. En un mes recobró su color negro azabache de forma natural.

Casi inmediatamente después de la muerte de su madre, Tesla contrajo una enfermedad que no le permitió trabajar durante varias semanas. Cuando se recuperó, fue a visitar a su hermana Marica, a Plaski, durante dos semanas. Desde allí se dirigió a Belgrado, la capital de Serbia, donde llegó en enero y fue recibido como un héroe nacional.

Durante las semanas de forzada inactividad física impuesta por su enfermedad, Tesla se evaluó a sí mismo y quedó completamente decepcionado de la manera en que había estado conduciendo su vida. Ningún ser humano podía sentir otra cosa que no fuera una reacción de satisfacción en respuesta a la adulación que había recibido durante los dos últimos años. Él, sin embargo, se enorgullecía de tener tan sabiamente planificada su vida, que no era una víctima de las debilidades humanas y se desempeñaba muy por encima del nivel humano normal de limitaciones físicas y actividades intelectuales. Ahora Tesla veía en retrospectiva que, mientras había adherido a su plan de vida de superhombre, había logrado alcanzar su objetivo de producir los trabajos de un superhombre a une velocidad que dejaba al mundo estupefacto, no obstante, cuando se entregó a los primero halagos de los cazadores de leones después de su conferencia en Nueva York, en 1891, observó que las actividades sociales habían interrumpido el tiempo del que disponía e interferido con sus actividades creativas. Había permitido que el «hombre magnífico» sustituyera su «superhombre» y había perdido gran parte de dos años de tiempo valioso. Asimismo, había desperdiciado ese año totalmente improductivo en la planta de Westinghouse. Al término de ese período había prometido que nunca más trabajaría para otro. Ahora se juraba que pondría fin a las vacías actividades sociales en las que había sido engatusado.

No fue fácil para Tesla cumplir sus buenas resoluciones. Su viaje por Europa había reafirmado su fama en gran medida y cuando reapareció en Nueva York había programadas celebraciones de triunfo. No obstante, rechazó todas las invitaciones. Volvió al Hotel Gerlach, donde llevó una existencia solitaria. Con una pequeña reserva de energía física, debido a su larga abstinencia durante su pesada rutina diaria de trabajo, se sumergió con gran vigor en su nuevo programa, el que iba a abrir nuevos y fascinantes campos de maravillas científicas.

SIETE

La primera aplicación pública del sistema polifásico de corriente alterna de Tesla se realizó en la Exposición Universal de Chicago, llamada *Columbian Exposition,* inaugurada en 1893, para conmemorar el cuarto centenario del descubrimiento de América. Fue la primera exposición universal que contó con iluminación eléctrica y los arquitectos se sirvieron de las posibilidades que ésta ofrecía para lograr efectos espectaculares al iluminar el suelo y los edificios en la noche, así como en la iluminación de interiores durante el día. La Compañía Eléctrica Westinghouse obtuvo el contrato para instalar todo el equipo de energía eléctrica e iluminación de la Exposición y para aprovechar al máximo esta oportunidad para usar el sistema de Tesla y demostrar su gran versatilidad. Éste suministró toda la corriente utilizada para la iluminación y la electricidad.

Mientras que la Exposición Universal de Chicago era, en realidad, un monumento a Tesla, él tenía, además, una exposición personal en la que dio a conocer sus más recientes inventos. Uno de ellos fue un huevo giratorio hecho de metal. Presentaba el huevo tumbado sobre una pequeña plataforma circular cubierta de terciopelo. Cuando Tesla accionó un interruptor, el huevo se irguió en su pequeña punta y giró a una gran velocidad como por arte de magia. La «mágica» fase de esta proeza atrajo a un público que, sin embargo, comprendió poco de la explicación que ilustraba el principio del campo magnético rotatorio producido por corrientes alternas polifásicas. En otra de sus exhibiciones, tubos de vidrios suspendidos en el espacio o que él sostenía en sus manos se iluminaban con la misma «magia».

Pero su mayor hazaña fue dejar pasar 1 000 000 voltios a través de su cuerpo. Era una corriente alterna de muy alta frecuencia, al igual que de alto voltaje. Había descubierto los medios para producir tales corrientes. Ocho años habían pasado desde que Edison, catalogando de mortal la corriente alterna de alto voltaje, había rehusado interesarse en el sistema polifásico de Tesla. Ahora la corriente alterna de Tesla estaba suministrando la electricidad a la gran exposición universal, mientras que el sistema de corriente directa de Edison era ignorado. El acto de victoria definitivo fue para Tesla al responder al ataque de Edison de que la corriente alterna era mortal haciendo pasar el voltaje más alto jamás producido a través de su propio cuerpo durante varios minutos sin el más mínimo signo de daño. Esta demostración de sus dotes teatrales hizo que el público simpatizara con Tesla y le trajo una enorme explosión de fama mundial. Pero, desafortunadamente, esto opacó su trabajo más importante con corrientes polifásicas.

El siguiente gran logro que obtuvo su sistema polifásico fue el aprovechamiento de las Cataratas del Niágara. (Antes de realizarlo e incluso antes de la apertura de la Exposición de Chicago, la factibilidad de su sistema había sido demostrada en Europa; pero éste había sido comenzado sin su conocimiento. Se había efectuado una prueba funcional de la transmisión de la corriente alterna polifásica a 30 000 voltios entre una central hidroeléctrica en Lauffen y Frankfurt, ciudad donde la corriente fue utilizada para suministrar electricidad a una exposición. La instalación fue construida en 1891 y la corriente se utilizó para iluminar lámparas incandescentes y de arco, así como para hacer funcionar un motor de Tesla). En 1886 se había otorgado un documento para producir energía de las cascadas. El proyecto avanzaba lentamente y un grupo de Nueva York se encargó de él organizando la Cataract Consruction Company, de la cual Edward Dean Adams fue nombrado presidente. La compañía de Adams deseaba producir electricidad a la mayor escala posible. El suministro total de energía disponible en las cataratas se estimaba entre 4 000 000 y 9 000 000 caballos de fuerza. Adams organizó la Comisión Internacional de Niágara con el fin de establecer los mejores medios para aprovechar las cataratas y nombró como presidente a Lord Kelvin, el célebre científico inglés. Ofrecieron un premio de 3 000 dólares por el proyecto más práctico que se presentara.

Hace casi treinta años Tesla había predicho que sacaría provecho de las Cataratas del Niágara y ahora tenía la oportunidad de hacerlo. Durante esos años había hecho posible que se cumpliera lo que había alardeado en su niñez al concluir la serie de inventos que permitían transformar la potencia hidráulica de las cascadas en energía eléctrica.

Sin embargo, el premio ofrecido por Adams no fue bien visto por Westinghouse cuando se le instó a presentar una propuesta. Respondió:

—Esta gente está tratando de obtener información de un valor de cien mil dólares por tres mil dólares. Cuando estén listos para habar de negocios, presentaremos nuestras propuestas.

Esta actitud inflexible de Westinghouse era una de las desventajas para el proyecto de corriente alterna de Tesla. La otra era que Lord Kelvin se había declarado en favor del uso de corriente continua.

Alrededor de veinte ideas fueron presentadas al concurso pero ninguna de ellas fue aceptada por la comisión y no se entregó ningún premio. Las grandes compañías eléctricas Westinghouse, Edison General Electric and Thomson-Houston no presentaron proyectos. Esto ocurrió en 1890.

Los desarrolladores originales de las cataratas planeaban utilizar localmente la potencia mecánica proveída por los molinos de agua, pero el único plan práctico era, claramente, la generación de electricidad por dínamos impulsadas por molinos de agua y la distribución de la corriente a través del distrito. Había un mercado adicional muy bueno para ello en Buffalo, una gran ciudad industrial a una distancia de 35 kilómetros aproximadamente. Además, siempre existía la esperanza de que la corriente pudiese ser transmitida a Nueva York y suministrar el rico territorio intermedio. Si se utilizaba corriente continua, su transmisión por 35 kilómetros hasta Buffalo era totalmente inviable. Sin embargo, gracias al sistema de corriente alterna de Tesla, la transmisión hasta Buffalo sería sumamente factible y el envío de corriente hasta Nueva York, una posibilidad.

En su momento, la Cataract Construction Company decidió que el sistema hidroeléctrico era el único viable y solicitaron a la Westinghouse Electric Company y a la General Electric Company propuestas y ofertas de un sistema eléctrico consistentes en tres unidades generadoras, cada una de 5 000 caballos de fuerza. Cada compañía presentó una propuesta para instalar un sistema generador polifásico de Tesla. La General Electric Company, sucesora de la Edison General Electric Company, que en ese momento tenía garantizada una licencia para usar las patentes de Tesla, propuso instalar un sistema trifásico; mientras que Westinghouse, un sistema bifásico. La primera propuesta implicaba la construcción de una central eléctrica y la segunda, cuya oferta fue solicitada, concernía la línea de transmisión entre las Cataratas del Niágara y Buffalo, y un sistema de distribución en esta última ciudad.

Las ofertas fueron solicitadas para comienzos de 1893 y en octubre de aquel año, Adams anunció que la idea de Westinghouse para la central eléctrica y la de la General Electric para la línea de transmisión, habían sido aceptadas. La última incluía la transformación de la corriente bifásica de los generadores en una corriente trifásica para ser transmitida a Buffalo. Esta transformación evidenciaba la flexibilidad del sistema polifásico de Tesla.

Westinghouse finalizó la central eléctrica y, en 1895, estuvo disponible para emitir 15 000 caballos de fuerza.; la mayor pieza de ingeniería concebida o efectuada hasta ese momento. En 1896 la General Electric terminó el sistema de transmisión y distribución, y la potencia eléctrica extraída de las Cataratas del Niágara (que de ningún modo afectaba la belleza del espectáculo que éstas presentaban) era enviada desde las cataratas hasta la zona de Buffalo. Tan exitosa era la instalación que la Westinghouse Company instaló siete unidades generadoras adicionales, lo que aumentó la potencia de salida a 50 000 caballos de fuerza. Una segunda central eléctrica equivalente, que utilizaba también corriente alterna, fue construida más tarde por la General Electric Company. Actualmente, las centrales eléctricas de las Cataratas del Niágara están conectadas directamente con el sistema de energía eléctrica de Nueva York, utilizando siempre el sistema de Tesla.

El Dr. Charles F. Scott, profesor emérito de Ingeniería Eléctrica de la Universidad de Yale y ex presidente del Instituto Americano de Ingenieros Eléctricos, quien fue ingeniero de Westinghouse mientras la compañía desarrollaba el sistema de Tesla; describe el desarrollo de Niágara y sus resultados en un análisis en memoria de Tesla (publicado en *Electrical Engineering*, agosto 1943, p. 351-355):

« El desarrollo simultáneo del proyecto de Niágara y del proyecto de Tesla fue una coincidencia fortuita. En 1890 no existía ningún método adecuado para manejar grandes potencias, pero, mientras se construía el túnel hidráulico, el desarrollo de sistemas polifásicos justificó la decisión oficial del 6 de mayo de 1893, cinco años y cinco días después de la emisión de patentes a Tesla, de utilizar su sistema. Gracias al método polifásico, el proyecto de Niágara fue un éxito y, de forma recíproca, Niágara le dio inmediatamente prestigio al nuevo sistema eléctrico ».

La energía eléctrica fue transmitida en 1895 al primer cliente, la Pittsburgh Reduction Company (actualmente Aluminum Company of America) para producir aluminio mediante el proceso Hall, patentado en el activo año 1886...

En 1896 se inauguró la transmisión desde las Cataratas del Niágara a Buffalo (35 kilómetros). No se podía comparar este sistema gigantesco y universal capaz de unir muchas fuentes de energía en un sistema de superpotencia con los « sistemas » liliputienses que antes suministraban el servicio eléctrico. Como Adams expresó acertadamente « antes, los distintos tipos de corrientes necesarios para los diferentes tipos de lámparas y motores eran generados localmente, en cambio, con el sistema Niágara-Tesla sólo un tipo de corriente es generada, la que es transmitida a los sitios donde se utiliza y luego se transforma en la forma deseada ».

La producción de Niágara de corrientes para diferentes propósitos mediante grandes generadores desembocó inmediatamente en sistemas de potencia similares en Nueva York para las vías férreas elevadas, de tranvía y de metro; para la electrificación del ferrocarril a vapor y para los sistemas de Edison, tanto para las subestaciones en funcionamiento con el fin de convertir la corriente alterna en corriente continua como para cambiar definitivamente al servicio de corriente alterna.

A fines del año 1896 se inauguraron dos acontecimientos de gran alcance para la ampliación de la potencia polifásica, una comercial y otra ingenieril. Por el intercambio de los derechos de patentes, la General Electric Company obtuvo los derechos de licencia bajo las patentes de Tesla, lo que más tarde fue inexpugnable por casi una veintena de decisiones de la Corte. Asimismo, la turbina de Parson, acompañada por su ingeniero principal, fue traspasada a Estados Unidos, lo que permitió a George Westinghouse realizar con un nuevo método la meta de su primera patente: un motor a vapor rotativo. El apogeo del motor oscilante llegó a principios de 1900, donde los avances del siglo produjeron fabulosos motores que llevaron alternadores de 5 000 a 7 500 kilovatios para el ferrocarril urbano elevado y el metro de Nueva York. Pero el rápido crecimiento de la turbina de vapor de diferentes tipos pronto hizo que el motor quedara obsoleto, ya que una sola unidad con la capacidad de una veintena de los más grandes motores suministraba la energía a la metrópolis. En ese momento una central eléctrica suministraba más energía eléctrica que las miles de estaciones centrales y plantas aisladas de 1890.

El profesor Scott concluye que «la evolución de la energía eléctrica desde el descubrimiento de Faraday en 1831 hasta la primera gran instalación del sistema polifásico de Tesla en 1896 es, sin duda, el mayor acontecimiento en toda la historia de la ingeniería».

Lord Kelvin, quien en un principio apoyaba el uso de la corriente continua para Niágara, admitió más tarde, pero sólo cuando el sistema estaba operando, que la corriente alterna presentaba muchas más ventajas para los sistemas de distribución de larga distancia y expresó «Tesla ha contribuido a la ciencia eléctrica más que cualquier otro hombre hasta ahora».

Nunca debió haber existido la menor duda respecto al reconocimiento atribuido a Tesla, no sólo por descubrir el campo magnético rotatorio, sino también por inventar el primer motor de corriente alterna funcional, el sistema polifásico de corrientes alternas, las dínamos para generarlas, una variedad de motores para convertir las corrientes en energía, un sistema de transformadores polifásicos para aumentar y disminuir el voltaje, y métodos económicos para transmitir energía eléctrica a largas distancias. Sin embargo, el mayor reconocimiento ha sido concedido injustamente a otros, quienes lo han aceptado. Tesla logró demostrar sus derechos, pero mientras tanto, sufrió un daño por plantear esta injusticia y hasta el día de hoy la profesión de la energía eléctrica, el servicio público y las grandes industrias eléctricas nunca han otorgado a Tesla el reconocimiento que le corresponde. Si así hubiese sido, el nombre de Tesla sería, al menos, tan célebre como el de Edison y Westinghouse.

Como ya se ha mencionado, Tesla realizó su invento del campo magnético rotatorio en 1882 y en dos meses desarrolló por completo el sistema de potencia, incluyendo todos los equipos que más tarde patentó; en 1883 describió su invento a los funcionarios de la Continental Edison Company; en 1884 hizo una demostración de sus motor al alcalde de Estrasburgo, entre otros, y en el mismo año lo describió a Thomas A. Edison; en 1885 aspiró a tener el patrocinio de la Tesla Arc Light Company para desarrollar su sistema; en 1887 obtuvo apoyo financiero y construyó una seria de dínamos y motores que fueron probados por el profesor Anthony de la Universidad de Cornell; el 12 de octubre de 1887 se efectuaron las primeras solicitudes de patentes para sus inventos fundamentales en la Oficina de Patentes, las que fueron otorgadas en diferentes fechas en los primeros meses de 1888; el 16 de mayo de 1888 presentó una demostración y descripción de sus inventos fundamentales ante el Instituto Americano de Ingenieros Eléctricos, en Nueva York. Todo un récord.

La primera complicación surgió cuando el profesor Galileo Ferraris, físico de la Universidad de Turín, presentó una ponencia sobre « Rotazioni elettrodynamiche » (Rotación electrodinámica) en la Academia de Turín en marzo de 1888. Esto fue seis años después de que Tesla hiciera su descubrimiento, cinco años después de que presentara su motor y seis meses después de que solicitara las patentes para su sistema. El profesor Ferraris había estado realizando investigaciones en el campo de la óptica y el tema que más le interesaba era la luz polarizada. En aquella época se consideraba necesario construir modelos mecánicos para demostrar todos los principios científicos. No era muy difícil concebir modelos para demostrar la naturaleza de la luz polarizada plana, per la luz polarizada circular presentaba un problema más serio.

El profesor Ferrari presentó algunas ideas en 1885, pero no realizó avances hasta 1888 cuando se volvió hacia la corriente alterna para una solución. En ese período se pensaba erróneamente que la luz era una onda continuamente ondulada en el éter. El profesor Ferraris tomó la corriente continuamente alterna como un análogo de la onda de luz polarizada plana. Desde una analogía mecánica de la luz polarizada circular visualizó una segunda secuencia de ondas de 90 grados desfasadas de las primeras, lo que daba un vector en ángulo recto al componente que debía manifestarse por la rotación. Era la misma solución a la que Tesla había llegado seis años antes.

Al preparar una demostración en el laboratorio, el profesor Ferraris empleó un cilindro de cobre suspendido de un hilo para representar las ondas de luz y generar dos campos magnéticos que actuaran sobre él en ángulos rectos el uno del otro. Cuando se activaban las corrientes, el cilindro rotaba, enrollaba el hilo en el que estaba suspendido y se elevaba. Éste era un excelente modelo de ondas de luz polarizada rotativa y no se asemejaba a un motor, ni había sido la intención del científico de Turín. Era una demostración de laboratorio en óptica utilizando una analogía eléctrica.

En su siguiente experimento, el profesor Ferraris montó el cilindro de cobre en un eje y dividió cada una de sus dos bobinas en dos partes y las puso en ambos lados del cilindro. El dispositivo llegó a adquirir una velocidad de 900 revoluciones por minuto y después de ese punto perdió energía tan rápido que dejó de funcionar por completo. Lo intentó con cilindros de hierro pero ni siquiera operaron tan bien como los de cobre. El profesor Ferraris auguró ningún futuro para el dispositivo como fuente de energía, pero sí auguró que sería útil como el principio de funcionamiento de un medidor de corriente.

De ese modo, el profesor Ferraris demostró que había fracasado por un amplio margen en asir el principio que Tesla había desarrollado. El científico italiano encontró que el uso del cilindro magnético de hierro interfería con el funcionamiento de su dispositivo, mientras que Tesla, siguiendo la teoría correcta, había utilizado núcleos de hierro para el campo magnético de su motor, un inducido de hierro y había obtenido una eficiencia de alrededor del 95 por ciento en su primer motor con una potencia aproximada de un cuarto de caballos de fuerza. En cambio, la eficiencia del dispositivo de Ferraris era menor al 25 por ciento.

El profesor Ferraris creía que había prestado un servicio a la ciencia al demostrar que el campo magnético rotatorio no podía ser utilizado como base funcional para producir energía mecánica a partir de la corriente alterna. Nunca se apartó de su conclusión ni reclamó haber previsto el descubrimiento de los métodos prácticos de Tesla para utilizar el campo rotativo para generar energía. Como sabía que su proceso era completamente distinto al de Tesla, nunca presentó una queja por el descubrimiento independiente del motor de corriente alterna. Incluso admitió que Tesla había llegado a su descubrimiento del campo magnético rotatorio de forma totalmente independiente y que éste no podía, de ningún modo, haber conocido su trabajo antes de que se publicara.

No obstante, se publicó una descripción de los experimentos del profesor Ferraris en *The Electrician,* en Londres, el 28 de mayo de 1988 (página 86), la cual estaba acompañada de la siguiente nota:

« Si el sistema concebido por el profesor Ferraris conducirá al descubrimiento de un motor de corriente alterna es una cuestión que no pretendemos predecir, pero como puede que el principio implicado tenga otras aplicaciones, principalmente en la construcción de medidores para el suministro de electricidad…»

Un año antes, el profesor Anthony ya había probado los motores de corriente alterna en los Estados Unidos y había declarado que alcanzaban un nivel de eficiencia igual al de los motores de corriente continua. Asimismo, las patentes de Tesla habían sido públicamente anunciadas varios meses antes. Por lo tanto, era evidente que los editores de esta publicación londinense no se mantenían informados de los avances en Estados Unidos.

Tesla reaccionó rápidamente informando a los editores de su error y les envió un artículo donde describía sus motores y los resultados obtenidos con ellos. Los editores de *The Electrician* no mostraron mayor interés y retomaron el asunto en la menor medida de lo posible desde su postura en favor de Ferraris publicando una nota editorial:

« Nuestra edición del 25 de mayo contenía el resumen de un artículo del profesor Galileo Ferraris que describía un método de producción resultante en un campo magnético giratorio mediante un par de bobinas con los ejes en ángulos rectos y atravesados por corrientes alternas, y destacamos la posibilidad de que el principio de este sistema podría ser aplicado para construir un motor de corriente alterna. El artículo del señor Nikola Tesla, que aparece en nuestras columnas esta semana, contiene una descripción de tal motor, fundado exactamente en el mismo principio (Vol XX. p. 165. 15 de junio de 1888)».

No se destacó el hecho de que Ferraris había llegado a la conclusión de que el principio nuca podría ser utilizado para hacer un motor funcional, mientras que Tesla había producido uno. Esta actitud frente a los avances estadounidenses continuó en los periódicos de ingeniería de Londres. Más tarde la *Electrician Review* (Londres: vol. XXVIII, p. 291, 6 de marzo de 1891) publicó una editorial que comenzaba con la siguiente declaración:

« Durante varios años, desde los días de las investigaciones del profesor Ferraris, que fueron sucedidas por las de Tesla y Zipernowski y una multitud de imitadores, hemos escuchado regularmente que la cuestión del motor de corriente alterna ha sido resuelta».

En ese momento, la Westinghouse Company ya estaba explotando comercialmente el exitoso y funcional sistema polifásico de Tesla en Estados Unidos. Aun así, ninguna palabra de reconocimiento a Tesla aparecía en la prensa de ingeniería londinense.

Tesla escribió una carta de protesta con fecha 17 de marzo de 1891, la que fue publicada unas semanas después por *Review* (p. 446). A continuación, un extracto de ella:

«En todos los países civilizados las patentes han sido obtenidas casi sin ninguna referencia a algo que hubiese hecho mínimamente cuestionable la originalidad del invento. El primer trabajo publicado (una descripción de algunos experimentos de laboratorio del profesor Ferraris) se dio a conocer en Italia seis o siete meses después de la fecha en que entregué mi solicitud para las patentes fundamentales (…) Aún en vuestra editorial del 6 de marzo escribieron: ´Durante varios años, desde los días de las investigaciones del profesor Ferraris, que fueron sucedidas por las de Tesla y Zipernowski y una multitud de imitadores, hemos escuchado regularmente que la cuestión del motor de corriente alterna ha sido resuelta´.

Nadie puede decir que no he sido franco al reconocer el mérito del profesor Ferraris y espero que mi declaración de los hechos no sea malinterpretada. Incluso si el trabajo del profesor Ferraris hubiese precedido la fecha en que entregué mi postulación, aun ahí, según la opinión de los hombres de mente justa, yo habría tenido derecho al reconocimiento de haber sido el primero en producir un motor funcional, ya que el profesor Ferraris niega en su trabajo el valor del invento para la transmisión de energía (…)

De este modo, en las características más importantes del sistema (los generadores con dos o tres corrientes de diferente fase, el sistema de tres cables, el inducido de bobinado cerrado, los motores con corriente continua en el campo, etc.), yo sería autónomo, incluso si el trabajo del profesor Ferraris hubiese sido publicado hace muchos años.

Mucho de estos hechos, si es que no todos, son totalmente conocidos en Inglaterra e incluso, de acuerdo con algunos artículos, uno de los destacados eléctricos ingleses no dudó en decir que yo había trabajado en la dirección indicada por el profesor Ferraris, mientras que en vuestra editorial citada anteriormente parece que me llaman imitador.

Ahora les pregunto dónde está la tan conocida imparcialidad inglesa. Soy un pionero y soy llamado un imitador. No soy un imitador. Yo produzco trabajos originales o nada».

La carta fue publicada pero el *Electrical Review* no expresó ni arrepentimiento por la afirmación errónea ni dio reconocimiento a Tesla.

Charles Proteus Steinmetz, después de adquirir fama como el eléctrico experto de la General Electric Company, vino en apoyo de Tesla. En una ponencia presentada en el Instituto Americano de Ingenieros Eléctricos, señaló: «Ferraris sólo construyó un pequeño juguete y sus circuitos magnéticos, hasta donde yo sé, contenían aire, no hierro, lo cual hace una gran diferencia» (Transactions, A.I.E.E., Vol. VIII, p. 591, 1891.)

Otros ingenieros estadounidenses apoyaron igualmente a Tesla.

Como ya se mencionó, se realizó una exposición industrial en Frankfurt, Alemania, en 1891. La Armada de Estados Unidos envió a Carl Hering, un ingeniero eléctrico que había escrito varias veces para periódicos especializados, como observador para que comunicara todos los avances que pudiesen interesar a la Armada. Desafortunadamente, Hering no se había informado de los inventos implicados en las patentes de Tesla antes de partir al extranjero.

El excepcional nuevo trabajo en la exposición de Frankfurt fue la primera aplicación pública del sistema de Tesla. Las calles y edificios estaban iluminados por electricidad llevada a la ciudad por una línea de transmisión de larga distancia por la cual la electricidad iba desde la central hidroeléctrica hasta Lauffen mediante una corriente alterna trifásica de 30 000 voltios. Se exhibía un motor de dos caballos de fuerza operado por una corriente trifásica.

Hering reconoció la importancia del nuevo avance y envió informes entusiastas describiéndolo como de origen alemán. En su artículo del *Electrical World* (Nueva York), se refirió ampliamente y con entusiasmo al trabajo de Dolivo Dobrowolski del diseño del motor trifásico y de su sistema asociado, denominándolo un descubrimiento científico excepcional y de una tremenda importancia comercial. Dio la impresión de que todos los demás inventores no habían entendido el punto principal y que Dobrowolsky había conseguido el gran logro que marcaría el paso para los futuros avances en energía. Hering no fue el único que tuvo esa impresión.

Ludwig Gutman, un ingeniero eléctrico estadounidense y delegado en el Congreso Eléctrico de Frankfurt, en su artículo *«The Inventor of the Rotary field System»* (El inventor del sistema de campo rotativo) pronunciado en esta ocasión arremetió contra Dobrowolsky diciendo:

«Como en Estados Unido hemos disfrutado varios años la experiencia de este sistema representado por los motores de Tesla, debo oponerme a la aseveración hecha por Herr von Dobrowolsky recientemente en una reunión del Electrotechnische Zesellschaft sostenida aquí en Frankfurt. El caballero dijo: 'creo que soy capaz de sostener que el problema del motor para grandes y pequeños trabajos ha sido completamente resuelto por esto'. Esta afirmación va probablemente demasiado lejos. El problema ya estaba resuelto, teórica y eléctricamente en 1889». (Electrical World, Nueva York, 17 de octubre de 1891)

Dobrowolsky, en un artículo publicado en el Electrotechnische Zeitschrift (p. 149-150; 1891), limitó su afirmación a haber producido el primer motor funcional de corriente alterna y sostuvo que en el motor bifásico de Tesla las pulsaciones de campo ascendían al 40 por ciento, mientras que en su motor trifásico, que operaba en la exposición de Frankfurt, éstas se habían reducido considerablemente.

Incluso esta declaración atenuada de Dobrowolsky fue rápidamente rechazada. Provocó reacciones de parte de una fuente estadounidense y una inglesa, así como del ingeniero líder del proyecto del cual su motor formaba parte.

El doctor Michael I. Pupin, del departamento de Ingeniería de la Universidad de Columbia, al analizar la declaración de Dobrowolsky (Ibid, 26 de diciembre de 1891), demostró que no había logrado comprender los principios básicos del sistema de Tesla y que el sistema trifásico que reclamaba como suyo estaba incluido en los inventos de Tesla.

C. E. L. Brown, el ingeniero encargado del pionero sistema de transmisión Lauffen-Frankfurt de 30 000 voltios y de su sistema generador trifásico, incluyendo el motor de Dobrowolsky; resolvió definitiva y completamente el asunto de la autoría del sistema entero. En una carta publicada en el *Electrical World* (7 de noviembre de 1891), concluyó con la siguiente aseveración: «la corriente trifásica aplicada en Frankfurt se debe a la labor del señor Tesla y se encuentra claramente especificada en sus patentes».

Brown envío cartas a otras publicaciones especializadas con el mismo objetivo y en ellas criticaba a Hering por no dar a Tesla su merecido reconocimiento y, en cambio, otorgárselo a Dobrowolsky.

Estas críticas finalmente suscitaron una respuesta de Hering, la cual apareció en el *Electrical World,* el 6 de febrero de 1892:

«Como el señor C. E. L. Brown, a través de mensajes al *Electrical World* y a otros periódicos, parece resuelto a insistir en que he ignorado el trabajo del señor Tesla en corriente rotativa, quiero manifestar que nadie está más dispuesto que yo a otorgar al señor Tesla el debido reconocimiento por su trabajo y que siempre lo he considerado un inventor original del sistema de campo rotativo y el primero en llevarlo a la práctica, lo que creo haber expresado en mis artículos. Si en algún momento falté en concederle la autoría de la totalidad de lo que desarrolló fue porque el señor Tesla ha sido muy modesto (o tal vez prudente) en permitir que el mundo conozca sus logros. Cuando estaba escribiendo los artículos causantes de esta discusión no tenía acceso a las patentes de Tesla. Sólo no me ha sido posible verificar dónde empezaron las mejoras de Dobrowolsky (…)».

Aunque Dobrowolsky pueda haber realizado sus propios inventos, admitió que el trabajo de Tesla era anterior al suyo. La modestia de ambos caballeros, estoy seguro, consiguió que se comprendieran perfectamente. Respecto al tema de quién fue el primero, puede resultar interesante destacar que, en una conversación con el profesor Ferraris el verano pasado, este caballero me dijo con una modestia que habla muy bien de él, que, aunque él había experimentado con el campo rotatorio varios años antes de que el trabajo de Tesla fuera publicado, no pensaba que éste pudiera haber accedido a su trabajo, por lo tanto, lo había inventado de forma completamente independiente. Asimismo, señaló que Tesla lo desarrolló mucho más que él.

Así, los científicos e ingenieros en Estados Unidos, Alemania e Italia reconocieron claramente y sin cuestionamientos a Tesla como el único inventor del magnífico sistema eléctrico polifásico en todos sus detalles. Luego, los periódicos franceses e ingleses los siguieron.

De este modo, en 1892, Tesla era universalmente aclamado como el incuestionable inventor del motor de corriente alterna y del sistema polifásico en los círculos de ingeniería. Por lo tanto, nadie podía discutir su derecho o intentar robar su autoría cuando su fama alcanzó al público gracias a la puesta en marcha de su sistema en la Exposición Universal de Chicago en 1893 y, después, cuando su sistema hizo posible el aprovechamiento de las cataratas del Niágara.

Sin embargo, en un momento aparecieron muchos que reclamaron haber efectuado mejoras a los inventos de Tesla y realizaron grandes esfuerzos para explotar estas «mejoras». La Westinghouse Company, que en ese momento poseía las patentes de Tesla, se encargó de defender las patentes y de procesar a los infractores. Como consecuencia, alrededor de veinte demandas fueron llevadas a tribunales y en cada una de ellas el dictamen fue totalmente favorable a Tesla.

Un ejemplo de las decisiones generalizadas de la Corte fue la del juez Townsend de los Tribunales de circuito de Estados Unidos, de Connecticut, en septiembre de 1900, cuando al dictar sentencia sobre el primer grupo de patentes fundamentales, expresó lo siguiente:

«Fue el genio de Tesla quien capturó los rebeldes, incontrolables y, hasta ahora, opuestos elementos en el terreno de la naturaleza y del arte para manipularlos, y confeccionar las máquinas del hombre. Fue el primero en demostrar cómo transformar el juego de Arago en un motor de potencia, el «experimento de laboratorio» de Bailey en un motor exitosamente funcional, el indicador en excitador; fue el primero en concebir la idea de que los mismo impedimentos de inversión en dirección, los contra-indicios de alternancias deberían ser transformadas en rotaciones de producción de potencia, un campo giratorio de fuerza».

Lo que otros veían sólo como barreras invencibles, corrientes intransitables y fuerzas opuestas él las tomó y, armonizando sus direcciones, las utilizó en motores funcionales en ciudades distantes con la potencia de Niágara.

El resentimiento y antagonismo engendrado por la constante serie de fallos a favor de Tesla provocó que los individuos que fueron negativamente afectados, dirigieran su hostilidad hacia Tesla, aunque éste no hubiese demostrado ningún interés personal en las patentes.

B. A. Behrend, más tarde vicepresidente del Instituto Americano de Ingenieros Eléctricos, describió muy bien la situación que se generó:

«Es una característica peculiar de los hombres ignorantes ir siempre de un extremo a otro, y aquéllos que una vez estuvieron ciegos de admiración por el señor Tesla, ensalzándolo en una medida que sólo puede ser comparada con las muestras de fanática adulación hacia las víctimas de admiración popular, ahora se dedican a burlarse afanosamente de él. El panorama se presenta muy melancólico y nunca puedo pensar en Nikola Tesa sin enardecerme por este tema y condenar la injusticia e ingratitud que ha recibido tanto de la parte del público como de la profesión de ingenieros» (Western Electrician, septiembre de 1907).

Con los tribunales y los mundos de la ciencia y de la ingeniería concediéndole un claro título al honor de ser el gran descubridor pionero e inventor de los principios y máquinas que crearon el actual sistema eléctrico, Tesla figura sin rivales como el genio que otorgó al mundo la época de la energía eléctrica que hizo posible nuestro sistema industrial de producción en serie. Por lo tanto, el nombre de Tesla debería, con todo derecho y justicia, ser el más famoso en el mundo de la ingeniería en la actualidad.

FAMA Y FORTUNA

OCHO

Tras regresar a su laboratorio en marzo de 1893, poco después de dar conferencias en Europa y América, Tesla desterró de su agenda toda actividad social, y, rebosante de energía, se puso manos a la obra con su trabajo experimental relacionado con su sistema inalámbrico. Hizo repetidos experimentos con el fin de refinar su principio de sintonización de circuitos en resonancia recíproca. Construyó más de cien bobinas, que cubrían una amplia gama de características de sintonización eléctrica. También fabricó numerosos osciladores para producir corrientes de alta frecuencia, así como condensadores y dispositivos inductores que sintonizasen tanto bobinas emisoras, como receptoras a cualquier frecuencia o longitud de onda deseadas.

Demostró que podía conseguir que cualquiera de estas cientos de bobinas respondiese de forma selectiva y potente a su longitud de onda particular emitida por un oscilador, mientras que las otras permanecían inertes; pero descubrió que las bobinas eléctricas sintonizadas poseen, hasta cierto punto, las mismas propiedades que las cuerdas de un instrumento afinado, dado que estas no solo vibran para producir una nota fundamental, sino también una amplia variedad de armónicos altos y, particularmente, bajos. Esta característica podría resultar útil para el diseño de antenas de estaciones base de emisión y recepción. Sin embargo, esta propiedad interfería con el preciso y exclusivo ajuste de respuesta de las bobinas. A corta distancia, y con las potentes corrientes que Tesla usaba en su laboratorio, los armónicos eran una desventaja. Si las bobinas receptoras y emisoras se encontraban a más distancia, este problema menguaba.

Tesla se dio cuenta de que organizar una primera muestra de su sistema mundial de inteligencia y de poder sería complicado, así que diseñó un sistema de compromiso, en el que usaría un transmisor central más pequeño y estaciones de retransmisión más pequeñas a determinadas distancias.

En una entrevista con Arthur Brisbane, el famoso editor, Tesla anunció en la publicación *The World* el 22 de julio de 1894, que tenía la certeza de que sus planes se llevarían a cabo. Dijo lo siguiente:

«Me consideraría un soñador, quizás más que eso, si le contase a qué aspiro realmente. Pero puedo decirle, que espero con toda seguridad poder enviar mensajes alrededor de la tierra sin necesitar de ningún cable. Tengo grandes esperanzas depositadas en llegar a transmitir energía eléctrica del mismo modo sin desperdicio alguno. En lo que concierne a la transmisión de mensajes a través del mundo, puedo predecir, sin la menor duda, que lo conseguiré. Primero deberé determinar exactamente cuántas vibraciones por segundo son causadas por la perturbación de la masa de la electricidad que contiene la tierra. Mi máquina transmisora debe vibrar tan a menudo como haga falta para sincronizarse con la electricidad de la tierra».

Para este propósito, a lo largo del siguiente invierno, diseñó y construyó su estación base transmisora, además de otra receptora. Funcionaba bien dentro del espacio cerrado del laboratorio y entre ciertos puntos de la ciudad. Como el artista que nunca desea dar una obra por terminada, y necesita aportar un interminable número de ligeras mejoras, Tesla continuó refinando su proyecto con el fin de asegurar un resultado perfecto en la prueba que realizaría en primavera, cuando planeaba llevarse su equipo receptor en un pequeño bote por el río Hudson para probar su funcionamiento a larga distancia.

Sin embargo, la tragedia se cernió sobre Tesla un idus de marzo, como lo hizo en el caso de César. Para Tesla, fue un aciago 13 de marzo de 1895, cuando, durante la noche, la parte baja del edificio en el que se encontraba su laboratorio fue devorada por un incendio, que, además, afectó a toda su estructura. Las dos plantas en las que estaba almacenado todo su equipamiento se desplomaron hasta el sótano, destruyendo todo su contenido. Ni uno solo de los artículos pudo salvarse. La mayor parte de la fortuna de Tesla había sido invertida en los aparatos que había en aquel edificio. Ninguno estaba asegurado. Lo perdió todo.

La pérdida económica fue el golpe menos duro para Tesla. Los aparatos e incontables experimentos sobre multitud de temas que había llevado a cabo formaban parte de su ser. El trabajo de toda una vida, completamente arrasado. Todos sus registros, documentos, recuerdos y su famosa exhibición de la Feria Universal habían desaparecido. Su laboratorio, en el que había mostrado sus maravillas a la élite y a los intelectuales de Nueva York, a los hombres y mujeres más famosos del país y del mundo, había cesado de existir. Y esta tragedia había tenido lugar justo cuando estaba preparado para hacer su primera demostración a larga distancia de su sistema inalámbrico.

Tesla se encontraba en un punto muy delicado a nivel financiero. El laboratorio era propiedad de la compañía *Tesla Electric,* propiedad del mismo Tesla y de A. K. Brown, quien había, junto con otro asociado, aportado fondos para financiar la muestra del inventor de su sistema de corriente alterna polifásica antes de que este fuese vendido a *Westinghouse* por un millón de dólares. Una parte de ese dinero se había repartido en efectivo entre los asociados, como acordado; el sobrante se había invertido en el laboratorio con el fin de ayudar en próximas investigaciones. El capital de la compañía había desparecido por completo, y los recursos individuales de Tesla estaban a punto de agotarse. Aún recibía algunas regalías de las patentes de sus motores y dinamos polifásicos, procedentes de Alemania. Estos ingresos le permitirían hacerse cargo de sus gastos de la vida diaria, pero no bastarían para mantener un laboratorio experimental.

El señor Adams, un líder activo del grupo Morgan, que había desarrollado la estación hidroeléctrica de Niagara Falls usando el sistema polifásico de Tesla, quiso ayudar al inventor. Propuso y organizó la formación de una nueva compañía que financiaría la continuación de los experimentos de Tesla, y se ofreció a aportar cien mil dólares del medio millón de capital accionario previsto para la empresa.

Con la ayuda de esta financiación, Tesla empezó a buscar un nuevo laboratorio. Estableció su base de operaciones en el número 46 de East Houston Street, y comenzó a trabajar allí en julio de 1895, cuatro meses después de la destrucción de su laboratorio de South Fifth Avenue.

Adams le entregó cuarenta mil dólares en concepto de primer pago de su financiación. Este tomó un activo interés personal en el trabajo de Tesla, y pasó grandes cantidades de tiempo en el laboratorio. Sabiendo de antemano, dada la exitosa operación de la planta de Niagara Falls, que Tesla era extremadamente práctico, Adams se sentía profundamente impresionado por sus ideas en relación a la transmisión inalámbrica de inteligencia y de energía. Declaró que tenía la intención de ampliar sus planes de financiación, y propuso la idea de incorporar a su hijo como colaborador activo en el trabajo de Tesla.

Un acuerdo como este supondría la alianza de Tesla con el poderoso grupo financiero Morgan. El apoyo de J. P. Morgan aportó la orientación financiera necesaria para formar la compañía *General Electric,* e hizo posible la construcción de la Waterside Station, la primera central eléctrica de Edison en Nueva York. También fue el grupo Morgan, quien, haciendo posible el desarrollo de Niagara, había dado un tremendo empujón al sistema de Tesla. El prestigio derivado de la asociación con Morgan sería, probablemente, más útil que la propia ayuda económica. Con esta alianza, el futuro financiero de Tesla estaba asegurado. Tendría el apoyo del genio mundial de la organización y poderes de promoción que resultarían muy prácticos. Aquel trágico incendio que le llevó a esta situación, se le presentaba ahora como una enorme bendición.

Tesla tomó su decisión. Nadie supo nunca qué le llevó a alcanzar esta determinación. El inventor rechazó la oferta del señor Adams. Desde un punto de vista práctico, no hay forma de explicar su actuación. No obstante, nadie pudo demostrar nunca con éxito que Tesla fuese un hombre práctico a nivel comercial y financiero.

Con los cuarenta mil dólares que Adams había aportado, Tesla fue capaz de mantenerse en activo en la investigación durante, aproximadamente, tres años. Probablemente, podría haber conseguido financiaciones que doblasen esa cantidad si se lo hubiese propuesto. Sin embargo, centraba su interés, principalmente, en llevar sus experimentos por el buen camino, sin preocuparse por futuras necesidades económicas. Creía firmemente que, en un futuro, ganaría millones de dólares en compensación por los miles de millones que él habría aportado en concepto de sus invenciones.

Tesla necesitó cerca de un año para poner su laboratorio a punto y para construir una variedad de aparatos experimentales. Casi nada de lo que el inventor utilizaba podía ser comprado en el mercado: todo tenía que ser especialmente hecho por sus hombres bajo sus indicaciones. En la primavera de 1897, estaba preparado para hacer las pruebas de distancia de su transmisor y de su receptor inalámbricos, pruebas que se habían visto paralizadas hacía dos años a causa del incendio.

El éxito de estas fue anunciado por Tesla en una entrevista concedida a un representante del periódico *Electrical Review,* publicada en la edición del 9 de julio de 1897. En ella, declaró lo siguiente:

«Prácticamente todo inventor telegráfico ha soñado despierto durante años con una posible comunicación inalámbrica. De tanto en tanto, vemos aparecer en los periódicos tecnológicos referencias a ciertos experimentos, que muestran la certeza de los investigadores a cerca de que, algún día, los cables serán innecesarios. Se han llevado a cabo investigaciones para determinar sus posibilidades, pero ha sido el señor Nikola Tesla quien ha desarrollado una teoría, además de ser quien ha demostrado experimentalmente, que la comunicación inalámbrica es una posibilidad. Y, de ninguna de las maneras, habla de una posibilidad lejana. De hecho, tras seis años de trabajo minucioso y concienzudo, el señor Tesla ha llegado a una fase, en la que una mayor aproximación al futuro es posible».

Tesla, quien, por cierto, es un hombre conservador, le garantiza personalmente a un representante de la *Electrical Review,* que la comunicación eléctrica sin necesidad de cableado es ya una meta alcanzada, y que el método empleado y los principios involucrados no interfieren ni en la transmisión de mensajes, ni en su inteligibilidad cuando estos son recibidos entre puntos distantes. El inventor ha construido ya tanto un aparato transmisor, como un receptor eléctrico. Este último es sensible a las señales del transmisor desde puntos distantes, sin verse afectado por las corrientes de la tierra o por rumbos magnéticos. Además, esto se ha conseguido con un sorprendentemente pequeño gasto de energía.

Por supuesto, el señor Tesla es reacio a explicar todos los detalles de su invención, pero permite que se entienda que, a día de hoy, se sirve de lo que él ha acuñado como equilibrio electroestático. Si este se ve perturbado en cualquier momento a lo largo del planeta, podría observarse claramente con el aparato adecuado y en cualquier punto distante el disturbio en cuestión, por lo que el envío y recepción de señales se vuelve viable disponiendo de los instrumentos adecuados. El señor Tesla anunció que creía en las posibilidades de su sistema inalámbrico, pero esperó hasta estar satisfecho con los resultados de las pruebas de sus aparatos para hacerlo. Aún tiene mucho trabajo por hacer, y, desde entonces, dedica toda su atención a estudiar el problema.

Todavía no contamos con más detalles, por razones obvias, y, por el momento, nos dedicamos meramente a reproducir las declaraciones del señor Tesla, en las que afirma haber conseguido enviar comunicaciones de forma inalámbrica a largas distancias con un gasto pequeño de energía, además de necesitar perfeccionar la maquinaria para poder ir más lejos. En otros tiempos, el experimento a 40 millas de Morse se presentaba de forma más incierta que las posibilidades del sistema inalámbrico actualmente.

El trabajo de Tesla con corrientes de alta frecuencia y alta potencia ha sido destacable. Ya en 1891, predijo sus resultados presentes en lo que a válvulas de vacío y a la intercomunicación sin cables se refiere. La primera tiene, según él, una condición capaz de demostrar públicamente el fenómeno de las fuerzas moleculares electroestáticas. Incontables experimentos fueron llevados a cabo, y, lo que comenzó siendo una sorprendente frecuencia de 10 000 por segundo, ha avanzado gracias a Tesla hacia un índice moderado de 2 000 000 de oscilaciones por segundo.

Esta proclama registró el nacimiento de la radio moderna, tal y como se conoce a día de hoy, nacida en un bote que navegaba a través del río Hudson, y que llevaba el equipo de recepción a veinticinco millas del laboratorio de Houston Street. Esta distancia era pequeña en proporción a lo que el aparato daba de sí, pero suficiente para demostrar sus capacidades. Un logro como este merecía un comunicado triunfal y llamativo, en vez de la modesta declaración que realizó Tesla y la todavía más conservadora forma de tratar la noticia por parte del *Electrical Review*. El inventor tenía no solo que proteger sus derechos de patente, que serían puestos en peligro en caso de una temprana revelación, sino también que estar alerta ante ladrones de inventos y piratas de patentes, con los que ya había tenido experiencias desagradables previamente. El *Electrical Review,* naturalmente, temía las consecuencias de entrometerse con una recepción demasiado entusiasta antes de que todos los detalles saliesen a la luz.

Las patentes fundamentales del sistema de Tesla fueron publicadas el 2 de septiembre de 1897, exactamente dos meses después de su comunicado. Fueron numeradas 645 576 y 649 621. En estas patentes describe todas las características fundamentales de los circuitos de radio emisores y receptores que se utilizan a día de hoy. Una vez protegidos por sus respectivas patentes, Tesla no tardó en hacer públicos sus descubrimientos. Realizó una espectacular demostración en el Madison Square Garden.

La transmisión inalámbrica de inteligencia es una satisfacción moderna de uno de los antojos más antiguos del hombre, quien siempre ha anhelado la eliminación de la distancia comunicándose sin ningún tipo de enlace material a través del espacio intermedio. Investigadores tempranos del teléfono, buscaban de forma entusiasta un método de comunicación eléctrica inalámbrica que transmitiese la voz a través del espacio, del mismo modo en que el aire conduce el sonido. David Edward Hughes se percató en 1879 de que, cada vez que una chispa eléctrica se producía en cualquier parte de su casa, escuchaba un ruido en su auricular. Descubrió la relación entre este evento y el efecto de los gránulos de carbón al entrar ligeramente en contacto con un disco metálico de su transmisor telefónico, que hacía las veces de detector de las ondas espaciales, reduciendo la resistencia de la masa y produciendo un chasquido en el auricular.

El profesor A. E. Dolbear, de la Universidad Tufts, amplificó esta observación y preparó en el año 1882 un equipo de demostración usando el mismo principio, pero eliminando el aparato telefónico. Empleó una bobina del encendido para crear ondas y un aglomerado de carbón para detectarlas. Este es, exactamente, el sistema «inalámbrico» que Marconi descubrió catorce años más tarde.

Edison, quien, por aquel entonces, había sido contratado por la compañía Western Union Telegraph para poner fin al monopolio que Bell sostenía sobre la invención del teléfono, logró, en 1885, enviar un mensaje desde un tren en movimiento sin necesitar cableado. Con la ayuda de un hilo metálico colocado en el tren, en paralelo a una serie de postes que se extendía a lo largo de todo el camino y sostenían un cable telegráfico, fue posible conectar los pocos pies intermedios por efecto inductivo. Este es el mismo efecto que causa la diafonía, o una mezcla de conversaciones en dos circuitos telefónicos próximos el uno del otro. En Inglaterra, W.

M. Preece realizó, por aquella época, un experimento similar. Las distancias extremadamente cortas en las que este tipo de sistemas podían funcionar, les hacía carecer de cualquier tipo de utilidad práctica.

Alexander Graham Bell desarrolló, entre 1880 y 1881, un tipo de comunicación inalámbrica completamente distinto. Se le dio el nombre de radiófono, aunque Bell insistió en llamarlo fotófono. Este fotófono transmitía la voz a través de un rayo de luz. El transmisor estaba compuesto de un muy fino espejo de cristal o de mica, que vibraba en respuesta a la voz. Este reflejaba un rayo de luz, normalmente solar, que llegaba hasta un lejano aparato receptor. Un tubo de ensayo conformaba el simple receptor, dentro del cual se colocaba un material determinado. La apertura del tubo estaba cerrada por un tapón, a través del cual se insertaban dos pequeños tubos de goma, cuyos extremos se colocaban en los oídos. Se podía situar una gran variedad de materiales dentro de estos tubos a modo de detector. Cuando el rayo de luz, resultado de la vibración causada por la voz, impactaba sobre el material del tubo de ensayo, creaba en consecuencia una condensación de calor que hacía vibrar el aire dentro del tubo, reproduciendo el sonido que la luz había transportado. Bell también usó selenio a modo de detector. Este respondía a los rayos visibles y producía un efecto eléctrico. Evidentemente, estos experimentos resultaron de poco valor para establecer las bases de un sistema de comunicación inalámbrica.

En Londres, Michael Faraday describió hacia 1845 su teoría de la relación entre la luz y las líneas de fuerza electromagnéticas. En 1862, James Clerk Maxwell publicó un análisis del trabajo de Faraday, aportando una base matemática a la teoría del electromagnetismo de las ondas de luz en la naturaleza, alegando que era posible que estas ondas existiesen de forma más corta o extensa que la por entonces conocida longitud de onda de la luz visible. Para los científicos, demostrar la existencia de estas ondas supuso todo un reto.

En Bonn, Alemania, el profesor Heinrich Hertz emprendió la búsqueda, entre los años 1886 y 1888, de las ondas más extensas que la luz y el calor. Las produjo usando las chispas procedentes de una bobina de inducción, recogiéndolas a corta distancia en forma de pequeña chispa que saltaba en un anillo de alambre. El inglés Sir Oliver Lodge intentaba, simultáneamente, medir ondas eléctricas pequeñas en circuitos de cableado.

Esta era, hasta entonces, la situación del mundo científico cuando Tesla comenzó su trabajo en 1889. El plan para la comunicación inalámbrica, descrito a continuación, que presentó en 1892 y 1893, muestra cómo su magnífico concepto y su tremendamente avanzado conocimiento estaban muy por delante de los de sus contemporáneos.

Cuando Tesla abandonó la planta Westinghouse el otoño de 1889, se había centrado ya en la próxima fase de su desarrollo del campo de corriente alterna, un nuevo sistema de distribución de energía por medio de corrientes alternas de alta frecuencia, lo que supondría un descubrimiento mucho más glorioso que su sistema polifásico. A lo largo de los siguientes dos años, había explorado los principios mediante los cuales la energía podía ser distribuida sin necesidad de cableado, algo que él ya había probado usando poderosas bobinas en su laboratorio. La distribución de inteligencia, a la que más tarde se llamaría sistema inalámbrico, era sólo una de las fases de un proyecto más grande.

Tesla describió en 1892 la primera válvula eléctrica diseñada para cumplir la función de detector en un sistema de radio, y mostró sus características en sus conferencias en Londres y París en febrero y marzo de ese mismo año. (La válvula, sin embargo, había sido desarrollada en 1890). En febrero y marzo de 1893, detalló las características de su sistema de transmisión de radio, presentando sus principios en detalle, en ponencias que tuvieron lugar en Instituto Franklin de Filadelfia, encuadradas dentro de la convención de la Asociación *National Electric Light*, llevada a cabo en San Luis.

La válvula eléctrica de Tesla, inventada por éste en 1890, es el predecesor de las válvulas de detección y amplificación que se usan a día de hoy. La presentación de estas válvulas figura en los archivos de las cuatro sociedades que presenciaron esta exhibición en febrero y marzo de 1892: el *Institute of Electrical Engineers*, la *Royal Society* de Londres, la *Physical Society* de Francia y la *International Society of Electrical Engineers* de París. En estas conferencias, manifestó lo siguiente:

«Si existe algún tipo de movimiento mesurable en el espacio, un cepillo como este será capaz de mostrarlo. Es, por decirlo de algún modo, un rayo de luz, sin fricciones, desprovisto de inercia».

«Creo que podría encontrársele un uso práctico en la telegrafía. Con un cepillo así, sería posible enviar comunicados a través del Atlántico, por ejemplo, y a cualquier velocidad, puesto que su sensibilidad es tal, que se ve afectado por el más mínimo cambio.»

El «cepillo» en las válvulas de tesla era un haz de electrones. El electrón, no obstante, no había sido aún descubierto. Aun así, Tesla proporcionó una descripción precisa de su naturaleza, demostrando una notable exactitud a la hora de interpretar fenómenos extraños. Este rayo eléctrico era tan preciso, que un pequeño imán de herradura, con un ancho de una pulgada y situado a una distancia de seis pies, era capaz de causar movimiento en el haz de electrones en la dirección en la que se apuntase el imán.

Cualquiera que se aproximase a la válvula desde una distancia considerable, hacía que el haz, o cepillo, se tornase en la dirección opuesta a esta. Si alguien caminaba cerca de esta válvula, incluso a una distancia de diez pies, el rayo imitaría el desplazamiento, manteniendo su centro siempre apuntando hacia el objeto en movimiento. El más mínimo gesto con el dedo, o la tensión de un músculo, desencadenaría una reacción por parte del rayo.

En la misma conferencia en la que Tesla describió por primera vez esta válvula eléctrica, en 1892, el ingeniero presentó unas lámparas que podían ser encendidas sin ninguna conexión por cable (luz inalámbrica), además de un motor que funcionaba sin estar conectado a las bobinas que le suministraban energía (energía inalámbrica). Más tarde, a principios de 1893, volvió a presentar estas novedades en su exhibición en la *Chicago Columbian Exposition*.

Con toda esta experiencia a sus espaldas garantizándole que su sistema era completamente práctico y operacional, Tesla decidió conceder, en febrero y marzo de 1893, unas declaraciones conservadoras a cerca de sus planes en el *Franklin Institute* y en la convención de la *National Electric Light Association*. El inventor podría haber organizado una demostración de su transmisión de inteligencia inalámbrica en estas ponencias, colocando una de sus válvulas de «cepillos» eléctricos o alguna de sus lámparas de aire a baja presión sobre una bobina resonante en el anfiteatro, consiguiendo así una respuesta a la señal enviada por otra bobina en una longitud de onda similar, situada a una distancia considerable del edificio. Este experimento era un procedimiento estándar en su laboratorio.

Esto, sin embargo, conseguiría sólo un impacto local, mientras que su sistema de transmisión de radio estaba diseñado para tener un alcance mundial, lo que requería de aparatos mucho más potentes que los que el ingeniero había construido hasta entonces. Intentar equiparar un efecto puramente local a una demostración del mismo sistema a nivel global, a pesar de que los resultados observados fuesen los mismos, habría sido deshonesto en un plano intelectual por parte de Tesla, algo a lo que él no quería rebajarse. Sin embargo, una demostración como esta habría sido más espectacular y poderosa que cualquier otra escenificada por otros inventores en los siguientes seis años.

Cuando describió su sistema mundial en la reunión de 1893 de la *National Electric Light Association*, explicó lo siguiente:

«En conexión con el previamente considerado problema con el efecto de resonancia y con la transmisión de energía mediante un solo conductor, diré unas palabras sobre un tema que se mantiene constantemente en mis pensamientos, y que concierne el bienestar de todos. Me refiero a la transmisión de señales inteligibles, o, quizás, incluso a la de energía, a cualquier distancia sin el uso de cables. Cada vez, estoy más convencido de la viabilidad del proyecto. A pesar de saber que la gran mayoría de hombres de ciencia no creen que estos resultados puedan conseguirse a nivel práctico e inmediato, estoy seguro de que todos consideran que los avances de los últimos años de algunos investigadores han sido suficientes, como para conducir la experimentación y reflexión por esta dirección. Mi convicción es tan firme, que ya no me planteo la idea de la transmisión de energía o inteligencia como una mera posibilidad teórica, sino como una eventualidad seria en la ingeniería eléctrica, que algún día debe ser alcanzada».

«La idea de transmitir inteligencia sin necesitar de cables es la consecuencia natural de los más recientes resultados de las investigaciones eléctricas. Algunos entusiastas han expresado su creencia en la posibilidad de una telefonía a distancia por inducción a través del aire. No puedo dar alas tan grandes a mi imaginación por el momento, pero creo fuertemente en que es posible alterar las condiciones electroestáticas de la tierra usando máquinas poderosas, para, así, transmitir señales inteligibles y, quizás, energía. De hecho, ¿qué nos impide poder alcanzar una meta como esta?»

«Ahora sabemos que las vibraciones eléctricas pueden ser transmitidas a través de un solo conductor. ¿Por qué no deberíamos servirnos de la tierra para este propósito? No tenemos que sentir miedo de la idea de la distancia. Para el fatigado vagabundo que va contando los hitos a lo largo del camino, la tierra puede parecer muy grande; pero para el más feliz de los hombres, el astrónomo, quien observa los cielos, y juzga por sus estándares la magnitud de nuestro globo, parece muy pequeña. Así parece ser también para *El Científico Eléctrico,* pues cuando este considera la velocidad con la que una variación eléctrica se propaga a lo largo de la tierra, todas sus concepciones sobre la distancia deben desvanecerse por completo».

«Un punto de gran importancia sería averiguar, en primer lugar, cuál es la capacidad del planeta, y qué carga contiene si se electrifica. Pese a que no tenemos ninguna evidencia real de que un cuerpo cargado de energía pueda existir en el espacio sin tener otros cuerpos electrificados opuestos cerca, existe una clara posibilidad de que éste sea el caso de la tierra, pues cualquiera que fuese el proceso mediante el cual se separó (y esta es la visión aceptada de su origen), debe haber conservado una carga, como ocurre en todos los procesos de separación mecánica...»

«Si alguna vez podemos determinar en qué periodo oscila la carga de la tierra cuando es alterada, en relación a un sistema o circuito conocido opuestamente cargado, seremos sabedores de uno de los datos más importantes para el bienestar de la raza humana. Me propongo averiguar este periodo con la ayuda de un oscilador eléctrico o de una fuente de corrientes alternas».

«Uno de los terminales de esta fuente estaría conectado a la tierra, por ejemplo, a través de la red de cañerías de la ciudad; la otra, lo estaría a un cuerpo aislado de gran superficie. Es posible, que los estratos de aire conductores exteriores o el espacio en sí contengan una carga opuesta, y que, junto con la tierra, formen un condensador de gran capacidad. En tal caso, el periodo de vibración puede ser muy breve, por lo que una máquina dinamo de corriente alterna puede cumplir con el propósito del experimento. Después, transformaría la corriente en un voltaje tan alto como fuera posible, conectando los extremos del circuito de alta tensión secundario al suelo y al cuerpo aislado. Variando la frecuencia de las corrientes y observando cuidadosamente el voltaje de la superficie aislada, y controlando las alteraciones en distintos puntos cercanos de la superficie terráquea, sería posible detectar la resonancia».

«En caso de que el periodo fuese demasiado pequeño, como, probablemente, la mayoría de los hombres de ciencia creen, una máquina dinamo no sería suficiente, y se tendría que construir un oscilador eléctrico adecuado, y quizás no sea posible obtener tan rápidas vibraciones. Sea esto posible o no, y contenga la tierra una carga o no, sea cual sea su periodo de vibración, es ciertamente viable, pues de esto obtenemos pruebas diarias. Es factible producir una alteración eléctrica lo suficientemente potente como para ser perceptible por instrumentos adecuados en cualquier punto de la superficie de la tierra...»

«Teóricamente, pues, podría no requerirse de una gran cantidad de energía para producir una alteración perceptible a una gran distancia, o incluso por toda la superficie del globo. Es cierto que en cualquier punto dentro de un cierto radio de las fuentes, un dispositivo de autoinducción y capacidad correctamente ajustado puede ser activado por la resonancia. No obstante, no solo esto es factible: una fuente, $s1$, similar a s, o cualquiera de estas, se puede configurar para funcionar en sincronía con la anterior, por lo que la vibración se verá intensificada y extendida a lo largo de una gran superficie, o se producirá un flujo de electricidad hacia o desde la fuente $s1$, ocurriendo lo mismo en el caso de s».

«Creo que, sin lugar a dudas, es posible hacer funcionar aparatos eléctricos en una ciudad, a través del subsuelo o del sistema de alcantarillado, gracias a la resonancia de un oscilador eléctrico situado en un punto central. Sin embargo, la solución práctica de este problema sería de menor beneficio para el hombre que averiguar la forma de transmitir inteligencia o energía a cualquier distancia a través de la tierra o de lo que nos envuelve. Si esto fuese remotamente posible, la distancia no significaría nada. Primeramente, se deberían producir máquinas adecuadas, para tratar el problema mediante estas. He dedicado mucho tiempo y atención a este tema. Tengo la firme convicción, de que se puede hacer, y espero que podamos vivir para verlo».

La conferencia que el inventor dio en el Instituto Franklin contenía una declaración similar. Podemos citar este párrafo adicional:

«Si mediante el uso de maquinaria potente se produjeron rápidas variaciones del voltaje del planeta, un cable conectado a la tierra que alcanzase cierta altura podría transmitir una corriente que podría ser aumentada mediante la conexión del extremo libre del mismo a un cuerpo de cierto tamaño… El experimento, que resultaría ser de gran interés científico, daría mejores resultados si se realizase en un barco en medio del mar. De esta manera, incluso si no fuera posible hacer funcionar la maquinaria, se podría transmitir inteligencia con toda seguridad».

Tesla presentó en estas conferencias los principios que había aprendido en sus experimentos de laboratorio durante los tres años anteriores; experimentos que él consideraba necesarios para conseguir el éxito de la comunicación inalámbrica.

Varios requisitos fundamentales fueron expuestos. Cualquier persona sin conocimientos técnicos que no haya tenido la más mínima experiencia con aparatos de recepción de radio podrá entenderlos: 1. Una antena o un cable de antena; 2. Una conexión a tierra; 3. Una antena con toma de tierra que contenga inductancia y capacidad; 4. Inductancia y capacidad ajustables (para la sintonización); 5. Envío y recepción de conjuntos sintonizados en resonancia recíproca; y 6. Detectores de válvulas electrónicas. Para entonces, Tesla ya había inventado un altavoz.

Estos requisitos representan los principios fundamentales de la radio, y se utilizan aún a día de hoy en todo equipo de emisión y recepción.

La radio tal y como la conocemos a día de hoy es, por lo tanto, un producto del genio de Nikola Tesla. Él es el creador original del sistema en su conjunto y de todos sus principales componentes eléctricos. El hombre que, junto a Tesla, tiene derecho a la mayor cantidad de reconocimiento es Sir Oliver Lodge, el gran científico inglés. Sin embargo, Lodge tampoco se percató del personaje fundamental que era Tesla.

A principios de 1894, Lodge introdujo un entrehierro de Hertz en un cilindro de cobre con una apertura en uno de sus extremos. De esta forma, produjo un rayo de oscilaciones de onda ultra corta que podía ser transmitido hacia cualquier dirección. Hizo lo mismo con el equipo receptor. Ya que las ondas entrantes solo podían ser recibidas desde una dirección, esta maquinaria receptora era capaz de localizar la orientación desde la que venían las ondas transmitidas. Con este equipamiento, se anticipó dos años a Marconi. Durante el verano de ese mismo año, en una demostración ante la *British Association for the Advancement of Science* en Oxford, con un material mejorado, envió mensajes en código Morse entre dos edificios separados por varios cientos de pies.

No es, pues, sorprendente, que Marconi, quien había empezado sus estudios del sistema inalámbrico en 1895, no causara revuelo en los círculos científicos cuando viajó de Italia a Londres en 1896 con un equipo inalámbrico similar en todos los aspectos esenciales al presentado por Lodge en 1894. Utilizó un reflector parabólico, por lo que su equipamiento era más que un reflector eléctrico. No obstante, lo que hizo fue presentar una característica alternativa para reemplazar al rayo receptor parabólico. Éste consistía en una toma de tierra y una antena, o cable de antena, tanto para el equipo transmisor como para el receptor. Esto era exactamente lo que Tesla había descrito en su plan publicado tres años antes.

Cuando Hertz realizó sus experimentos para demostrar la idéntica naturaleza de la luz y las ondas electromagnéticas largas, buscó intencionalmente el utilizar las ondas más cortas que fuese factible producir. Se medían en pulgadas, mucho más cortas que una yarda. Fueron completamente satisfactorias para su experimento. Cuando los investigadores del sistema inalámbrico copiaron sus métodos, tomaron la idea de las ondas cortas sin preguntarse qué longitud de onda debería utilizarse para la comunicación inalámbrica; la noción de que otras longitudes de onda pudieran ser producidas y utilizadas no parece haber aparecido en ningunos de ellos, excepto en Tesla.

Con el espíritu de un verdadero científico, Tesla se tomó la molestia de repetir los experimentos de Hertz, y publicó sus resultados determinando que había encontrado un número considerable de diferencias y llamando la atención sobre los errores de los métodos experimentales de Hertz.

Habiendo investigado una amplia gama de longitudes de onda de corrientes de alta frecuencia y estudiado las propiedades de cada sección del espectro, era consciente de que este tipo de longitudes de onda corta eran totalmente inadecuadas para el propósito de la comunicación. Sabía que las longitudes de onda útiles iban desde el centenar de metros a varios miles de ellos. También veía que la combinación de una bobina de inducción y del oscilador de entrehierro de Hertz no podían tener de ninguna manera una utilidad práctica produciendo el tipo adecuado de pulsaciones eléctricas. Incluso con la maquinaria altamente eficiente de hoy en día, los científicos se han visto incapaces de utilizar en comunicación (excepto para propósitos específicos) las ondas ultra cortas que Tesla, en su sabiduría, había condenado y que Marconi, debido a su inexperiencia, había intentado utilizar.

La historia de los años dorados de la tecnología inalámbrica refleja el fracaso de las ondas cortas de Lodge, Marconi y sus seguidores, y la transición hacia las ondas más largas descritas por Tesla; además del abandono de su método de señalización por la refinada y altamente eficiente sintonización de las estaciones base emisoras y receptoras descubiertas por Tesla, y la adopción de las ondas continuas del inventor.

A todo esto se suman los tanteos de aquellos investigadores que sólo veían en la tecnología inalámbrica un método de señalización entre dos puntos o estaciones. Ninguno de ellos anticipó el sistema de emisión que Tesla había descrito en 1893. El sistema inventado y descubierto por Tesla que utilizamos a día de hoy. Pero, ¿quién ha oído nunca que a Tesla se le otorgue el más mínimo crédito?

NUEVE

Tesla descubrió vastos nuevos imperios de conocimiento de forma prolífica. Colmó a la comunidad científica de descubrimientos a un ritmo tan dinámico y de forma tan relajada, que pareció haber insensibilizado las mentes de los científicos de su tiempo. Estaba demasiado ocupado como para dedicar parte de su tiempo a desarrollar las aplicaciones técnicas o comerciales de cada nuevo descubrimiento. Su mente estaba ocupada con otras nuevas e importantes revelaciones, sobre las que pretendía arrojar luz. Tesla no realizaba descubrimientos por casualidad, podía visualizarlos con antelación, incluso antes de descifrarlos en su laboratorio. Había ideado un programa definido para la investigación pionera en campos de experimentación aún inexplorados, y cuando éste fue consumado, sintió que aún poseía un largo tiempo durante el cual podría aplicar la utilización práctica de aquellos ya revelados.

Entretanto, había descubierto un nuevo mundo de efectos interesantes en las emisiones producidas por sus bobinas cuando éstas eran activadas por corrientes de alta frecuencia extrema. Construyó bobinas más y más grandes, y experimentó con diferentes formas y construcciones. Partiendo desde la bobina cilíndrica común, desarrolló otra en forma de cono, y prosiguió con el diseño de la bobina plana en espiral, o en forma de oblea.

Las altas frecuencias extremas eran el paraíso matemático en el que Tesla podía desarrollar sus ecuaciones a voluntad. A través de sus habilidades matemáticas y de su extraña capacidad de visualización, podía hacer de forma frecuente y rápida, varios descubrimientos que precisarían de mucho más tiempo en caso de ser investigados en laboratorio. Éste era el caso de los fenómenos de resonancia o de los circuitos sincronizados.

Debido a su relativamente corta longitud de onda, fue comparativamente fácil construir condensadores para sintonizar los circuitos. Cuando un circuito es sintonizado, las corrientes eléctricas que fluyen en él oscilan rítmicamente, cual cuerda musical cuando es punteada, vibrando y construyendo curvas de longitudes similares con puntos sin movimientos entre ellas. Puede haber únicamente una curva, o puede haber varias.

Tesla no inventó la idea de la resonancia eléctrica. Ésta es inherente a la descripción matemática de la descarga del condensador, desarrollada por Lord Kelvin, y en la naturaleza física de las corrientes alternas. Tesla convirtió una olvidada ecuación matemática en una brillante realidad física. Esto es, la analogía de la resonancia acústica, como propiedad natural de la materia. No obstante, no había circuitos funcionales cuyas resonancias se manifestaran por sí mismas, hasta que Tesla desarrolló las corrientes alternas y, más concretamente, las corrientes de alta frecuencia. Mostró su maestría en la investigación de este campo, desarrollando el principio de resonancia en circuitos individuales, a través del ajuste de la capacidad y de la inductancia; de la amplificación de los efectos a través del acoplamiento de dos circuitos sintonizados; y de la peculiar manifestación de la resonancia en un circuito sintonizado a un cuarto de la longitud de la onda energética. Este último desarrollo fue un golpe de genialidad.

En la cuerda vibrante, dos curvas miden una longitud de onda completa, y otra mide media longitud de onda, dado que una de las curvas está arriba, cuando la otra está abajo. Entre las dos curvas hay un punto nodal estático. Desde el punto nodal hasta el punto más alto de la curva hay un cuarto de longitud de onda. Tomando ese cuarto de longitud de onda como una unidad, un extremo se mantiene inmóvil, mientras que el otro oscila en la mayor amplitud de vibración.

Al sintonizar sus bobinas a longitudes de onda de un cuarto, Tesla detectó que uno de los extremos de la bobina estaba enteramente inactivo, mientras que el otro manifestaba una tremenda actividad eléctrica. Una situación única: uno de los extremos de la bobina permanecía inerte, pero el otro emitía cientos de miles o incluso millones de voltios. En una analogía física, podría compararse con el río Niágara alcanzando el borde del precipicio, sus aguas elevándose por las altas montañas convertidas en una gigante fuente, en lugar de caer al precipicio.

La bobina de cuarto de longitud de onda es la pieza contraria a la púa vibrante del diapasón, el reloj de péndulo ordinario, o la vibración de la lengüeta. Una vez conseguida, era algo simple, pero su descubrimiento fue el trabajo de un genio. Fue una invención, que muy certeramente era fruto del trabajo de una mente brillante, trabajo que Tesla hizo durante toda su vida, y que solo gracias a la más improbable casualidad podía ser descubierta por aquellos que, sin iluminación, juegan con un artilugio con la esperanza de tropezar con algo con lo que poder hacer fortuna.

Una bobina de alta tensión con un extremo sin salida eliminaba muchos problemas. Una de las grandes dificultades de Tesla, fue encontrar la manera de aislar la bobina de alto voltaje secundaria de los transformadores, de la primaria de baja tensión que le proporcionaba energía. El descubrimiento de Tesla, eliminó enteramente el voltaje de uno de los extremos de la bobina secundaria, de manera que estuviera directamente conectada a la primaria o al suelo, mientras el otro extremo seguía emitiendo energía. Gracias a esta situación, consiguió desarrollar las bobinas cónicas y en forma de oblea.

El laboratorio de Tesla se llenó de distintas variedades de bobinas. Descubrió tempranamente en sus investigaciones que, mientras operaba una bobina de una longitud de onda determinada, otras bobinas en el laboratorio se sintonizaban a la misma longitud de onda, o bien a otras similares, respondiendo por simpatía produciendo una hilera de chispas, a pesar de no estar conectadas a la bobina activa.

He aquí un ejemplo de transmisión de energía a distancia a través del espacio. Para Tesla, no fue necesario hacer una serie de experimentos para entender las implicaciones de esta situación. Nunca se sintió perdido en nuevos territorio que él mismo había descubierto. Su mente se elevó a tal grado de entendimiento, que podía comprender de un solo vistazo un mundo nuevo.

Tesla planificó una demostración espectacular de este nuevo principio. Hizo que sus trabajadores encordaran un alambre en distintos soportes aislantes en las cuatro paredes cerca del techo de la habitación más grande de su laboratorio. El alambre fue conectado a uno de los osciladores.

Era ya tarde, de noche, cuando la instalación estuvo lista para el experimento. Para hacer la prueba, Tesla preparó dos válvulas de vidrio de tres pies de largo y media pulgada de diámetro. Selló uno de los extremos, extrajo de los recipientes una ligera cantidad de aire, y selló el otro extremo.

Tesla dijo a sus trabajadores, que la habitación debía estar completamente a oscuras para la prueba, todas las luces apagadas; y cuando diera la señal, quería que se accionaran los interruptores del oscilador. «Si mi teoría es correcta», explicó, «cuando accionéis los interruptores, las válvulas parecerán espadas de fuego».

Mientras caminaba hacia el centro de la habitación, Tesla dio la orden de apagar todas las luces. El laboratorio estaba completamente a oscuras. Uno de los trabajadores colocó su mano sobre el interruptor del oscilador.

«¡Ahora!», exclamó Tesla.

Al instante, la gran sala se inundó de una brillante y extraña luz blanquiazul, y los trabajadores pudieron observar la alta y delgada figura de Tesla en el centro de la habitación, ondeando vigorosamente lo que parecían dos espadas llameantes. Las dos válvulas de vidrio brillaban con un fulgor sobrenatural, y el inventor parecía empujarlas y esquivarlas, como si de un combate de esgrima se tratase.

Para los trabajadores del laboratorio, era habitual ver al ingeniero ejecutando proezas espectaculares, pero ésta superaba todos los límites. Tesla había encendido con anterioridad sus lámparas eléctricas de vacío, pero éstas siempre estuvieron conectadas a bobinas que las suplían con electricidad. Ahora emitían luz sin estar conectadas a ninguna fuente eléctrica.

Esta demostración, hecha en 1890, condujo a Tesla a adoptar la técnica en cuestión como método permanente de iluminación en sus laboratorios. El circuito que recorría el techo siempre estaba cargado, y si alguien deseaba colocar una luz en otro lugar, solo tenía que tomar una válvula de vidrio y colocarla en el lugar deseado.

Cuando Tesla emprendió el desarrollo de un nuevo tipo de luz eléctrica, tomó el sol como ejemplo. Observó en la fotosfera, o capa gaseosa exterior del sol, la luz siendo creada por la vibración de las moléculas. Esa era la teoría entonces prevaleciente. Y el deseaba emplear el mismo método.

En la tremenda revelación que tuvo en el parque en Budapest, cuando miraba fijamente la órbita llameante del sol poniente, pasaron por su mente, tal y como hemos sabemos a día de hoy, no solo el maravilloso invento de los campos magnéticos rotatorios y los múltiples usos de las corrientes alternas, sino también la gran generalización de que todo en la Naturaleza se rige por el principio de la vibración que corresponde a las corrientes alternas. La base de los inventos y descubrimientos que hizo en años sucesivos, tuvieron sus raíces, también, en esta sublime experiencia.

Se creía que, en el sol, la luz se creaba cuando las moléculas vibraban por efecto del calor. Tesla intentó mejorar este método, haciendo vibrar las moléculas con fuerzas eléctricas. Según el inventor, las chispas y llamas eléctricas creadas por el alto voltaje, estaban asociadas con las vibraciones moleculares presentes en el aire. Si fuese capaz de capturar los gases presentes en el aire y de hacerlos vibrar por medio de corrientes eléctricas, éstos producirían luz sin calor, puesto que la energía había sido suministrada por corrientes eléctricas frías.

Sir William Crookes, quien, mucho tiempo antes que Edison, produjo una luz eléctrica incandescente al sellar un alambre calentado eléctricamente dentro de una válvula de vacío, llevó a cabo una extensa serie de experimentos al conducir energía eléctrica a través de gases almacenados en contenedores de vidrio, bajo diversas condiciones, desde distintas presiones atmosféricas al máximo grado de vacío obtenible, y observó extraños efectos. Crookes usó corrientes de alto voltaje actual producidas por la clásica bobina de inducción.

Tesla esperaba, que cuando hubiese capturado los extraños efectos que había observado en sus corrientes de alta frecuencia extrema, se produjesen manifestaciones radicalmente diferentes de aquellas observadas por Crookes o Geissler, quien también trabajó en ese campo. En este sentido, el ingeniero no se sintió decepcionado.

Tesla produjo cuatro tipos de luz eléctrica completamente nuevos, utilizando moléculas de gas activadas eléctricamente: 1. Válvulas, en las que un cuerpo sólido se volvía incandescente; 2. Válvulas, en las que materiales fosforescente y fluorescente se volvían luminiscentes; 3. Válvulas, en las que gases enrarecidos se volvían luminosos; y 4. Válvulas, cuya luminosidad se producía en gases a extraordinarias presiones.

Al igual que Crookes, Tesla pasó sus corrientes de alta frecuencia a través de gases a todo tipo de presiones: desde las más bajas presiones del vacío, a presiones atmosféricas normales, obteniendo brillantes efectos luminosos, que superaban todo lo anteriormente alcanzado. Sustituyó el aire de las válvulas por otros gases, incluyendo vapor de mercurio, y observó el peculiar color y los efectos resultantes.

Observando la variedad de colores que los distintos gases, e incluso el aire, mostraban bajo diferentes presiones, Tesla sospechó que no toda la energía irradiada era emitida como una luz visible, sino que alguna parte debía ser luz negra. Con el fin de investigar esta hipótesis, colocó sulfuro de zinc y otros materiales fosforescentes y fluorescentes en sus válvulas, haciéndolas brillar. En estos experimentos, llevados a cabo en 1889, Tesla sentó las bases de la recientemente desarrollada lámpara de alta eficiencia, usada en luces fluorescentes, consideradas un invento de años recientes.

Este sistema, que utiliza la luz ultravioleta desaprovechada o la invisible luz negra, volviéndola visible utilizando sustancias fosforescentes, es una invención de Tesla. Roentgen utilizó válvulas similares, pero de vidrio simple, junto con sustancias fluorescentes en su laboratorio, cuando, media docena de años más tarde, descubrió los rayos X. Tesla también inventó la lámpara de neón, y hasta formó letras y figuras geométricas con las válvulas, tal y como se hace en carteles de neón. Esto es cierto, a pesar de existir algunos antecedentes simultáneos en los experimentos de laboratorio efectuados por Crookes y J.J. Thompson. Ninguno de ellos dos desarrolló ninguna lámpara o aplicación práctica.

Tesla había descubierto a principios de 1890, que sus corrientes de alta frecuencia tenían propiedades muy diferentes a las de la bobina de inducción normal, o bobina del encendido: corrientes, con las que podía encender las válvulas de igual manera, y a veces incluso mejor, conectándolas por medio de un solo cable con el transformador de alta tensión, completando el circuito de forma inalámbrica a través del espacio.

Mientras trabajaba con lámparas compuestas de válvulas en cuyo centro había un hilo conductor, y con estas válvulas llenas de aire bajo un vacío parcial, Tesla descubrió que el gas servía como mejor conductor de corriente de alta frecuencia que el alambre. Gracias a esta observación, fue capaz de desarrollar una gran variedad de experimentos espectaculares que parecían violar las leyes más fundamentales de la electricidad. Logró provocar cortocircuitos en lámparas y en otros aparatos con la ayuda de pesadas barras de metal que, con corrientes ordinarias, privarían por completo a los dispositivos de electricidad, volviéndolos inoperativos. Sin embargo, con estas corrientes de alta frecuencia, las lámparas se iluminaban y los aparatos funcionaban como si la barra no estuviera presente.

Uno de estos sorprendentes experimentos consistió en colocar una larga válvula de vidrio, de la que se había extraído parcialmente el aire, dentro de una válvula de cobre ligeramente más larga con un extremo cerrado. En la parte central de la válvula de cobre, se hizo un corte con el fin de poder ver la segunda válvula en su interior. Cuando la primera fue conectada al circuito de alta frecuencia, el aire que se encontraba en su interior se iluminó intensamente, pero no se pudo demostrar que ninguna corriente fluyese a través del exterior aislante de cobre. La electricidad parecía preferir pasar a través del tubo de vidrio por inducción hacia el aire parcialmente extraído, para después pasar a través de éste a lo largo de toda la extensión de la válvula, y, finalmente, atravesar el otro extremo por inducción, en lugar de recorrer la estructura de metal de la válvula metálica circundante.

Hemos pues, dijo Tesla, por lo que hemos podido observar hasta ahora, encontrado en el gas un conductor capaz de transmitir impulsos eléctricos de cualquier frecuencia que podamos producir. Si pudiésemos conseguir una frecuencia lo suficientemente alta, se podría descubrir entonces un inusual sistema de distribución, que, probablemente, interesaría a las empresas de gas. Tubos metálicos llenos de gas, siendo el metal el aislante y el gas el conductor, podrían suministrar a bombillas fosforescentes o, quizás, a dispositivos aún no inventados.

La impresionante conductividad de los gases a baja presión, incluyendo la del aire, llevó, poco después, a que Tesla propusiese, en un comunicado publicado en 1914, un sistema de iluminación a escala terrestre en el que planteaba comprender todo el planeta, incluyendo su atmósfera, como si de una sola lámpara se tratase.

La atmósfera se encuentra bajo una mayor presión en la superficie de la tierra, debido al peso del aire que ésta soporta. A medida que ascendemos, encontramos cada vez más peso por debajo y menos por encima, por lo que, cuanto mayor sea la altitud, menor será la presión del aire.

En altitudes más elevadas, los gases que se encuentran en la atmósfera cumplen las mismas condiciones que el aire de las válvulas parcialmente vaciadas que Tesla usó en su laboratorio, según explicó el inventor, y, por lo tanto, éstos servirían como un excelente conductor de corrientes de alta frecuencia. La aurora boreal es un ejemplo natural del efecto que Tesla pretendía conseguir, producida por la naturaleza tal y como Tesla previó. Sin embargo, este dato se desconocía cuando el ingeniero desarrolló su idea.

El flujo de una cantidad suficiente de electricidad de forma adecuada a través de las regiones superiores de la atmósfera haría que el aire se tornase brillante. Toda la tierra se transformaría en una lámpara gigante, viéndose el cielo nocturno completamente iluminado. Sería innecesario, señaló, el uso de farolas en las calles, carreteras u otras zonas públicas, excepto en caso de tormentas o de nubes bajas. Los viajes marítimos serían más seguros y agradables, pues el cielo que cubre los océanos estaría iluminado, haciendo la noche tan brillante como el día.

Los métodos con los que Tesla pretendía conducir sus corrientes de alta frecuencia hacia el aire a grandes altitudes no se han publicado. Cuando diseñó el proyecto, afirmó que éste no presentaba ninguna dificultad que no pudiese ser solucionada de forma práctica. Esto significa que poseía los medios para alcanzar su propósito.

Tesla indicó que el aire poseía un alto grado de conductividad para las corrientes de alta frecuencia a una altitud de 35.000 pies, pero que se podría utilizar eficazmente a altitudes más bajas. La precisión de las predicciones del inventor con respecto a la conductividad del aire a grandes elevaciones se ha visto confirmada por uno de los actuales problemas del uso de aviones a altitudes por debajo de los 25.000 pies. El sistema de encendido del motor, que suministra las corrientes de alta tensión a las bujías de los motores de los aviones, y que causa la explosión de gas en los cilindros, ha dado problemas en elevadas altitudes debido a que la electricidad escapa con gran facilidad hacia el aire circundante. En altitudes más bajas, el aire es un excelente aislante, especialmente para las corrientes continuas y de baja frecuencia. No obstante, Tesla descubrió, que en las altitudes más altas en las que prevalecen presiones bajas, éstas resultan ser un excelente conductor para las corrientes de alta frecuencia. Los cables que conducen a las bujías se ven rodeados por una corona, o halo eléctrico, lo que indica fugas de corriente. Esto interfiere con la eficacia de dispositivos que empleen altas frecuencias o corrientes de alta potencia, como los aparatos de radio, volviéndolos incluso inoperativos. (Desde que Tesla descubrió que los cables y varillas de metal actúan como excelentes conductores para las corrientes directas y de baja frecuencia, además de poder ejercer como excelentes aislantes para sus corrientes de alta frecuencia, es obvio que la habitual sugerencia de transportar corrientes a altitudes elevadas por medio de cables metálicos suspendidos de globos es totalmente impracticable).

Tesla volvió a referirse a su idea de transformar la tierra en una gigante lámpara en los años veinte. Por aquel entonces, carecía de medios para realizar trabajos experimentales, y, como no gustaba de revelar detalles hasta después de haberlos llevado a la práctica, rechazó divulgar sus métodos. Sin embargo, tenía la esperanza de que no tardaría en conseguir suficiente dinero para poder poner a prueba su plan.

El autor intentó bombardear a Tesla con preguntas, en un esfuerzo por averiguar qué proyecto tenía en mente. Pero Tesla era inflexible.

«Si tuviese que responder a tres preguntas más, sabría usted tanto acerca de mi plan como yo», contestó.

«Sin embargo, Dr. Tesla», le repliqué, «voy a plasmar en mi artículo el único proyecto que a mi parecer puede ser factible bajo nuestras leyes de la física conocidas, usted puede negarlo o confirmarlo. Sus válvulas de bombardeo molecular son prolíficos productores de rayos ultravioleta y de rayos X, y podrían crear un potente haz de esta radiación, que ionizaría el aire a grandes distancias. Cuando estos rayos pasan a través del aire, lo ionizan, convirtiéndolo en un buen conductor de cualquier tipo de electricidad a tensiones suficientemente altas. Produciendo un rayo como este en una alta montaña y dirigiéndolo hacia arriba, se podría obtener una vía conductora a través del aire a cualquier altura deseada. Luego, podría enviar sus corrientes de alta frecuencia hacia el aire superior sin despegarse del suelo».

«Si publica eso», dijo Tesla, «debe presentarlo como su plan, no el mío».

El artículo publicado contuvo la especulación anteriormente explicada, pero ésta no fue ni afirmada ni negada por el inventor, y nada más se puede decir en su favor. Tesla puede haber tenido una idea más sencilla y práctica en mente. (Tras completar este volumen, ha llegado a los oídos del autor que Tesla tenía previsto instalar un grupo de potentes lámparas ultravioletas en la parte superior de su torre en Wardencliff, y que había diseñado la plataforma superior con el fin de acogerlas).

Había otro plan que Tesla comentó en varias ocasiones cuando consideraba las condiciones eléctricas terrestres, y que podría haber tenido en mente en relación a esto. Señaló que la Tierra es un buen conductor de electricidad y que el aire superior también es un buen conductor, mientras que el estrato de aire inferior que se encuentra entre ellos es un aislante para varios tipos de corriente. Esta combinación provee lo que se conoce como un condensador, un instrumento que puede almacenar y descargar electricidad. Cargando la Tierra, el aire superior se cargaría también por inducción. Cuando nuestra Tierra en rotación se transformaba en una botella de Leyden, podía ser cargada y descargada alternativamente, de forma que la corriente fluiría tanto en el aire superior como en el suelo, produciendo el flujo eléctrico que causaría que el aire superior se volviera auto luminiscente. En todo caso, nunca fue demasiado específico a la hora de aplicar el plan del condensador a este problema como indica la frase anterior. Puede que su plan todavía exista en sus notas, las cuales, en el momento de redactar estas líneas, están selladas sin poder ser consultadas por nadie excepto los oficiales del Gobierno.

Del espacio prácticamente vacío en una válvula de seis pulgadas, Tesla logró extraer al menos cinco descubrimientos que marcarían una época. La lámpara de Tesla fue más prolífica en producir maravillas que la lámpara de Aladín en Las Mil y Una Noches. Le dio su lámpara «mágica» a la ciencia hace cincuenta años. Este talismán mágico fue la lámpara con cuenta de carbono que, más allá de los demás descubrimientos que se destilaron de ella, fue, en sí misma, simplemente una lámpara, un descubrimiento científico brillante – y que sigue todavía en desuso. Edison desarrolló la práctica lámpara de filamento eléctrico incandescente y se le dio derecho a, y recibe, una enorme cantidad de mérito por su logro. Tesla inventó un tipo de lámpara completamente original, la lámpara de cuenta incandescente, que proporciona veinte veces más luz consumiendo la misma cantidad de corriente; y su contribución se mantiene prácticamente en el anonimato.

El tipo de lámpara con cuenta de carbono fue descrito por Tesla ante el Instituto Americano de Ingenieros en Nueva York en mayo de 1891 y posteriores avances fueron descritos en las conferencias que dio en Inglaterra y Francia en febrero y marzo de 1892. En su conferencia de Nueva York, dijo:

«Los efectos electroestáticos están disponibles de muchas maneras para la producción de luz. Por ejemplo, podríamos situar un cuerpo de algún tipo de material refractario un globo cerrado, y preferiblemente en un aire más o menos enrarecido, conectarlo a una fuente de alto potencial alternándose rápidamente, causando que las moléculas del gas lo golpeen varias veces por segundo a altísimas velocidades y, de esta forma, con trillones de martillos invisibles, golpearlo hasta que se vuelva incandescente. O podríamos situar un cuerpo en un globo muy agotado y, utilizando frecuencias muy altas y potenciales, mantenerlo en el grado deseado de incandescencia».

Hizo un amplio número de experimentos con esta lámpara de cuenta de carbono y dio una descripción de los más significativos en su conferencia ante las sociedades científicas inglesa y francesa en la primavera de 1892. Fue, en todo caso, sólo uno de los muchos tipos de lámparas y otros importantes desarrollos que incluyó en la espectacular presentación de su trabajo.

Las lámparas de cuentas de carbono eran muy sencillas de construir. Básicamente consistían en un globo esférico de vidrio, midiendo de tres a seis pulgadas de diámetro, en el centro de los cuales había un trozo de un material sólido refractario, montado al final de un alambre que sobresalía a través del globo y que servía de cómo una conexión de un solo cable con la fuente de las corrientes de alta frecuencia. El globo contenía aire enrarecido.

Cuando la corriente de alta frecuencia estaba conectada con la lámpara, las moléculas del aire dentro del globo, entrando en contacto con la cuenta central, adquirían una carga y eran repelidas a alta velocidad hacia el globo de vidrio, donde perdían su carga y eran repelidas de nuevo a una velocidad igualmente alta, golpeando la cuenta. Millones de millones procesos tales que este cada segundo causaban que el botón se calentara hasta la incandescencia.

En estos sencillos globos de vidrio, Tesla fue capaz de producir temperaturas extremadamente altas, estando su límite superior aparentemente determinado por la cantidad de corriente utilizada. Fue capaz de vaporizar carbono directamente al estado gaseoso, observando que el estado líquido eran tan inestable que no podía existir. La circonita, la sustancia conocida más resistente al calor, podía ser fundida instantáneamente. Intento utilizar diamantes y rubíes como cuentas, y ellos también fueron evaporados. Cuando utilizaba el dispositivo como lámpara no era su deseo el fundir sustancias; pero siempre llevaba a cabo los experimentos hasta sus límites extremos. El carborundo, observó, eran tan refractario que era posible, cuando se usaba este material (carburo de calcio) como cuenta, hacer funcionar las lámparas a densidades de corrientes más altas de lo que lo era con otras sustancias. El carborundo no se vaporizaba tan fácilmente, ni dejaba depósitos dentro del globo.

De esta forma, Tesla desarrolló una técnica en la operación de las lámparas mediante la cual el botón incandescente transfiere su energía térmica a las moléculas de la pequeña cantidad de gas en el tubo, de manera que se transforman en una fuente de luz, haciendo así que éstas funcionen como el Sol; el botón siendo el cuerpo masivo del Sol y el gas circundante como la fotosfera, o capa de emisión de luz atmosférica, de ese cuerpo.

Tesla tenía un agudo sentido del dramatismo. Pero, más allá de esto, sin duda disfrutó de una satisfacción particular cuando fue capaz de encender este sol en miniatura en las corrientes que pasaban a través de su cuerpo, corrientes de alta frecuencia de cientos de miles de voltios. Con una mano agarrando un terminal de su transformador de alta frecuencia y, con la otra, sosteniendo en alto esta bombilla que contiene un sol en miniatura incandescente que él había creado, posando como la Estatua de la Libertad, era capaz de hacer que su nueva lámpara irradiara su brillante luz. Aquí, podría decirse, estaba el superhombre manifestando sus ultra-mundanos logros. Además, se daba una satisfacción asociada puramente con el plano de los ordinarios mortales. Edison se había reído de su plan para el desarrollo del sistema de corriente alterna, y había declarado que estas corrientes eran, no sólo es inútiles, sino mortales. Sin duda, esto fue una respuesta adecuada; Tesla dejaría a la Naturaleza dar sus respuestas.

Observando este modelo funcional de sol incandescente que podía sostener en su mano, Tesla fue rápido percibiendo muchas de las implicaciones de este fenómeno. Cada onda eléctrica que surgía a través de la pequeña cuenta central provocaba que una lluvia de partículas irradiara de ella a gran velocidad y golpeara el globo de cristal que la rodeaba, sólo para ser reflejada de vuelta a la cuenta. Tesla infirió que, siendo el sol un cuerpo incandescente que posee una alta carga eléctrica en él, también emitirá grandes lluvias de pequeñas partículas, cada una de ellas cargada de una gran energía debido a su extremadamente alta velocidad. En el caso del Sol, y otras estrellas como él, no hay globo de cristal para actuar como una barrera, por lo que las lluvias de partículas escapan hacia los vastos reinos del espacio colindante.

Todo el espacio estaba lleno de estas partículas y estaban bombardeando continuamente la Tierra, haciendo estallar la materia allá donde golpeara, tal como lo hicieran en sus globos. Había visto este proceso teniendo lugar en sus globos, donde las más refractarias cuentas de carbono podían ser reducidas a polvo atómico por el bombardeo de las partículas cargadas de electricidad.

Intentó detectar estas partículas golpeando la tierra: una de las manifestaciones de este bombardeo, declaró, era la aurora boreal. Los registros de los métodos experimentales con los que detectó estos rayos no están disponibles; pero publicó una declaración diciendo que lo había hecho, medido su energía, y descubierto que se movían a velocidades tremendamente altas, impartidas a ellas por el potencial de cientos de millones de voltios del sol.

A principios de los años noventa, ni los científicos ni el gran público estaban de humor para imágenes tan fantásticas, o para cualquier afirmación de que la Tierra estaba siendo bombardeada por rayos tan destructivos. Sería describir la situación de forma muy conservadora el decir que el informe de Tesla no fue tomado en serio.

Sin embargo, cuando el físico francés Henri Becquerel, en 1896, descubrió los misteriosos rayos emitidos por el uranio, y las investigaciones posteriores culminaron en el descubrimiento de Pierre y Marie Curie, en París, del radio, cuyos átomos estaban explotando de forma espontánea y sin causa aparente, Tesla fue capaz de señalar a sus rayos cósmicos como la simple consecuencia de la radiactividad del radio, del torio, del uranio y de otras sustancias. Y predijo que se descubrirían otras sustancias que podrían ser hechas radioactivas mediante el bombardeo con estos rayos. La victoria de Tesla, sin embargo, fue sólo temporal, pues el mundo científico no aceptó su teoría. Sin embargo, Tesla era mejor profeta de lo que pensaba, o cualquier otro sospecha.

Treinta años más tarde, el doctor Robert A. Millikan redescubrió estos rayos, considerándolos de carácter vibratorio, como la luz, y fue seguido por el doctor Arthur H. Compton, quien demostró la existencia de los rayos cósmicos que consisten en partículas de materia de alta velocidad, tal como los había descrito Tesla. Empezaron encontrando energías de diez millones de voltios, y, hoy en día, las energías suben a miles de millones e incluso billones de voltios de electrones. Estos y otros investigadores describen estos rayos como átomos de materia pulverizada produciendo lluvias de deshechos, justo como predijo Tesla.

En 1934, Frederick Joliot, yerno de los Curie, descubrió que la radioactividad artificial se produce en materiales ordinarios mediante el bombardeo con partículas, precisamente de la forma en que Tesla había descrito. Joliot recibió el Premio Nobel por su descubrimiento. Nadie concede ningún mérito a Tesla.

La lámpara de bombardeo molecular de Tesla fue el antecesor de otro invento reciente, el ciclotrón rompeátomos. Éste, desarrollado por EO Lawrence, de la Universidad de California, durante los últimos veinte años, es un dispositivo en el que partículas electrificadas se hacen rotar en un campo magnético en una cámara circular hasta que alcanzan una velocidad muy alta, para después ser guiadas fuera de la cámara a través de un canal estrecho. La enorme máquina, con un imán tan alto como una casa, parcialmente completado en el momento de la redacción de estas líneas, emitirá un haz de partículas cargadas tan poderoso que, según el profesor Lawrence, si incidiera sobre un ladrillo de construcción, éste se desintegraría totalmente. Los modelos más pequeños se usaban para bombardear varias sustancias para hacerlas radiactivas, para desintegrarlas o para transmutar sus átomos en los de otros elementos.

El pequeño globo de cristal, de seis pulgadas o menos de diámetro, que contiene la lámpara de bombardeo molecular de Tesla produjo exactamente el mismo efecto desintegrador en materia sólida, probablemente con un efecto más intenso que el de cualquier ciclotrón rompeátomos existente en la actualidad a pesar de su enorme tamaño. (Incluso los más pequeños pesan veinte toneladas).

En la descripción de uno de los experimentos con su lámpara, uno en el que un rubí se montó en una cuenta de carbono, Tesla dijo:

« Se descubrió, entre otras cosas, que, en tales casos, no importa donde comenzó el bombardeo, tan pronto como se alcanzaba una temperatura alta, en general, uno de los cuerpos aparentaba recibir la mayor parte del bombardeo sobre sí mismo, aliviando así al otro u otros. Esta cualidad parecía depender principalmente del punto de fusión, y de la facilidad con la que el cuerpo se « evaporaba », o, en términos sencillos, se desintegraba, entendiendo por el último término no sólo la expulsión de los átomos, sino también de partículas mayores. La observación realizada estaba conforme con nociones ampliamente aceptadas. En una bombilla eléctrica fundida, la electricidad es desprendida del electrodo por agentes independientes, siendo éstos en parte átomos, o moléculas de la atmosfera residual y parte átomos, moléculas o partículas lanzadas desde el electrodo. Si el electrodo se compone de cuerpos de diferente carácter, y si uno de ellos se desintegra con mayor facilidad que los demás, la mayor parte de la electricidad suministrada pasará por ese cuerpo, lo que causará que la temperatura de éste sea mayor que la de los demás, es más, debido al aumento de la temperatura el cuerpo se desintegrará con todavía mayor facilidad ».

Las sustancias que eran capaces de resistir la fundición a temperaturas alcanzables en los hornos de laboratorio de esa época se desintegraban fácilmente en la sencilla lámpara desintegradora de Tesla, que producía un poderoso rayo de partículas desintegradoras concentrándolas desde todas las direcciones por medio de un reflector esférico (la bombilla de su lámpara), una especie de espejo ustorio tridimensional, pero que operaba con partículas electrificadas en lugar de con rayos de calor. Con esto se obtiene el mismo efecto que con los pesado desintegradores de átomos de hoy en día, pero de manera mucho más eficiente siendo efectuado en un globo de un peso tan ligero que prácticamente levita sobre el aire. Su simplicidad y eficiencia es todavía mayor por el hecho de que causa que la sustancia desintegrada provea las partículas por las cuales la desintegración es llevada a cabo.

Hay otro muy moderno descubrimiento de gran relevancia que tomó forma a partir de la lámpara de bombardeo molecular de Tesla, el microscopio electrónico de transmisión de alta definición, que provee una magnificación de un millón de diámetros, lo que corresponde a entre diez y veinte veces más potencia que el mejor microscopio electrónico conocido que, a su vez, es capaz de magnificaciones hasta cincuenta veces mayores que las del microscopio óptico.

En el microscopio electrónico de transmisión de alta definición, partículas electrificadas, disparadas en línea recta desde un punto diminuto activo en un trozo de sustancia mantenida a un alto potencial, reproducen en la superficie esférica de un globo de cristal el patrón de la zona microscópica desde la cual las partículas se están emitiendo. El tamaño de la esfera de vidrio proporciona el único límite al grado de ampliación que se puede obtener; cuanto mayor sea el radio, mayor es el aumento. Como los electrones son inferiores en tamaño a las ondas de luz, los objetos demasiado pequeños para ser vistos por las ondas de luz pueden ser enormemente agrandados por los patrones producidos por los electrones emitidos.

Tesla produjo en la superficie del globo esférico de su lámpara imágenes fosforescentes de lo que estaba ocurriendo en la cuenta en proceso de desintegración cuando usaba un vacío extremadamente alto. Describió este efecto en sus conferencias en la primavera de 1892, y su descripción se mantendrá sin modificar prácticamente una sola palabra para una descripción del microscopio electrónico de transmisión de alta definición. Citando su conferencia:

«Aparentemente, el electrodo posee un brillo uniforme, sin embargo hay sobre él puntos cambiando y vagando constantemente, de una temperatura muy superior a la media. Esto acelera el proceso de deterioro… Agote una bombilla hasta el extremo, de forma que con un considerable alto potencial la descarga no pueda pasar, esto es, que no sea una descarga luminosa, pues una débil e invisible descarga ocurrirá, con toda probabilidad, en cualquier caso. Ahora, aumente lenta y cuidadosamente el potencial, manteniendo la corriente primaria por no más de un instante. Llegado cierto punto, dos, tres o media docena de puntos fosforescentes aparecerán en el globo. Estos lugares del cristal se encuentran evidentemente bombardeados de forma más violenta que los demás, debiéndose esto a la distribución desigual de la densidad eléctrica, causada, claro está, por proyecciones agudas, o, hablando en términos generales, irregularidades en el electrodo. Pero estos parches luminosos están cambiando constantemente de posición, lo que se observa especialmente bien si uno logra producir muy pocos. Esto indica que la configuración del electrodo está cambiando rápidamente».

No sería más que un acto de justicia si, en el futuro, los científicos le concedieran a Tesla el crédito de ser el que descubrió el microscopio electrónico. No se le debe menor gloria por el hecho de que no describiera específicamente el electrón, desconocido por aquel entonces, en sus operaciones, sino que asumiera que el efecto se debía a átomos cargados eléctricamente.

Cuando Tesla estudió el desempeño de varios modelos como esto y de sus otras lámparas gaseosas, observó que el resultado de la luz visible cambiaba entre varias condiciones operativas. Sabía que emitían rayos tanto visibles como invisibles.

Utilizó una variedad de sustancias fosforescentes y fluorescentes para detectar el ultravioleta, o luz negra. Habitualmente, los cambios en la luz visible y la ultravioleta se equilibraban entre sí; cuando uno aumentaba, la otra menguaba, con un remanente de energía causado por la pérdida de calor. En su lámpara de bombardeo molecular descubrió, informó en sus conferencias de 1892, «luz negra visible y una radiación muy especial». Estaba experimentando con esta radiación que, decía, producía imágenes en forma de sombras chinescas sobre placas en contenedores de metal, en su laboratorio cuando éste fue destruido por el fuego en Mayo de 1895.

Esta «radiación muy especial» no fue descrita en mayor profundidad en artículos publicados de aquel entonces, pero cuando el profesor Wilhelm Konrad Roentgen, en Alemania, en diciembre de 1895, anunció su descubrimiento de los rayos X, Tesla fue inmediatamente capaz de reproducir los mismos resultados por medio de su «radiación muy especial», indicando que ésta y los rayos X poseían unas propiedades muy similares, aunque producidos de alguna manera de maneras diferentes. Inmediatamente después de leer la declaración de Roentgen, Tesla envió al científico alemán imágenes de sombras chinescas producidas por su «radiación muy espacial». Roentgen contestó: «Las imágenes son muy interesantes. ¿Sería usted tan amable de informarme de la forma en que las obtuvo?».

Tesla no consideró que esta situación le diera ninguna prioridad en el descubrimiento de los rayos X, ni tampoco realizó nunca demanda; pero inmediatamente empezó una seria extensiva de investigaciones sobre su naturaleza. Mientras otros intentaban extraer, con el tipo de válvula usada por Roentgen, suficientes rayos X para tomar sombras de fotografías a través de estructuras tan finas como manos o pies mantenidos muy cerca de la bombilla, Tesla estaba tomando fotografías a través del cráneo a una distancia de cuarenta pies de la válvula. También, describió esta vez un tipo de radiación no identificado procedente de un entrehierro, cuando se pasaba a través de ellos una corriente de alta tensión, que no era una onda transversal como la luz, u ondas hertzianas, y no podía ser detenida interponiendo en su camino placas metálicas.

Por lo tanto, Tesla, en una conferencia en la que informaba sobre sus investigaciones, cubriendo un periodo de dos años, ofreció al mundo, además de sus nuevas lámparas de vacío eléctricas, su lámpara incandescente altamente eficiente y sus corrientes y aparatos de alta frecuencia y potencia, al menos cinco descubrimientos científicos increíbles: 1. Los rayos cósmicos; 2. La radioactividad artificial; 3. Rayos desintegrados de partículas electrificadas, o rompeátomos; 4. Microscopio de electrones; y 5. «Radiación muy especial» (rayos X).

Al menos cuatro de estas innovaciones, en el momento de ser «redescubiertas» más de cuarenta años más tarde, ganaron premios Nobel para otros, y el nombre de Tesla nunca ha sido mencionado en relación a ellos.

Aún así, ¡el trabajo de la vida de Tesla apenas acababa de empezar!

DIEZ

Tesla tenía una gran capacidad para hacer un cierto número de cosas al mismo tiempo de ámbitos científicos muy diferentes. Aunque seguía con sus estudios sobre las oscilaciones eléctricas de alta frecuencia y de todas sus implicaciones, desde tubos electrónicos hasta la radio, se interesaba en las vibraciones mecánicas. Demostraba una gran perspicacia en todo lo que se refería a sus posibles utilidades, y que eso lo fue poniendo en práctica.

Tesla nunca hacía las cosas a medias. Todo lo que empezaba como un relámpago seguido de un tueno resonaba de una forma muy agradable. Aunque no planificase nada, los eventos tomaban forma hasta alcanzar un apogeo espectacular. En 1896, cuando su popularidad no dejaba de crecer, organizó un pequeño experimento sobre las vibraciones en su laboratorio de Houston Street. Desde que se había mudado en el año 1895, el lugar se había ganado una cierta reputación por todos los ruidos y luces extrañas que salían a cualquier hora del día y de la noche, y también por la visita constante de las personas más famosas del país.

Su pequeño experimento produjo un terremoto, un verdadero seísmo que afectó a la población, a los edificios y a todo lo que había allí. Afecto mucho más que un terremoto natural. En una zona de una docena de manzanas, ocupada por cientos de edificios que daban abrigo a cientos de miles de personas, hubo un gran estruendo y una sacudida, los cristales estallaron en pedazos y la canalización de gas, agua y vapor explotaron. Reinaba Un desorden indescriptible cuando los pequeños objetos bailaban en las habitaciones, los pedazos de yeso se caían de las paredes y de los tejados, trozos de maquinaría pesada, que pesaban toneladas se salían de los anclajes fijos al suelo por pernos para encontrarlos en lugares difíciles de acceso en los almacenes de las fábricas.

Tesla dijo: «Y todo fue provocado, de forma inesperada, por un pequeño aparato que podría meter en su bolsillo».

El aparato que había provocado esta brusca catástrofe se había utilizado durante mucho tiempo como un juguete que tenía Tesla para divertir a sus amigos. Se trataba de un oscilador mecánico que producía vibraciones. El dispositivo con motor que los barberos ataban a sus manos para dar un «masaje eléctrico» a sus clientes y un descendiente del oscilador mecánico de Tesla. No había nada de eléctrico en el «masaje eléctrico», excepto por la energía utilizada para producir vibraciones que se transmitían de los dedos del barbero hasta el cuero cabelludo.

A principios de los años 1890 elaboró un oscilador eléctrico-mecánico para generar corrientes alternas de alta frecuencia. El órgano motor producía en el árbol un simple movimiento alterno que no se transformaba en movimiento de rotación. En los dos extremos de este árbol, se ponía una bobina de varias espirales de hilo que se movía con una alta frecuencia de adelante hacía detrás entre los polos del electroimán, generando también corrientes alternas de alta frecuencia.

Tesla afirmó que el motor era muy eficaz en comparación con los motores ordinarios, que cambiaban el movimiento alterno por movimiento de rotación con la ayuda de un berbiquí. No poseía ninguna válvula ni ninguna pieza móvil, con excepción del pistón alterno donde se fijaba el árbol y las bobinas, de manera que las pérdidas mecánicas eran muy débiles. Mantenía una velocidad tan constante, afirmaba, que la corriente alterna generada por el oscilador podría haber servido para hacer funcionar un reloj, sin necesitar un reloj de péndulo o un péndulo como mecanismos de control, y que indicaría la hora con más precisión que el sol.

Este motor podría haber servido para la industria, aunque a Tesla no le interesaba. Para él, solo se trataba de un medio práctico para producir una corriente alterna de alta frecuencia con una frecuencia y una tensión constante, o de vibraciones mecánicas si se hubiese utilizado sin las partes eléctricas. El motor funcionaba con aire comprimido y de vapor con presiones de entre 2200 y 550 kPa.

Perfeccionando el aparato, tuvo la oportunidad de observar efectos interesantes producidos por la vibración. Cuando se utilizaba como dinamo estos efectos eran indeseables en el motor, Para solucionarlo, tomó las medidas necesarias para disminuirlas o suprimirlas. Sin embargo estaba interesado en las vibraciones en sí. Aunque eran peligrosas para la máquina, encontraba sus efectos psicológicos bastante agradables. Más tarde construyó un pequeño oscilador mecánico que funcionaba con aire comprimido, cuyo papel era el de producir vibraciones. Construyó una plataforma aislada del suelo por el caucho y el corcho. Encima puso el oscilador en la parte interior de la plataforma. El objetivo del caucho y del corcho bajo la plataforma era impedir que las vibraciones se extendieran por el resto de la estructura y por este hecho, reducir el efecto sobre la plataforma. Los visitantes creían que esta plataforma vibrante era una de las piezas más interesantes del gran abanico fantástico y fascinante, con el cual maravillaba a las gentes de la sociedad que iban a su laboratorio.

Tesla tenía la esperanza de utilizar estas vibraciones con un objetivo terapéutico y benéficioso para la salud. Tuvo la oportunidad de observar, por su propia experiencia y la de sus empleados, que producían algunas acciones psicológicas muy precisas.

Samuel Clemens, más conocido como «Mark Twain» era un amigo cercano de Tesla. Clemens visitaba frecuentemente su laboratorio. Tesla, que fabricaba en aquel momento su mecanismo vibratorio desde hacía un cierto tiempo, y que había aprendido sobre los efectos que provocan diferentes cantidades de vibraciones, recibió una tarde la visita de Clemens.

Este, que acababa de tener noticia del nuevo mecanismo, quería probar sus vibraciones revitalizantes. Se apoyaba en la plataforma mientras que el oscilador se ponía en marcha. Esta nueva experiencia lo había entusiasmado tanto, que se le ocurrían un montón de adjetivos. «Uno se siente revitalizado y lleno de vitalidad» exclamó. Tras un cierto tiempo en la plataforma, Tesla le aconsejó: «Habéis recibido demasiado, Sr. Clemens. Debería bajar ahora».

«Al contrario, respondió Clemens, me divierto».

«Pero debería bajar, Sr. Clemens. Es mejor así», insistió Tesla.

«No me harías bajar, ni siquiera con un puntal», bromeó Clemens.

«Le he avisado, Sr. Clemens».

«Nunca me he divertido tanto. Así que me voy a quedar aquí, y disfrutar. Escuche, tesla, no se da cuenta de la maravillosa máquina que tiene aquí, puede dejar como nueva a una humanidad cansada...» Clemens continuó así durante varios minutos. Después, de golpe, dejó de hablar, se mordió el labio inferior, se enderezó y abandonó la plataforma con un paso rígido.

«¡Rápido Tesla! ¿Dónde están ellos?» exclamó bruscamente Clemens, suplicando y exigiendo.

«Justo allí, detrás de la pequeña puerta en el rincón, dijo Tesla, y recuerda que le he dicho que bajara, Sr. Clemens», dijo.

El efecto laxativo había provocado estragos en el personal del laboratorio.

Tesla prosiguió su estudio de las vibraciones mecánicas en numerosas direcciones. Se trataba de un nuevo campo de investigaciones científicas. No se había realizado casi ninguna investigación fundamental en este ámbito desde que Pitágoras, dos mil quinientos años antes, había fundado la ciencia de la música gracias a su estudio de la vibración de las cuerdas. Una gran mayoría de las maravillas, con las cuales Tesla sorprendió al mundo en el ámbito de las corrientes de alta frecuencia y fuerte potencial provenía de su pequeño secreto que consistía en acordar los circuitos eléctricas para que la electricidad pudiera vibrar en resonancia con su circuito. Visualizaba ahora las vibraciones mecánicas que intensificaban las condiciones de resonancia de la misma manera, para producir efectos de un gran alcance sobre objetos físicos.

Para realizar lo que pensaba que eran experimentos secundarios y a pequeña escala atornilló la base de uno de los pequeños osciladores mecánicos a un pilar de carga de hierro en medio de su laboratorio antes de ponerlo en movimiento. Había constatado que hacía falta un poco más de tiempo para alcanzar la velocidad máxima de vibración. Cuanto más tiempo funcionase el oscilador, más rápidamente alcanzaría el ritmo. Tesla había señalado que todos los objetos no reaccionarían de la misma manera a las vibraciones. Uno de los numerosos objetos que se encontraban en su laboratorio podía ponerse a vibrar de repente violentamente cuando entraba en resonancia con la vibración fundamental del oscilador, o uno de sus harmónicas. Cuando el período del oscilador cambiaba, el primer objeto se detenía, mientras que el otro, en resonancia con la nueva velocidad, empezaba a vibrar. La razón de esta respuesta selectiva era muy conocida por Tesla, aunque no había tenido la oportunidad de observar este fenómeno a gran escala.

El laboratorio de Tesla se encontraba en la planta de un edificio industrial, en la parte norte de *Houston Street,* y se trataba del segundo edificio al este de *Mulberry Street.* A aproximadamente cien metros al sur de *Houston Street,* en la parte este de *Mulberry Street,* había un gran edificio de ladrillos rojos, conocido por ser la sede de la policía. Había muchos edificios industriales en el vecindario, de entre cinco y diez plantas de altura, y ocupados por todos los tipos de fábricas. Entre estos edificios se encontraban apretujados pequeños inmuebles con viviendas estrechas donde se concentraba una población de origen italiana. A algunas manzanas de la casa al sur estaba *Chinatown,* al oeste el barrio de los mercaderes del textil, y un poco más lejos, un barrio sobrecargado de viviendas.

En este barrio tan diversificado Tesla realizó un experimento extraordinario e inesperado sobre las propiedades de potentes vibraciones sostenidas. La población de los alrededores conocía la existencia de su laboratorio, sabía que era un lugar donde ocurrían eventos extraños, mágicos y misteriosos, y donde un hombre extremadamente raro hacía cosas increíbles y que daban miedo con la electricidad, un agente tremendamente peligroso. Las gentes sabían que era un hombre al que había que venerar y temer, aunque tenían más miedo que veneración.

Tesla era indiferente a lo que las gentes pensaban de él y siguió produciendo vibraciones y todo tipo de experimentos. Sin embargo, el experimento que Tesla tenía en la cabeza no lo conoceremos nunca. Se puso a preparar los preparativos mientras que su oscilador, atornillado a un pilar de hierro de la estructura, producía frecuencias de vibraciones cada vez más intensas. Se dio cuenta que, de un momento a otro, algunas máquinas pesadas se ponían a vibrar bruscamente, el suelo bajo sus pies se ponía a temblar durante un segundo o dos, podía escuchar muy nítidamente cómo los cristales se resquebrajaban así como otras manifestaciones pasajeras, aunque él ya se había acostumbrado. Estas observaciones le revelaban que su oscilador funcionaba correctamente y se preguntó por qué no había intentado atarlo al soporte de una construcción sólida.

Sin embargo, las cosas no iban tan bien en el vecindario. En la sede de la policía, en *Mulberry Street,* los policías estaban acostumbrados a ruidos extraños y a luces que salían del laboratorio de Tesla. Podían escuchar el ruido seco de los destellos producidas por las bobinas. Si en el barrio ocurría algo fuera de lo normal, sabían que Tesla era la causa, de una manera o de otra.

Aquella mañana los policías se sorprendieron cuando escucharon que el suelo temblaba bajo sus pies. Las sillas se movieron sin que nadie las tocase. Los objetos en las mesas de los oficiales se pusieron a bailar e incluso las mesas se movían. ¡Debía de tratarse de un terremoto! Y cada vez era más fuerte. Dos pedazos de yeso cayeron del techo. Empezó a salir agua tras la explosión de un canal. Las ventanas se pusieron a vibrar emitiendo un ruido que se sentía cada vez más fuerte. Algunos cristales estallaron en mil pedazos.

«No es un terremoto, gritó uno de los oficiales, es el maldito Tesla. Vayan a su casa, llamen a un grupo de hombres y deténganlo. Utilicen la fuerza si fuese necesario, pero impidan que continúe. Va a destrozar la ciudad».

Los oficiales fueron hacia el edificio donde se encontraba en la esquina. Un gran número de personas salió a las calles, de edificios de viviendas y de fábricas, creyendo que la causa del resquebrajamiento de las ventanas, de la rotura de los canales, del desplazamiento de los muebles y de las extrañas vibraciones era un terremoto.

Sin esperar al ascensor, los policías subieron por las escaleras y mientras subían, se dieron cuenta que el edificio vibraba más aún que la sede de la policía. Sentían que un terrible peligro les amenazaba, que el edificio se iba a derrumbar y no les alivió escuchar el ruido del cristal roto y los extraños golpes y gritos que venían de las paredes y de los pisos.

¿Podrían llegar a tiempo al laboratorio de Tesla para pararle? ¿O al contrario el edificio se derrumbaría sobre sus cabezas y enterraría a todos aquellos que se encontraban allí bajo los escombros, incluso a todos los habitantes del barrio? ¡Quizás lo hacía a propósito! ¿Iba este loco a destruir el mundo? ¡En el pasado, había sido destruido por un diluvio. Quizás esta vez sería por el agente del diablo llamado electricidad!

En el mismo instante en el que los policías entraron en el laboratorio de Tesla para detener algo que no sabían, las vibraciones cesaron y asistieron a un espectáculo muy extraño.

Llegaron justo a tiempo para ver la gran silueta demacrada del inventor levantar una gran masa y reducir a escombros un pequeño motor de hierro que se encontraba sobre un poste en medio de la sala. El caos dejó paso a un profundo silencio.

Tesla fue el primero que rompió el silencio. Puso la masa sobre el poste y se demacrado y sin abrigo, hacia los policías. Demostró un gran dominio de sí mismo, con una presencia imponente, y no se debía a la anchura de su espalda sino a su mirada. Inclinándose educadamente se dirigió a los policías que estaban muy sorprendidos para decir palabra, y seguramente demasiado impresionados por el fantástico experimento que acababan de vivir.

«Señores, dijo, lo lamento, pero han llegado un poco tarde para asistir a mi experimento. He juzgado necesario pararlo inmediatamente y de manera poco convencional en cuanto han entrado. Si se pasan esta tarde, ataré un oscilador a esta plataforma y podrán subirse encima. Estoy convencido de que encontrarán este experimento de los más interesante y agradable. Les tengo que pedir que salgan, me espera mucho trabajo, Qué tengan un buen día señores».

George Scherff, el secretario de Tesla, se encontraba al lado cuando rompió de forma teatral la máquina para crear terremotos. Tesla nunca contó lo que había pasado después de ese momento y el Sr. Scherff declaró que no recordaba la respuesta de los policías. Tendrán que recurrir a su imaginación para conocer el final de la historia.

Sin embargo, en aquel instante Tesla fue muy sincero. No tenía la menor idea de las consecuencias de su experimento, pero los destrozos de su propio laboratorio lo habían llevado a interrumpir su experimento. Cuando se enteró de los hechos, se convenció que había razones para creer que el ámbito de vibraciones mecánicas presentaba numerosas oportunidades para la investigación científica. No existe ningún documento que relate experimentos más importantes realizados sobre la vibración en este laboratorio. Quizás los servicios municipales y de policía le pudieran dar algunas sugerencias respecto a los experimentos de esta naturaleza.

Las observaciones de Tesla sobre este experimento se limitaban a lo que pasó cuando se encontraba en su laboratorio, aunque aparentemente los efectos habían sido menores de los que se habían producido en el exterior. El oscilador estaba sujeto firmemente a un soporte fijo, bajo el cual se encontraban otros soportes en cada planta hasta los cimientos. Las vibraciones se transmitían por las columnas hasta el suelo. Esta parte de la ciudad estaba construida sobre arena profunda que se hundía treinta metros bajo tierra antes de alcanzar el sustrato. Los sismólogos saben que las vibraciones de los terremotos se transmiten por la arena con una mayor intensidad que por la roca. El suelo bajo el edificio y en los alrededores era un excelente emisor de vibraciones mecánicas, las cuales se extendieron en todas las direcciones. Podían extenderse un kilómetro y medio o incluso más. Evidentemente eran más poderosas cerca del epicentro y se atenuaban a medida que se alejaban. Sin embargo, incluso las vibraciones de una intensidad débil, si duraban tiempo podían producir consecuencias más importantes al estar absorbidas por un objeto con el que están en resonancia. Un objeto alejado en resonancia se puede someter a fuertes vibraciones, mientras que un objeto más cercano, como no está en resonancia, se ahorra.

Aparentemente es esta resonancia selectiva la que se manifiesta en el experimento de Tesla. Otros edificios que no eran el suyo entraron en resonancia con el ritmo creciente del oscilador, antes de que hubiese afectado a su propio edificio. Cuando se alcanzaron las frecuencias más altas y cuando el caos ya había comenzado el entorno comenzó a entrar en resonancia.

Cuando se alcanza el estado de resonancia, los efectos son inmediatos y potentes. Tesla lo sabía así que cuando señaló que los efectos de resonancia peligrosa se manifestaban en su inmueble y supo que debía reaccionar sin más dilación. El oscilador funcionaba con aire comprimido, con un compresor con motor que inyectaba el aire en una reserva, donde se almacenaba bajo presión. Incluso apagando el motor, la reserva estaba tan llena de aire que podía hacer funcionar el oscilador durante varios minutos, y durante ese lapso de tiempo, el inmueble se podía haber destruido y haber sido reducido a ruinas.

Cuando las vibraciones alcanzan esta amplitud peligrosa no hay tiempo para intentar desconectar el vibrador de la conducta de aire o vaciar la reserva del aire que contiene. Tesla solo tenía tiempo para una cosa, y es lo que hizo. Atrapó la masa que se encontraba al lado de él y la abatió con fuerza sobre el oscilador, esperando interrumpir su funcionamiento. Tuvo éxito la primera vez.

El aparato estaba construido con hierro y era muy robusto. No tenía ninguna parte delicada que pudiera ser dañada fácilmente. Tesla nunca publicó una descripción del aparato, aunque su construcción consistía en un pistón que iba y venía en el interior de un cilindro de hierro fundido. La única manera de que dejase de funcionar era destrozar el cilindro exterior. Afortunadamente es lo que ocurrió al primer golpe.

Mientras que Tesla giraba tras haber asestado este magnífico golpe, y cuando vio a los policías, no entendió lo que hacían allí. Las peligrosas vibraciones se habían manifestado en su inmueble hacía apenas algunos minutos por lo que los policías no habían tenido tiempo de preparar la visita, pensó, debían de haber venido por una razón menos importante, esa fue la razón por la cual les pidió que volviesen en otro momento más oportuno.

Tesla me contó esta historia después de pedirle su opinión sobre un proyecto que le había sugerido antes a Elmer Spreey Jr., hijo del famoso inventor de giroscopios. Cuando un giroscopio pesado, como los que se utilizaban para la estabilización de los barcos estaba obligado de girar sobre su eje, transmitía un fuerte empuje descendiente hacia los apoyos en los que estaba sujeto el cardán. Si la batería de uno de esos giroscopios estaba instalada en regiones donde se producían fuertes seísmos, transmitía presión hacia el sol a intervalos regulares y crearía vibraciones de resonancia en los estratos de la tierra, que la consecuencia serían terremotos cuando la magnitud es débil. Y si se alcanzase una magnitud mayor, darían como resultado terremotos devastadores.

Esta idea atrajo mucho a Tesla. Durante nuestra charla, tras haberme contado la experiencia relatada más arriba, también declaró que había profundizado su estudio de las vibraciones, que podría instaurar una nueva ciencia, «telegeodinámica» que trataría entre otros temas de la transmisión de impulsiones potentes en puntos alejados pasando por la tierra, para producir efectos de gran alcance. Además podía emplear los mismos principios para detectar objetos alejados. Al final de los años 1930, antes del principio de la guerra, declaró que era capaz de aplicar estos principios para detectar a distancia submarinos y otros navíos, incluso cuando estaban anclados y con los motores apagados.

Tesla indicó que su sistema de telegeodinámica, utilizando vibraciones mecánicas, permitiría determinar la constancia física de la tierra y localizar deslizantes de minerales encima de la superficie. Esta última previsión se ha realizado desde entonces, ya que numerosos campos petrolíferos se descubrieron gracias al estudio de vibraciones generadas por los estratos subterráneos.

«Los efectos del oscilador telegeodinámico son tan potentes, dijo Tesla hablando sobre el tema en los años 1930, que podría ir del *Empire State Building* y reducirlo a una maraña de ruinas en poco tiempo. Podría llegar a este resultado con la más grande certidumbre y sin la menor dificultad. Para esto, utilizaría un pequeño aparato de vibraciones mecánicas, un motor tan pequeño que cabría en un bolsillo. Podría atarlo a cualquier parte de un edificio, lo accionaría, y lo dejaría de doce a trece minutos para entrar plenamente en resonancia. El edificio empezaría a temblar, después las vibraciones serían tan intensas que la integridad de la estructura entraría en oscilaciones resonantes de una amplitud tan grande y potente que los remaches de de vigas de acero se abrirían y cederían. El revestimiento exterior de piedra se propulsaría a lo lejos y la estructura de acero se fundiría por una parte y por otra. Para esto serían necesarios 2,5 caballos (puede que esta cifra sea de entre 0,25 y 2,5 caballos. Las notas eran antiguas y difíciles de leer. De memoria, elegiría el segundo valorpara hacer funcionar el oscilador y pudiera producir este efecto».

Tesla mejoraba sus invenciones hasta que se convertían en elementos espectaculares, antes de presentarlos al público. Durante las presentaciones, el resultado superaba siempre los ensayos. Este fue el caso durante el primer experimento público del «inalámbrico», aunque complicó las cosas asociando otra idea con la invención de la radio: la del robot.

En septiembre del año 1898, en el marco de la primera *Electrical Exhibition* anual, Tesla hizo este experimento en el gran auditorio del *Madison Square Garden*, que se encontraba en el aquel momento en la parte norte del *Madison Square*. Había hecho construir una gran reserva en el centro de un escenario, donde depositó un barco con casco de hierro, con una longitud de varios metros y en forma de arco, que hizo funcionar gracias a un mando de su sistema inalámbrico.

Una varilla fina metálica de algunos metros que se elevaba del centro de la parte superior del barco servía como antena para recibir la onda inalámbrica. En la proa y en la popa del barco había dos pequeños tubos de metal de aproximadamente treinta centímetros de altura, coronados por pequeñas lámparas eléctricas. El interior del casco contenía un receptor radio y una variedad de mecanismos con motor que ejecutaban las órdenes enviadas al barco por las ondas inalámbricas. Un motor servía para propulsar el barco y otro para hacer funcionar el servomecanismo, o cerebro mecánico, que interpretaban las órdenes que provenían del poste de recepción inalámbrico y los traducía en movimientos mecánicos, lo que incluía, dirigir el barco a cualquier dirección, pararlo, ponerlo en marcha, llevarlo hacia delante o hacia atrás, o encender una de las dos lámparas. El barco también podía realizar maniobras muy complejas.

Cualquier persona que asistía a la exposición podía pedir que se hiciese cualquier maniobra en el barco de Tesla, apoyando algunas teclas de un manipulador Morse, para que funcionase. El puesto de dirección se encontraba en el extremo del escenario.

El experimento que hizo Tesla provocó sensación y una vez más fue el héroe popular. Esta historia figuró en primera página de los periódicos. Todos sabían que esta hazaña era extraordinaria aunque pocas personas conocían el alcance del evento o incluso la importancia de este descubrimiento esencial. Los fundamentos en los que reposaba la invención se enmascaraban por el esplendor del experimento.

La guerra hispano-americana causó estragos. La destrucción de la flota española por la marina estadounidense era el principal tema del que se hablaba. Y la explosión del navío U.S.S. Maine en el puerto de la Habana había provocado mucho resentimiento. El experimento de Tesla había disparado la imaginación de todo el mundo, por las posibilidades para que se convirtiese en un arma en la guerra naval.

Estudiante en aquella época en el *City College,* y ahora redactor científico del *New York Times,* Waldemar Kaempffert habló con Tesla sobre la utilización de su invento como arma de guerra.

«Pensaba, dijo Kaempffert, que podríais cargar los cargamentos de dinamita en un barco aún más grande, sumergirlo y después explotar la dinamita cuando quisierais, tan fácilmente como enciende la luz en la proa sería capaz de explotarlo a distancia incluso en los acorazados más grandes gracias al inalámbrico» (Edison había concebido un poco antes un torpedo alimentado por un cable conectado al buque nodriza).

Tesla era un hombre patriótico, y orgulloso de su estatus de ciudadano de los Estados Unidos, que había obtenido en 1889. Había ofrecido al gobierno su invento para que formase parte de la armada naval aunque en el fondo, era pacífico.

«Usted no ve ahí un torpedo inalámbrico, contestó Tesla, con una mirada fulminante, ve aquí al primero de una raza de robots, hombres mecánicos que realizarán el trabajo laborioso de la especie humana».

La «raza de robots» era otra de las contribuciones importantes y originales de Tesla para el bienestar de la humanidad. Se trataba de una de las piezas de su proyecto colosal para aumentar la energía humana y mejorar la eficacia de uso. Representó la utilización de los robots en las guerras, pero también con fines pacíficos. También creó, a partir de estos principios generales, una imagen muy precisa de la manera en la que guerra exisitiría hoy en día, con enormes máquinas de combate: los robots que él había descrito.

En un artículo del *Century Magazine* publicado en junio del año 1900, afirmó: «esta evolución dará más importancia a una máquina o a un mecanismo accionado por un pequeño número de individuos, como elementos de guerra. El objetivo principal del aparato de guerra será proveer más velocidad y más rendimiento energético máximo. Se perderán también menos vidas...»

Describiendo los experimentos que lo había llevado a concebir los robots, o autó-matas como él les llamaba, Tesla declaró:

«Mediante mis pensamientos y mis acciones, he demostrado, cotidianamente, que era un autómata dotado de una capacidad de movimiento, que responde a las estímulos externos a través de mis órganos sensoriales, y que piensa y actúa en consecuencia…

«Era normal que tras estos experimentos, conciba, hace ya tiempo de esto, la idea de construir un autómata que sería una representación mecánica de mí mismo, que reaccionaría a las influencias exteriores tal y como yo lo hago, aunque, por su-puesto, de una manera más primaria. Este autómata necesitaría una fuerza motriz, órganos de motricidad y directivos y uno o varios órganos sensibles, adaptados para que respondiese a los estímulos externos.

«Determiné que esta máquina podría efectuar los movimientos de la misma forma que un ser humano, porque estaría compuesto de los mismos elementos esencia-les. Poseería una capacidad de desarrollo, de propagación, y sobre todo la mente, deseosa de completar el modelo. Aunque en este caso, el desarrollo no sería nece-sario porque una máquina se puede construir en la edad adulto, si se puede decir así. Respecto a la capacidad de propagación, tampoco sería necesaria porque en el modelo mecánico, se refiere simplemente al proceso de fabricación.

«Que el autómata sea de carne y sangre o de madera y acero no tiene importan-cia si es capaz de hacer todas las tareas que le incumben como ser inteligente. Para conseguirlo debería poseer un elemento equivalente al cerebro, que influenciaría el control de sus movimientos y de su funcionamiento, forzándolo a actuar, en cu-alquier situación imprevista que se pudiera presentar, mostrando conocimiento, juicio y experiencia. Creo que podría encarnarme en este elemento y transmitirle mi propia inteligencia. De esta forma este invento evolucionó, y nació un nuevo arte, al que propuse llamar «tele-automático», que significa el arte de dirigir los movimientos y las maniobras de los autómatas a distancia.

Tesla explicó que para dar una identidad individual a un autómata, este estaría dotado de un regulador eléctrico propio al que sería capaz de responder cuando las ondas de esta frecuencia se enviasen a partir de una estación de control de transmis-ión. Los otros autómatas quedarían inertes hasta que se transmitiese su frecuencia.

Se trataba del invento fundamental de Tesla sobre la regulación de la radio. Los otros inventores de la radio no sospecharon la necesidad de este elemento aunque Tesla ya la había descrito públicamente seis años antes.

Tesla no utilizaba solamente las ondas largas, que se utilizan actualmente en la radiodifusión para controlar a su autómata (que son distintas de las ondas cortas utilizadas por Marconi y todos los demás, porque pueden ser alteradas por la obstrucción de un objeto), aunque explicó la utilidad, gracias a su sistema regulador, de la atribución de frecuencias a las estaciones individuales que aparecen hoy en día en las esferas de los receptores de radio. Prosiguió diciendo:

«Gracias a este simple método, el conocimiento, la experiencia, el juicio, la mente si queremos del operador a distancia se encarnarían en la máquina, que sería capaz de moverse y de funcionar con razón e inteligencia. Se comportaría como una persona con los ojos vendados, y obedecería a las directrices que escuchase.

«Los autómatas construidos hasta ahora poseen «mentes prestadas» por así decirlo, puesto que cada una solo forma una parte del operador a distancia que le transmite órdenes inteligentes. Sin embargo esta ciencia aún está en sus inicios.

«Mi objetivo es mostrar, aunque parece imposible hoy en día, que un autómata puede poseer su «propia mente» aunque sea artificial. Por esto entiendo que sería capaz, independientemente de cualquier operador entregado a sí mismo para realizar, como respuesta de las influencias exteriores que estimulan los órganos sensibles, un gran número de acciones diferentes y podría funcionar como si poseyese una inteligencia.

«Podría seguir una vía trazada, obedecer a las órdenes que se le diesen con antelación. Sería capaz de marcar la diferencia entre lo que debe y lo que no debe de hacer, hacer experimentos, o llamado de otra manera, registrar las impresiones que afecten de forma segura a sus futuras acciones. En realidad, ya he concebido tal proyecto.

«Aunque construí esta invención hace bastantes años, y que la he explicado muchas veces a los visitantes durante los experimentos en el laboratorio, la presento tras haberla perfeccionado y que se haya conocido tras haberse convertido en el centro de atención decharlas e informes sensacionalistas.

«Sin embargo la mayoría no entendía el significado real de esta nueva ciencia y no reconocían la gran fuerza del principio subyacente. Igual que puedo juzgar a raíz de los numerosos comentarios que aparecieron en ese momento, los resultados que había obtenido fueron considerados como perfectamente imposibles. Incluso aquellas personas preparadas para admitir que la invención era factible, solo veían un torpedo por control remoto utilizado para explotar acorazados, y sin ninguna garantía de éxito.

«Sin embargo, el arte que yo contemplo no es simplemente el cambio de dirección de un navío en movimiento, permitirá el control absoluto de innumerables movimientos translaticios, así como el funcionamiento de todos los órganos internos, y poco importa el número, de un autómata personalizado».

En una declaración que no fue publicada, preparada quince años más tarde, Tesla registró su propia experiencia en el desarrollo de autómatas, así como los esfuerzos infructuosos para convencer al Ministro de Guerra, y a otras firmas sobre el interés de sus aparatos inalámbricos.

«La idea de construir un autómata para confirmar mi teoría me vino a la mente, aunque no empecé hasta el año 1893, cuando comencé mis investigaciones sobre los aparatos de mecanismos inalámbricos. En los dos o tres años siguientes construí un cierto número de mecanismos automáticos, accionados a distancia por un mando inalámbrico, que presentaba a aquellos que venían a visitar mi laboratorio.

«Sin embargo, en el año 1896 concebí una máquina completa capaz de realizar una multitud de acciones, aunque no puede acabar hasta final del año 1897. Fue descrita e ilustrada en un artículo del *Century Magazine* publicado en junio del año 1900, y en otros periódicos de la época. En mi primera presentación, a principios del año 1898, tuve más éxito que con todas las demás invenciones.

«En noviembre de 1898 se me acordó una patente de base en esta nueva disciplina, después de que el examinador jefe hubiera viajado desde Nueva York para comprobar mis resultados, porque mis declaraciones parecían inverosímiles. Me acuerdo que cuando visité a un oficial en Washington para ofrecerle la invención al gobierno se partió de risa en cuanto le dije lo que había conseguido. Nadie pensaba hasta entonces que se pudiese materializar un aparato semejante.

«Siguiendo los consejos de mis abogados, y como no había asegurado todavía la protección de mis métodos y aparatos para la individualización, indiqué en la patente que el control se efectuaba mediante un intermediario de un circuito único y de una forma de detector muy conocido, lo que fue lamentable. Aunque en realidad, los barcos estaban controlados gracias a la acción combinado por varios circuitos sin interfaces de cualquier tipo. Normalmente utilizaba circuitos receptores en forma de anillo incluyendo los condensadores, porque las descargas producidas por mi transmisor de alta tensión ionizaban el aire de la sala, de manera que incluso una pequeña antena podía consumir la electricidad que se encontraba en la atmósfera de los alrededores durante horas.

«Para darles una idea sencilla, descubrí por ejemplo que una bombilla de 30 cm de diámetro, que solo contenía una cantidad mínima de aire, con un único mojón conectado por un hilo corto, producía al menos miles de flashes sucesivos hasta que toda la carga del aire del laboratorio se hubiese neutralizado. El receptor en forma de anillo no era sensible a este tipo de perturbaciones, y es curioso saber el entusiasmo que provoca hoy en día. En realidad, recoge menos energía que las antenas o que los hilos largos de tierra, aunque elimina un cierto número de defectos inherentes a los aparatos inalámbricos actuales.

«Cuando les hice la demostración al público, los visitantes podían plantear las preguntas que quisieran, más o menos complicadas, y el autómata respondía mediante signos. En aquel momento, se creía que era magia aunque en realidad la explicación era muy simple ya que era yo el que proveía las respuestas como intermediario del aparato.

«En aquella época, se construyó otro barco tele-automático más grande. Estaba controlado por dos anillas con varios enroscamientos colocados en el casco, que era impermeabilizante y sumergible. El aparato se parecía al del primer barco, con la excepción de algunas características particulares que yo introduje, como lámparas incandescentes que aportaban la prueba visible del buen funcionamiento de la máquina, aunque tenía también otras utilidades.«Sin embargo, estos autómatas, ordenados en el campo de visión del operador, solo constituían las primeras etapas, más bien rudimentarias de la evolución de la ciencia de los tele-autómatas tal como yo los había concebido. El próximo avance lógico era poder controlar los mecanismos automáticos más allá de los límites del campo de visión y muy lejos del centro de control, y desde aquel entonces no he dejado de recomendar su uso como instrumentos de guerra para sustituir a las armas de fuego. Parece que ahora se ha reconocido su importancia, por las declaraciones ocasionales contenidas en los periódicos en los que se describen estos aparatos como hazañas extraordinarias, aunque no sean novedades.

«Sería posible enviar a un avión al cielo, hacerle seguir un itinerario aproximado, y realizar algunas maniobras a una distancia de varios cientos de kilómetros con las centrales inalámbricas que existen actualmente, aunque la experiencia no sea perfecta. También se podría controlar una máquina de este tipo de varias maneras, y estoy convencido de que sería muy útil en tiempos de guerra. No conozco ningún instrumento que permitiese la realización precisa de tal objeto. He pasado años estudiando este problema y he elaborado medios para conseguirlo y para realizar proezas mucho más impresionantes.

«Como indiqué antes, cuando era estudiante concebí una máquina voladora diferente a las que tenemos hoy en día. El principio de base era exacto, aunque no se podía poner en práctica por la ausencia de una fuerza motriz suficientemente poderosa. Durante estos últimos años pude resolver este problema y mi proyecto ahora es desarrollar máquinas voladoras sin estabilizadores, alerones, hélices y otros accesorios externos, que sean capaces de alcanzar grandes velocidades y susceptibles de dar buenos argumentos en favor de la paz en un futuro próximo. Una máquina semejante, apoyada y propulsada al completo por reacción, se puede controlar ya sea de forma mecánica o de energía inalámbrica. Implantando centrales apropiadas sería imposible enviar un misil de este tipo por el aire y que caiga donde se quiera, incluso si se encuentra a miles de kilómetros. Pero no acabemos aquí».

Tesla describió aquí, hace casi cincuenta años de esto, el misil teledirigido, que es aún un proyecto confidencial de la Segunda Guerra Mundial y las bombas voladoras utilizadas por los alemanes para atacar a Inglaterra. El misil es un secreto que Tesla se llevó seguramente a la tumba, a menos que se encuentre en alguno de los documentos sellados por el gobierno cuando murió. Sin embargo esto parece muy improbable, porque Tesla, para proteger sus secretos, no dibujaba las invenciones más importantes, sino que contaba con su casi infalible mente para conservarlas.

Terminó diciendo estas palabras: «Acabaremos produciendo tele-autómatas capaces de actuar como si poseyeran una inteligencia propia, y su llegada provocará una revolución. Ya en el año 1898 propuse a representantes de una gran sociedad industrial construir y exponer públicamente un coche, que por sí mismo, podría efectuar una gran variedad de operaciones mostrando algo que parecía aparente. Se rechazó la proposición porque fue juzgada irrealista para la época y no se llegó a construir».

Durante la exposición del año 1898 en el *Madison Square Garden* que duró una semana Tesla presentó al mundo dos inventos prodigiosos. La presentación de una sola habría sido demasiado gigantesca para que el público la pudiese asimilar con un solo experimento. Ambas atenuaban la gloria de la otra.

Este primer experimento público del inalámbrico, el precursor de la radio moderna, que Tesla desarrolló bastante para la época, era un proyecto tan fenómeno que una única puesta en escena no habría sido suficiente. En las manos de un consejero de relaciones públicas o de un hombre de publicidad, como se le llamaba en aquella época, este experimento solo se concentró en el aspecto del inalámbrico y solo se habría utilizado como un simple poste emisor-receptor para trasmitir mensajes en Morse constituidos de puntos y rayas, aunque Tesla consideraba que contratar a un profesional era una noción abyecta. Pero con una buena puesta en escena, este experimento habría provocado menos emoción para un único espectáculo. Durante la siguiente representación podría añadir una demonstración del reglaje, lo que habría mostrado las respuestas selectivas de cada bobina de una serie, señalados por extraños tubos de vacío. Era muy importante para un único experimento demostrar todos los aspectos del reglaje entre los circuitos inalámbricos y las estaciones. El público solo fue capaz de asimilar una única indicación de estas posibilidades al mismo tiempo.

La idea del robot, o autómata era un concepto nuevo e increíble y los inventores astutos eran conscientes de las posibilidades que representaban porque marcaba el principio de la era tecnológica que permitía optimizar el trabajo de los hombres, la mecanización de la industria en una base de producción de masa.

Gracias a los principios desarrollados por Tesla, John Hays Hammond Jr. desarrolló un perro eléctrico con ruedas que le seguía por todas partes. Funcionaba gracias a un motor y estaba controlado por haces luminosos que atravesaban las células de selenio instaladas detrás de las lentillas utilizadas por los ojos. También dirigió un yate sin equipaje, lo envió al mar desde el puerto de Boston y lo devolvió a su amarre por control inalámbrico.

Hacia el final de la Primera Guerra Mundial se desarrolló un avión no tripulado. Despegaba del suelo, volaba una centena de kilómetros hacia un objetivo seleccionado, lanzaba las bombas y regresaba al aeropuerto de partida, y todo esto por control inalámbrico. Se elaboró el avión de manera que, por una señal enviada de una estación de radio alejada, se elevaría por los aires, determinaría la buena dirección, volaría a una ciudad que se encontraba a varias centenas de kilómetros antes de llegar al aeropuerto. Estos robots, del mismo tipo que los de Tesla se construyeron en la fábrica de la Sperry *Gyroscope Company* donde Elmer Sperry inventó bastantes robots mecánicos controlados por giroscopios, como los pilotos automáticos para aviones y navíos.

Todos los aparatos de control moderno equipados de tubos electrónicos y de ojos eléctricos son los descendientes del robot o autómata de Tesla. Estos aparatos convierten las máquinas en casi humanas y permiten realizar tareas con una actividad, fiabilidad y una precisión sobrehumana y a bajo coste. El avance más reciente, personificado, fue el hombre mecánico, un monstruo humano gigante y de metal que andaba, hablaba, fumaba un cigarro y obedecía a las órdenes habladas. Se presentó en la exposición de la *Westinghouse Electric and Manufacturing Company* en la feria internacional de Nueva York. También se utilizaron los robots para hacer funcionar las centrales hidroeléctricas y las subestaciones aisladas de las centrales.

Presentando esta abundancia de descubrimientos científicos durante un único experimento, Tesla reveló el superhombre en un nuevo papel que le encantaba: el del hombre fantástico. Sorprendería al mundo con una exposición extraordinaria de las grandes realizaciones del superhombre y también de la naturaleza prolífica del espíritu del hombre fantástico, capaz de cubrir el mundo con una riqueza de descubrimientos científicos.

ONCE

Tesla estaba preparado para conquistar nuevos mundos. Tras haber presentado al público los descubrimientos sobre las señales inalámbricas o la transmisión de información, como él les llamaba. Tesla estaba ansioso de encomendarse al factor energético: el proyecto de distribución mundial de la energía inalámbrica.

Tenía de nuevo problemas financieros o dicho de otra manera, estaba arruinado. Había gastado en su totalidad los 40.000 dólares que Adams le había pagado para comprar las acciones de la *Nikola Tesla Company*. La compañía no disponía de la mínima liquidez aunque poseía patentes que habrían valido bastantes millones si se hubiesen gestionado con más pragmatismo. John Hays Hammond, el famoso ingeniero minero le donó 10.000 dólares Con este dinero financió los ensayos del inalámbrico y del robot de *Madison Square Garden*.

Tesla había construido osciladores cada vez más grandes y más poderosos en el laboratorio que se encontraba en la calle *Houston Street*. Cuando fabricó uno capaz de producir 4.000.000 millones de voltios había superado la alta tensión máxima que una construcción de la ciudad podía superar. Los destellos se encontraban en las paredes, el suelo y el techo. Necesitaba más espacio. Tesla quería crear bobinas más imponentes, soñaba con construir una estructura gigantesca en alguna parte en los grandes espacios rurales. Estaba convencido de que las patentes que utilizaban el inalámbrico serían muy útiles y así tendría todo el dinero necesario para la construcción del laboratorio. Sin embargo, había llegado a un punto donde una construcción semejante sería indispensable para realizar nuevos avances y sería sin dinero. Su amigo Crawford, de la empresa de mercancías secas Simpson and Crawford le prestó 10.000 dólares que le permitieron responder a las necesidades más urgentes.

Tras haber conocido el proyecto de Tesla para realizar experimentos a gran escala, uno de sus grandes admiradores, Leonard E.Curtis, del *Colorado Springs Electric Company* lo invitó a establecer su laboratorio en *Colorado Springs* donde tendría el espacio necesario y toda la energía eléctrica que necesitaba.

El Coronel John Jacob Adtor, propietario del hotel Waldorf-Astoria, admiraba a su famoso invitado, que trataba como amigo y le pedía siempre noticias sobre el avance de estas investigaciones. Cuando se enteró de que se habían interrumpido las investigaciones por falta de financiación, puso a la disposición de Tesla los 30.000 dólares que necesitaba para aprovecharse de la oferta hecha por Curtis y poder construir una fábrica temporal en *Colorado Springs*. En mayo del año 1899, Tesla llegó a Colorado Springs llevando con él algunos empleados de su laboratorio y un ingeniero asociado, *Fritz Lowenstein*.

Mientras que Tesla realizaba experimentos sobre los relámpagos y otros temas en el laboratorio que tenía en la montaña, los trabajos de construcción de los aparatos de transmisión de fuerte potencia se cumplieron rápidamente. Incluso supervisaba personalmente los detalles más ínfimos de cada pieza de su aparato. Se aventuraba en un ámbito inexplorado. Nadie le había abierto antes la vía o adquirir la experiencia que le podría ayudar en la elaboración de los experimentos o la concepción de las máquinas.

Se consagró a sí mismo, trabajando sin ninguna ayuda humana exterior, explorando un ámbito de conocimientos que nadie había alcanzado antes. Había sorprendido al mundo entero desarrollando un sistema de transmisión de energía que utilizaba la energía de decenas de miles de voltios, y ahora trabajaba con millones de voltios y nadie sabía lo que la producción de estos potenciales extremos podría engendrar. Sin embargo creía que convertiría su propio sistema polifásico obsoleto creando uno mejor.

Aproximadamente tres meses antes de su llegada a Colorado Springs, la construcción del edificio estaba preparada para funcionar y se levantó con sus increíbles formas, sus torres y sus pilones y el oscilador gigante con el que se realizase el experimento principal.

El terreno montañoso, salvaje y accidentado de Colorado, donde Tesla había instalado el laboratorio era un generador natural con una gran actividad eléctrica, capaz de producir descargas de relámpagos de un alcance y una intensidad inigualable en cualquier terreno. Terribles luces surgían de la Tierra y del cielo a una frecuencia aterradora durante tormentas eléctricas casi cotidianas. Tesla hizo un estudio muy detallado sobre el relámpago natural mientras que su aparato, que imitaría este último, estaba siendo construido. Aprendió bastante sobre diferentes tipos de descargas.

Los dioses de los truenos estaban un poco celosos de este individuo que había querido robarles el relámpago, así como Prometeo les robó el fuego e intentaron castigarlos destruyendo su fantástico edificio. Una luz, que no se abatía directamente en el edificio pero que cayó a una quincena de kilómetros, provocó desperfectos importantes y faltó poco para destruir el edificio.

La deflagración afectó al laboratorio en un momento preciso en el segundo en el que Tesla había predicho. Fue provocado por una inmensa bocanada de aire que provenía de un tipo particular de descarga eléctrica. Tesla contó la anécdota en un informe que no se publicó. Declaró:

«En varias ocasiones tuve la oportunidad de verificar el valor observando las explosiones y las descargas eléctricas». Se le presentó el caso ideal en Colorado Springs, en julio del año 1899 mientras realizaba pruebas sobre la estación de difusión de energía, que era en aquella época la única central inalámbrica.

«Se estaban acumulando nubes negras encima de la montaña Pikes Peak cuando de repente una luz golpeó a solamente dieciséis kilómetros de allí. Minuté inmediatamente la luz y tras un rápido cálculo previne a los asistentes que la inmensa ola llegaría en 48,5 segundos. En ese preciso instante un impacto violento golpeó el edificio y se habría derrumbado si no se hubiese cerrado fijamente. Se rompieron todas las ventanas de uno de los lados y una puerta y el interior quedó muy dañado.

«Comparando la energía de la descarga eléctrica y la duración con la de una explosión, estimé que la violenta sacudida era, a esta distancia, equivalente a la explosión de doce toneladas de dinamita.

La estación experimental que Tesla había construido se parecía a un granero cuadrangular de treinta metros de lado. Los lados medían aproximadamente siete metros de altura, y se unían en el centro. En medio del tejado se elevaba una torre con una estructura piramidal de madera. La cumbre de la torre alcanzaba los veinticinco metros del suelo. Las extensiones de la viga sobre el tejado inclinado llegaban hasta el exterior, en dirección del suelo y servían como arbotantes para reforzar la estructura de la torre. En el centro de la torre se elevaba una antena de aproximadamente sesenta metros de altura, coronada por una bola de cobre de casi un metro de diámetro. La antena soportaba un cable pesado que unía la bola al aparato que se encontraba en el laboratorio. La antena estaba dividida en bastantes partes para poder desmontarla y bajarla.

El edificio estaba lleno de piezas de aparatos así como de bobinas de Tesla de distintas formas y tamaños o transformadores de corriente de alta frecuencia. El dispositivo principal era su «emisor central». Se trataba simplemente de una bobina muy grande.. Se construyó una especie de cercado circular de veintidós metros de diámetro en la gran sala central de la construcción y en este último se enrollaban las espirales de la gigante bobina del emisor central. El dispositivo secundario era una bobina de aproximadamente tres metros de diámetro y de casi sesenta y cinco espirales de hilo enrolladas en una estructura cilíndrica de madera. Medía casi tres metros de altura y estaba fijado al centro de la sala, a algunos centímetros por encima del suelo. En el centro de esta bobina se encontraba la parte inferior de la antena. El techo que cubría esta parte de la sala podía deslizarse hacia el exterior en dos partes de manera que ningún elemento podía acercarse a la antena y al cable conductor en el tercio inferior de la estructura.

Uno de los primeros problemas que Tesla intentó resolver cuando empezó las investigaciones en las montañas de Colorado era descubrir si la Tierra era un cuerpo eléctricamente cargado o no. En general, la naturaleza estaba preparada para responder cuando los científicos le preguntaban, durante sus experimentos, preguntas de primer orden. Tesla recibió no solamente una respuesta muy satisfactoria a esa pregunta, sino que también recibió una revelación extremadamente importante, el descubrimiento de uno de los secretos del funcionamiento de la naturaleza, que es en las manos del hombre, un medio para manipular las fuerzas eléctricas a escala terrestre.

Tesla quería saber si la Tierra estaba cargada eléctricamente por la misma razón que un violinista quería saber si las cuerdas de su instrumento se detienen y reposan sobre el caballete o si al contrario se tienden y se estiran de manera que pueden producir una nota de música tocándolos o un jugador de futbol que quiere saber si la pelota está bien hinchada o no.

Si la Tierra no estaba cargada funcionaría como un enorme lavabo en el que habría que verter una enorme cantidad de electricidad para alcanzar un estado que le permitiría vibrar eléctricamente. Una Tierra sin carga complicaría un poco los proyectos de Tesla. Descubrió rápidamente que la Tierra estaba efectivamente cargada a un potencial extremadamente elevado y que tenía a su disposición una especie de mecanismo que le permitía mantener la tensión. Estableciendo este hecho realizó su segundo gran descubrimiento.

Un poco después de haber vuelto a Nueva York, Tesla anunció por primera vez su descubrimiento en un artículo sorprendente del Century publicado en junio del año 1900 aunque contó la historia en un artículo del *Electrical World and Engineer* del 5 de mayo del año 1904:

«En el mes de junio, mientras que los preparativos para otros trabajos estaban en curso, reglé uno de mis transformadores receptores para determinar una nueva manera, de forma experimental, el potencial eléctrico del globo y estudiar las fluctuaciones periódicas y ocasionales. Todo esto formaba parte de un cuidadoso plan elaborado anteriormente.

«Añadimos al segundo circuito un dispositivo extremadamente sensible y de auto-restauración que controlaba los instrumentos de grabación mientras que el principal estaba unido a la Tierra y el segundo lo estaba a un mojón elevado con una capacidad regulable. Las variaciones de potencial eléctrico provocaban sobre-cargas eléctricas en el circuito eléctrico y estos últimos generan corrientes anexas que, en su lugar, afectaban al dispositivo sensible y al grabador proporcionalmente a su intensidad.

«El experimento mostró que la Tierra estaba, literalmente, viva, con vibraciones eléctricas. Rápidamente, sus investigaciones le absorbieron. No encontré en ningún sitio, mejor oportunidad para realizar las observaciones que deseaba.

«Colorado era un estado famoso por los fenómenos naturales relacionados con la fuerza eléctrica. En esta atmósfera seca y enrarecida, los rayos del sol se proyectan en los objetos con una fuerza muy intensa. He generado vapor en un tonel lleno de solución salina concentrada, hasta alcanzar una presión peligrosa y el horno fue capaz de deformar el revestimiento de papel aluminio de algunos de los postes situados en lo alto. Se expuso por negligencia a los rayos del sol poniente y la may-oría de los componentes estaban fundidos y ya eran inutilizables.

«Gracias a la sequía y a la rarefacción del aire, el agua se evapora como en una caldera, lo que produce una abundancia de electricidad estática. Por consecuencia, las descargas eléctricas son muy frecuentes y a veces de una violencia inimaginable. Un día hubo aproximadamente 12.000 descargas en dos horas y todas se encon-traban en un radio inferior a 50km. La mayoría se parecían a árboles gigantescos de fuego con los troncos al derecho o al revés. Jamás vi una bola de fuego, aunque para compensar esta decepción pudo establecer más tarde el proceso de formación y a reproducirlas artificialmente.

Durante la última parte de ese mes pude ver que las herramientas estaban afecta-das por descargas que se producían a una distancia mayor que las más cercanas. Esto me intrigó mucho. ¿Cuál era la causa? Un cierto número de observaciones probó que esto no podía deberse a las diferencias en la intensidad de las descar-gas individuales, y me di cuenta rápidamente que el fenómeno tampoco resultaba de un informe variable entre los periodos de mis circuitos de recepción y la de las perturbaciones terrestres.

«Una noche cuando regresaba a mi casa a pie con mi asistente reflexioné sobre estos experimentos, y un pensamiento me pasó por la cabeza. Ya se me había ocur-rido algunos años antes mientras que escribía un capítulo de mi conferencia en el Franklin Institute y la National Electric Light Association. Sin embargo lo había olvidado pensando en que era absurdo e imposible. La perseguí una vez más. Sin embargo, mi instinto se despertó y de una cierta manera sentí que estaba a punto de hacer un gran descubrimiento.

« No olvidaré nunca que aquel día, el 3 de julio [1899] cuando obtuve la primera prueba experimental de una verdad de importancia capital para la evolución de la humanidad.

« Se amasaba una masa densa de nubes muy cargadas al oeste y cuando cayó la noche tuvo lugar una violenta tormenta, que tras haber desencadenado una gran parte de su furia en las montañas, se alejó hasta el valle. Se produjeron arcos eléctricos intensos, repetidos y continuos a intervalos regulares. Me fue más fácil realizar mis observaciones y fueron más exactas gracias a los experimentos que había ido acumulando. Manipulé rápidamente mis instrumentos y estuve preparado. Cuando estuvo reglado el aparato de registro, vi que las medidas eran cada vez más débiles a medida que la tormenta se alejaba, hasta que desaparecieron completamente.

« Lo observé todo con gran avidez. Poco tiempo después las medidas regresaron de nuevo y se intensificaron cada vez más tras haber alcanzado un máximo y disminuyeron gradualmente y desaparecieron una vez más. Este mismo proceso se repitió varias veces y a intervalos regulares hasta que la tormenta que se desplazaba a una velocidad casi constante se alejó aproximadamente a 300km. Estos extraños fenómenos no cesaron sino que en su lugar siguieron manifestándose con la misma intensidad.

« Mi asistente, el Sr. Fritz Lowenstein realizó observaciones similares y poco tiempo después se presentaron buenas ocasiones lo que permitió revelar con aún más fuerza y de manera innegable la verdadera naturaleza de este fantástico fenómeno. No había ninguna duda: estaba observando ondas estacionarias.

« El circuito de recepción encontró sucesivamente los nodos de las perturbaciones a medida que la fuente se alejaba. Aunque pueda parecer imposible, este planeta, a pesar de su gran superficie, se comportaba como un conductor de dimensiones limitadas. Ya conocía la importancia esencial que representaba este hecho para la transmisión de energía por mi propio sistema.

« No solamente significaba que enviar mensajes telegráficos a cualquier distancia de forma inalámbrica se podía realizar, como lo reconocí hacía tiempo, sino que era también posible comprender las débiles modulaciones de la voz humana en toda la Tierra, más importante para transmitir de la energía en cantidad ilimitada en cualquier tierra y prácticamente sin pérdida.

Para que se hagan una mejor idea de la dificultad a la que se enfrentaba Tesla buscando saber si la Tierra estaba cargada y si era posible hacerla vibrar eléctricamente hay que visualizar la diferencia que hay entre una bañera vacía y una que tiene agua. Una tierra sin carga se parecería a una bañera vacía y una con carga a una bañera llena. Es muy fácil provocar olas en una bañera con agua. Metiendo la mano en el agua y efectuando un movimiento de vaivén en la totalidad y rítmicamente durante algunos segundos, el agua se transforma en olas que van y vienen, cuya amplitud aumenta muy rápidamente hasta que si siguen moviendo la mano el agua toca incluso el techo.

La Tierra se puede comparar con un recipiente muy grande lleno de líquido con un pequeño pistón en el centro puesto para que se pueda mover ligeramente en una distancia corta y a un buen ritmo. Las olas se van a propagar hasta el bordo del recipiente y se enviarán hacia el centro desde donde se extienden de nuevo hacia el exterior, reforzados por el movimiento del pistón.

La reacción entre las olas entrantes y salientes, ambas en resonancia con el medio en el que se propagan, provocaba la creación de las ondas estacionarias en el agua, la superficie que tenía la apariencia de una única serie de olas fijas en un lugar fijo.

En los experimentos sobre las descargas eléctricas de Tesla, que desempeñan el papel del pistón que provoca las olas, se desplazan rápidamente del lado este, llevando con ellas toda la serie de ondas fijas o estacionarias. El aparato de medidas quedaba fijo de manera que la serie de ondas, con sus nodos lo superaba, provocando la subida y la bajada de los potenciales medidos.

El experimento no solamente probaba que la Tierra estaba llena de electricidad sino que esta electricidad se podía perturbar para inducir vibraciones rítmicas y producir una resonancia, provocando efectos de un alcance considerable. Un excelente ejemplo sería el de los soldados atravesando un puente en marcha al unísono, y destrozándolo a causa de las vibraciones que se producen.

Tesla se dio cuenta de los efectos impresionantes de los potenciales extremadamente altos y de alta frecuencia produciendo una resonancia eléctrica en los circuitos, reglando la electricidad. Y descubrió en aquel instante que era capaz de producir fácilmente el mismo efecto sobre la Tierra, como si se tratase de la asociación de un único condensador y de una bobina, una unidad de resonancia eléctrica pura cargándola y descargándola en ritmo gracias a las oscilaciones de alta frecuencia y de fuerte potencial.

Durante este experimento maravilloso, Tesla el superhombre era lo mejor de sí mismo. La audacia de su empresa, que inflamaba la imaginación y el éxito le habría dado para siempre un renombre.

Las bobinas gigantes con sus filas de condensadores y los otros aparatos instalados en el laboratorio de Colorado estaban listos para ser utilizados en experimentos a gran escala. Cada pieza se examinó y se comprobó atentamente por Tesla y llegó el momento de realizar el test crucial del experimento de la más alta tensión que jamás se había realizado. Esperaba batir los resultados de sus antiguas marcas un centenar de veces y producir tensiones de decenas de millares de veces superiores a las que alguna vez se habían producido en las líneas de transmisión de las Cataratas del Niágara.

Tesla estaba absolutamente convencido que el oscilador funcionaría. Lo sabía aunque era consciente que iba a producir millones de voltios y de corrientes con una potencia extrema y nadie, ni siquiera él, sabía como estas terribles explosiones de energía eléctrica iban a actuar. Sabía que había planificado el experimento de manera que los primeros relámpagos artificiales jamás producidos saldrían de la cumbre del poste de 60 metros de altura.

Tesla pidió a Kolman Czito,con el que trabajó bastantes años en sus laboratorios en Nueva York, que regulase el conmutador gracias al cual se proveía corriente al laboratorio por una línea de transmisión aérea de tres kilómetros, unida a la central eléctrica de la *Colorado Springs Electric Company.*

«Cuando os de la señal, indicó Tesla a Czito, pondrá en marcha el interruptor durante un segundo, no más».

El inventor se colocó mirando hacia la puerta del laboratorio desde donde podía ver la bobina gigante instalada en el centro de la gran sala que parecía un granjero, aunque sin acercarse demasiado por si acaso una chispa proveniente de un relámpago pudiera quemarle. Desde donde se encontraba podía ver el tejado abierto y la bola de cobre de un metro de diámetro que coronaba la cima del poste de 60 metros, cuya base estaba instalada en el centro de la bobina secundaria en forma de jaula. Echó un vistazo para examinar la situación y Tesla dio la señal: «Ahora».

Czito puso en marcha el interruptor y lo desactivó al momento. En este breve intervalo la bobina secundaria se cubrió con un halo de fuego eléctrico, se podían escuchar crepitaciones en diversas partes de la sala y un chasquido resonó encima de su cabeza.

«Muy bien, dijo Tesla, el experimento ha ido muy bien. Vamos a intentarlo aún una vez más de la misma manera. ¡Ahora!».

Czito apoyó de nuevo el interruptor durante un segundo antes de desactivarlo. Y aún una vez más, espirales de fuego emanaron de la bobina, pequeñas chispas crepitaron un poco por todos lados en el laboratorio y el mismo golpe seco se escuchó de nuevo en dirección del tejado abierto.

«Esta vez voy a observar la cumbre del poste desde el exterior. Cuando os de la señal quiero que pongáis en marcha el interruptor y que lo mantengáis hasta que os diga de desactivarlo», indicó Tesla dirigiéndose a la puerta abierta al lado suyo.

Una vez que se encontraba en el exterior se colocó para poder ver la bola de cobre en la cumbre del poste que se parecía a una aguja y gritó a través de la puerta: «¡Czito, ponga en marcha el interruptor, ahora!».

Czito puso en marcha el interruptor una vez más, dio un paso atrás aunque mantuvo el brazo extendido para poder abrir las palas del rotor con un golpe seco, por si se presentaba una situación urgente. No ocurrió nada durante los rápidos cierres del contacto aunque ahora el aparato tenía la posibilidad de poder subir al máximo de su potencia y nadie sabía que esperar.. Sabía que el aparato extraería una corriente muy fuerte de la bobina principal que se parecería a un «corto-circuito» y sabía que estos últimos eran muy destructores si se dejaba circular la corriente. El conmutador manifestaría una actividad muy interesante si algo se rompía. Czito esperaba la aparición de un relámpago y a la explosión que seguiría en caso de corto-circuito solamente uno o dos segundos tras haber activado el interruptor. Pasaron varios segundos sin el menor corto-circuito.

Cuando se puso en marcha el interruptor, el mismo ruido de crepitación, el mismo que había oído encima de su cabeza reapareció. Pero ahora los ruidos se intensificaban cada vez más, las crepitaciones de la bobina se hincharon en un crescendo de golpes feroces. Encima del tejado los primeros golpes sacudidos se acompañaron con otro aún más intensa, después de otro parecida a la detonación de un fusil. Y el que siguió fue aún más ensordecedor. Se acercaban cada vez más hasta parecer una metralleta. Las detonaciones en altura eran cada vez más fuertes, como el gruñido de un cañón, las descargas se seguían rápidamente las unas a las otras, como si el edificio estuviese siendo bombardeado por salvas de artillería. El ruido era aterrador y los truenos hacían temblar el edificio de una forma muy amenazadora.

El edificio se saturó con una extraña luz azul y pálida. Las bobinas ardían en una masa de caballos ardientes. Todo lo que había en el laboratorio avivaba las llamas y allí reinaba el olor sulfuroso del ozono y de emanaciones que provenían de las chispas. Era todo lo que hacía falta para creer que los infiernos se desataban y se extendían por el edificio.

Mientras que se encontraba justo al lado del interruptor, Czito podía sentir como las chispas pasaban por sus dedos y cada uno le picaba como una aguja que se hundía en la carne. Se preguntó si llegaría a alcanzar el botón y a cortar la corriente que provocaba este infierno eléctrico: «¿Serían las chispas más largas y potentes si se acercaba al interruptor? ¿No acabaría nunca este escándalo ensordecedor? Este escándalo atronador encima del imperio cada minuto. ¿Por qué Tesla no lo paraba antes de que sacudiese toda la estructura? ¿Debería desactivar el interruptor sin esperar a la señal?

¡Quizás le había afectado a Tesla, quizás estaba muerto y le era imposible darle la señal para poner en marcha el conmutador!»

El experimento pareció durar al menos una hora para Czito mientras que en realidad no fue más larga que un minuto. Sin embargo pasaron muchas cosas en este corto lapso de tiempo.

En el exterior, Tesla, que estaba vestido para la ocasión con un redingote y un bombín negro, estaba de pie desde su metro noventa y compartía similitudes con el poste que salía de la extraña estructura que se parecía a un granero. Las suelas y los talones de sus zapatos estaban recubiertos de una capa de caucho de casi tres centímetros de anchura, sirviéndole de aislante y aún más grande.

Mientras que le daba a Czito la señal para poner en marcha el interruptor, levantó los ojos al cielo hacia la bola situada en la cumbre del poste. Apenas había comenzado a hablar cuando vio como una pequeña chispa se escapó de la bola. Era delgada y no medía más de tres metros de largo. Después una segunda, una tercera y después una cuarta chispa saltó, cada una más larga, más brillante y de un azul más intenso que la anterior.

«¡Ah!» exclamó Tesla, que se quedó con la boca abierta y soltó un pequeño grito. Se apretó las manos de alegría y las levantó hacia el cielo, en dirección de la cumbre del poste.

«¡Más chispas! ¡Más largas, mucho más largas! Cinco, diez, quince, veinte, veinticinco metros. Más brillantes y más azules. No son chispas filiformes sino lenguas de fuego, venablos inflamados que se desatan salvajemente en los cielos». Las chispas que salían de la bola eran más espesas que su brazo.

Tesla casi no creía lo que veían sus ojos hasta ver relámpagos perfectamente desarrollados lanzarse por los aires, acompañados de una irrupción de truenos atronadores. Estos relámpagos medían ahora más de la mitad de longitud del edificio, de más de cuarenta metros de largura y el trueno que resonaba se escuchaba hasta en Cripple Creek, a veinticuatro metros de allí.

Y de repente, ¡el silencio!

Tesla se precipitó al interior.

«¡Czito! ¡Czito! ¡Czito! ¿Por qué ha hecho eso? No le había pedido que pusiera en marcha el interruptor. ¡Reactívalo, rápido!» Czito señaló el conmutador, aún estaba activo. Después le mostró el voltímetro y el amperímetro que se encontraban encima de la mesa. Las dos agujas indicaban cero.

Tesla entendió inmediatamente lo que pasaba. Los cables entrantes, que suministraba la corriente no funcionaban.

«Czito, dijo bruscamente, llama inmediatamente a la central. No deben intervenir. Me han cortado la corriente».

La llamada telefónica se transmitió a la central. Tesla se puso al teléfono y gritó:

«Aquí Nikola Tesla. ¡Me habéis cortado la corriente! ¡Tienen que devolvérmela inmediatamente! En ningún caso debéis cortar mi alimentación».

«No le hemos tocado la corriente, respondió una voz brusca en la otra parte de la línea. «Habéis cortocircuitado nuestra línea con sus experiencias satánicas y habéis destruido nuestra estación. Habéis hecho saltar nuestro generador y ahora arde. ¡No tenemos más corriente que darle!»

Tesla había concebido su aparato de forma que pudo transportar las corrientes extremadamente fuertes que se esperaba recibir de la línea eléctrica. Aunque su propio equipamiento era capaz de soportar el equivalente a un gran cortocircuito, había sobrecargado el generador de la central de la *Colorado Springs Electric Company,* que tentó valerosamente de soportar la carga suplementaria aunque las fuertes sobretensiones eran más poderosas para la dinamo que no había concebido para soportar tales sobrecargas. Los hilos estaban cada vez más calientes y finalmente el aislamiento se inflamó y los hilos de cobre en las bobinas de inducción se fundieron como si fuera cera abriendo entonces los circuitos e interrumpieron la producción de electricidad.

La central tenía un segundo generador de socorro que puso en marcha poco tiempo después. Tesla insistió en recibir corriente de esta máquina en cuanto funcionase aunque se rechazó su demanda. En el futuro, le dijeron que recibiría una corriente generada por una dinamo que funciona independientemente de aquella reservada a los clientes regulares de la compañía. Precisó entonces que la dinamo independiente sería aquella que había quemado y no conseguiría nada hasta que no se hubiera reparado. Tesla propuso cubrir los gastos para una reparación especial en urgencia, si le dejaban hacer su trabajo. Las dinamos de corriente alterna no tenían ningún secreto para él. Llevó a los empleados de su laboratorio a la central con él y empezó las obras de reparación. En menos de una semana, la dinamo era de nuevo operacional.

Para producir esos efectos espectaculares de pirotecnia y de terremoto un flechazo solo necesita poco menos de cinco centímetros de consumo de electricidad, a una tarifa de cinco céntimas de kilovatios la hora, un poco menos que la tarifa media de los hogares para la electricidad. El rayo está compuesto de corrientes bastante potentes, de varios miles de amperios a millones de voltios, aunque solo dura algunas millonésimas de segundo. Si se alimenta en continuo por esta corriente «a cinco centésimas», los rayos podrían durar indefinidamente.

En su laboratorio de Colorado Springs Tesla inyectaba en la Tierra un flujo constante de corriente con un valor, en la tarifa indicada aquí debajo, de aproximadamente 15 dólares la hora. En una hora cargaba la Tierra con una energía eléctrica de varios centenares de veces superiores a la contenida en un único rayo. Gracias al fenómeno de resonancia podía aumentar los efectos eléctricos en la Tierra superando en gran medida a los del rayo puesto que no se necesitaba cuando se hubiese restablecido la resonancia más que de proveer una energía similar a las pérdidas de fricción para conservar este estado.

En su artículo del *Century Magazine* de junio del año 1900, Tesla describió su trabajo con el oscilador gigante, dando estimaciones de los resultados que había obtenido. Declaró lo siguiente:

«Aunque estos resultados puedan parecer increíbles son insignificantes si se comparan con los que puede alcanzar un aparato concebido con estos mismos principios. He producido descargas eléctricas cuyo tamaño real, entre las dos extremidades, superaba probablemente los 30 metros, y no será difícil alcanzar la longitud multiplicada por cien.

«He producido movimientos eléctricos a un ritmo de aproximadamente 100.000 caballos de vapor, aunque producir uno, cinco o incluso diez millones de caballos de vapor se podría hacer fácilmente. Durante estos últimos experimentos, los efectos obtenidos destacaban respecto a aquellos producidos por el hombre y sin embargo estos resultados son un boceto de lo que podría ser».

El método empleado por Tesla para poner la Tierra en estado de oscilación era el equivalente eléctrico al aparato mecánico que se describió anteriormente: el pistón que subía y bajaba rítmicamente y que creaba ondas estacionarias en el agua.

Tesla utilizaba un flujo que se inyectaba en la Tierra y después bombeaba a un ritmo rápido. En la época en la que se hicieron los experimentos, no se había aún reconocido el electrón como la partícula fundamental de la electricidad, el término empleado era el de «flujo de electricidad».

Se efectuaban las inyecciones a una frecuencia de 150.000 oscilaciones por segundo. Estas producían pulsaciones eléctricas de una longitud de onda de 2.000 metros.

Extendiéndose más allá de Colorado Springs, las ondas en movimiento se propagaron en todas las direcciones en círculos cada vez más importantes hasta superar la curvatura de la Tierra, después, en círculos más pequeños y con una fuerte intensidad convergieron hacia el punto terrestre diametralmente opuesto que se encontraba ligeramente al oeste de las dos islas francesas, San Pablo y Nueva Ámsterdam. Se encontraban en la zona situada entre los océanos Índico y Antártico, a medio camino entre África del sur y el sudoeste de Australia. En este lugar se estableció un sector eléctrico, marcado por una onda de gran amplitud que subía y bajaba al unísono con el aparato de tesla instalado en el polo norte, en Colorado Springs. Bajando, la onda enviaba un eco eléctrico que producía el mismo efecto que el polo opuesto. Cuando volvía a Colorado Springs, el oscilador se preparaba para formar una onda que reforzaría la entrante para reenviarla con más potencia a la antípoda para renovar la performance.

Si esta maniobra no provocaría ninguna pérdida, es decir si la Tierra era un conductor eléctrico perfecto, sin ninguna fuente de resistencia, el fenómeno de resonancia se intensificaría hasta convertirse en una fuerza destructiva que alcanzaría dimensiones gigantescas e incluso con la fuente de carga eléctrica de 300 caballos de vapor que Tesla utilizaba. Se generaron tensiones de gran amplitud. Partículas cargadas de materia se precipitarían hacia el exterior con una enorme energía e incluso la materia sólida terrestre saldría afectada y todo el planeta se desintegraría. Sin embargo era imposible producir una resonancia perfecta. Tesla no dejaba de subrayar lo oportuno que era este hecho, sin el cual, pequeñas cantidades de energía podrían producir efectos desastrosos. La resistencia eléctrica del planeta impediría crear una resonancia perfecta, aunque era posible alcanzar una resonancia práctica en toda seguridad compensando permanentemente la cantidad de energía perdida en la resistencia, lo que permitiría también controlar perfectamente la situación.

Poniendo a la Tierra en un estado de oscilación eléctrica, se pondría a disposición en toda la superficie de la Tierra una fuente de energía. Un simple aparato adaptado, que contendría los mismos elementos que una unidad de reglaje en un poste de radio pero más grande (una bobina y un condensador) con una toma de tierra y una vara metálica tan alta como una casa de campo, podría explotar y hacer la energía más aprovechable. Tal combinación absorbería, en cualquier lugar de la superficie de la Tierra, la energía emitida por las ondas que afluyen y refluyen entre los polos eléctricos norte y sur creados por los osciladores de Tesla. Aparte de los simples tubos eléctricos elaborados por Tesla, no se necesitaría ninguna otra instalación para la iluminación, o para la calefacción o el hogar (un cambio de frecuencia sería necesario para el funcionamiento de motores comunes. En efecto, Tesla desarrolló motores sin hierro que funcionaban gracias a corrientes de alta frecuencia aunque no podían rivalizar con la eficacia de los motores con corrientes de baja frecuencia. Sin embargo, la transformación de frecuencia ya es algo que se puede realizar).

El aparato que Tesla utilizó para cargar la Tierra se basaba en un principio muy sencillo. Bajo la forma más elemental, se trataba de un circuito que contenía una gran bobina y un condensador de alcance eléctrico para proveerle la frecuencia de oscilación deseada, una fuente de corriente eléctrica para poner el circuito bajo tensión y un evaluador de la tensión, también reglado, para aumentar la tensión.

La corriente recibida de la central, que alcanzaba un centenar de voltios, se amplificaba a más de 30.000 voltios por un simple transformador colocado en un armario de hierro, antes de ser transferido a un condensador. Una vez lleno se descargaba en una bobina conectada a la terminal. El valor de las tensiones de impulso, que se intercambiaban indefinidamente entre el condensador y la bobina, dependía de la capacidad del condensador para mantener la corriente así como de la longitud o inductancia, de la bobina a través de la que la descarga se propagaba. Un arco eléctrico entre las terminales unidas del condensador y de la bobina completaba la trayectoria de la oscilación libre de la corriente de alta frecuencia.

En un circuito oscilante, la corriente tiene un valor nulo al comienzo de cada ciclo, después aumenta para alcanzar un valor alto antes de volver a cero al final de cada ciclo. Ocurre lo mismo con la tensión. Los dos se intensifican hasta alcanzar valores altos a mitad de cada mitad de un ciclo.

La bobina principal, o el circuito de puesta bajo tensión del oscilador de Tesla constaba de varias espirales de hilo resistente encima de un cierre de ochenta metros de diámetro, instalado en la gran sala de su laboratorio. En el espacio de este recinto cerrado el campo magnético subía en intensidad en cada medio ciclo de la corriente en la bobina principal. Cuanto más cercanos eran los círculos descritos por la fuerza magnética del centro del recinto más estaban concentrados y acumulaban una fuerte intensidad energética en este espacio.

En el centro de esta zona se encontraba otra bobina, reglada perfectamente para vibrar eléctricamente en resonancia con el crescendo de energía en la que se concentraba, 300.000 veces por segundo. Esta bobina, que medía aproximadamente tres metros de diámetro, estaba compuesta por cerca de una centena de espirales las que se encontraban encima de una especie de apoyo en forma de jaula de unos tres metros de altura. Esta, por resonancia, acumulaba potenciales que podían alcanzar un valor máximo de más de 100.000.000 voltios. Desde esta época, ningún científico llegó a producir corrientes con lo que no sería una décima de este potencial.

Cuando la primera ola de energía magnética se abatía en esta bobina, el choque producía una avalancha descendiente de electrones desde la bobina hacia la Tierra, se encontraba hinchado eléctricamente y con un potencial aumentado. La siguiente ola de energía magnética, que era de polaridad inversa, provocó un maremoto de electrones desde la Tierra para cruzar la bobina y elevarse hasta la terminal; esto quiere decir que la bola magnética estaba fijada a la cumbre del pilón de sesenta metros de altura.

El torrente descendente de electrones se extendía en una gran zona terrestre, mientras que el torrente ascendente se concentraba en una pequeña bola de metal en la cumbre del pilón, en el que se desarrollaban potenciales extremadamente altos. Los electrones en la bola se encontraban bajo una presión eléctrica explosiva y estaban obligados a huir. Perforaban el aire que les rodeaba, creando una pequeña apertura por la que se abalanzaban algunos de los miles de millones de electrones. La loca carrera transformaba su pasaje en una estela incandescente de varios metros, dicho de otra manera, producían un destello.

Tras haber tenido éxito en hacer oscilar la Tierra como si se tratase de una pieza de un aparato de su laboratorio, Tesla iba ahora a comprobar las aplicaciones prácticas de su método único de transmisión de energía en todo el mundo. (Describiendo el modo de transmisión de corrientes a través de la Tierra, Tesla afirmó que la trayectoria de la descarga iba directamente de la estación hasta el centro de la Tierra, continuando en línea recta hasta la antípoda. El reflejo también se efectuaba de la misma manera y la corriente de la trayectoria lineal se propagaba a velocidad normal, es decir a la velocidad de la luz. Declaró que este flujo producía una corriente de superficie de acompañamiento, sincronizado con el punto de salida, después disminuiría rápidamente hasta alcanzar la región ecuatorial de este eje, a partir del cual se propagarían a la velocidad normal de las corrientes).

Las explosiones que Tesla realizó en Colorado Springs siempre serán un misterio. Estos recuerdos, grabados en su memoria infalible, se apagaron con él. Fritz Lowenstein, un ingeniero eléctrico competente interesado por las corrientes de alta frecuencia, fue su asistente en Colorado Springs. Sin embargo Tesla no confió nunca en él, ni en cualquier otra persona.

Tesla no necesitaba redactar informes detallados de sus experimentos, como los científicos y los ingenieros tenían la costumbre de hacer para sus ensayos de laboratorio. Estaba dotado de una memoria impresionante, completado por su extraña capacidad para visualizar nuevamente, hasta los mínimos detalles, cualquier evento pasado. No necesitaba ningún manual de referencia, puesto que era capaz de obtener cualquier fórmula a partir de conceptos fundamentales, incluso tenía en la cabeza una tabla de logaritmos. Por esta razón las huellas escritas de sus experimentos hacían tanta falta y las cosas que estaban archivadas solo tenían una importancia secundaria.

Los datos fundamentales de gran importancia que tenía la intención de desarrollar más tarde de una manera práctica, estaban conservados en los archivos de su mente esperando el momento en el que sería capaz de presentar un modelo de trabajo práctico de las invenciones basadas en sus descubrimientos. No temía ser desbancado por otros científicos porque estaba tan avanzado respecto a sus contemporáneos que podía, en total seguridad, permitirse tomarse el tiempo para elaborar sus ideas.

La intención de Tesla era la de desarrollar sus inventos, el trabajo de un único hombre. Estaba convencido íntimamente, en aquella época, que viviría ciento quince años y que participaría activamente en trabajos experimentales innovadores al menos hasta tener cien años. En aquella época empezaría a pensar seriamente en redactar su biografía y un informe completo de sus trabajos. Tuvo en mente este plan hasta tener ochenta años, seguro de que lo podía realizar.

Por esta lamentable idea, los detalles técnicos de los principales descubrimientos realizados en Colorado Springs no están. Sin embargo, uniendo las informaciones fragmentadas publicadas en un gran número de publicaciones, parece evidente que Tesla, además de los experimentos realizados sobre los movimientos de sus enormes corrientes eléctricas. Tenía como objetivo establecer un sistema de difusión en todo el mundo y crear varios detectores para conseguirlo. También comprobó su sistema de transmisión de energía a una distancia de cuarenta y un kilómetros de su laboratorio, y pudo encender doscientas lámparas incandescentes, de tipo Edison, gracias a la energía eléctrica extraída de la Tierra durante el funcionamiento del oscilador. Estas lámparas consumían aproximadamente cincuenta vatios cada una, y como había utilizada doscientas para estos test, la energía consumida alcanzaba entonces 10.000 vatios, lo que es aproximadamente trece caballos de vapor.

La transmisión inalámbrica de trece caballos de vapor a través de la Tierra en una distancia de cuarenta y un kilómetros puede ser considerada como una demostración suficiente de la factibilidad del proyecto concebido por Tesla. Aseguró que su método de transmisión de energía tenía una eficacia de más de un 95%, gracias a un oscilador de 300 caballos de vapor, podría realizar seguramente más de una docena de demostraciones en todo el mundo al mismo momento. Respecto a la última afirmación precisó:« En este nuevo sistema, que se efectúe la transmisión a algunos kilómetros o varios miles importaba poco, en realidad, esto no tenía ninguna importancia».

En el artículo de *Century*, publicado en junio del año 1900, indicó lo siguiente: «Aunque no he realizado la transmisión de una gran cantidad energía, es decir, a escala industrial, en una larga distancia con este nuevo método, hice funcionar varios modelos de centrales en condiciones exactamente idénticas a la de grandes centrales eléctricas de este tipo y la viabilidad del sistema se demostró perfectamente».

Tesla insistió fuertemente, en las últimas décadas, sobre la existencia, la realidad, la importancia y la disponibilidad de numerosos descubrimientos realizados en Colorado Springs que no habrían sido divulgados. El autor exhortó dos o tres veces a Tesla para revelarlos y evitar que cayesen en el olvido. Sin embargo, el inventor era escéptico frente a esta situación y se le pidió dejar hacer al autor algo que promulgaría su desarrollo completo. Tesla expresó con cortesía su reconocimiento por el interés manifestado, aunque era absolutamente categórico por el hecho de que gestionaría sus asuntos como él quisiera, y quería recibir rápidamente fondos que le permitiesen desarrollar sus inventos.

En el otoño del año 1899, Tesla regresó a Nueva York, una nueva vez sin un duro, aunque sabía que sus esfuerzos habían contribuido bastante a enriquecer a la humanidad con descubrimientos científicos importantes. Sin embargo, la nueva dimensión engendrada por sus trabajos eran aún más importante: el hombre había creado un método gracias al cual podía controlar su enorme planeta, podía observar este cuerpo celeste desde un punto de vista divino, donde este planeta se convertía en una pieza maquinaría de laboratorio que podía manipular como quisiese.

Los clichés que Tesla llevó a Nueva York, mostrando las gigantescas descargas eléctricas producidas por su oscilador, y las historias que contó sobre sus experimentos crearon una gran impresión en su círculo de amigos. En aquel momento Robert Underwood Johnson, uno de los redactores del *Century Magazine*, al que Tesla iba a visitar a su casa en el buen barrio de *Murray Hill* en la Madison Avenue pidió al inventor que redactase un artículo contando sus hazañas.

Cuando se escribió el artículo, Johnson se lo reenvió, diciéndole a Tesla que le había enviado una panoplia de hechos filosóficos sin emociones en lugar de anécdotas interesantes. El inventor apenas apenas había hecho referencia a sus recientes hitos y había, en su lugar, disertado como un proceso puramente mecánico, activado por las fuentes de energía disponibles. Se le reenvió tres veces a Tesla, y se reescribieron esas veces, a pesar de que cada redacción tenía una buena muy calidad literaria.

El artículo titulado «El problema de la intensificación de la energía humana», provocó sensación. Entre los más interesados se encontraba J. Pierpont Morgan, una verdadera suerte para Tesla. El gran financiero tenía una pequeña debilidad por los genios y Tesla era el perfecto representante de esta especie.

Morgan el financiero, era un hombre famoso aunque Morgan el filántropo, una personalidad excepcional era desconocido por el gran público, sus actos benéficos eran secretos guardados con gran cuidado. Aunque no tenía éxito siempre porque hay dos partes comprometidas en un acto benéfico: el que donaba y el que recibía y que la gratitud del último se podía convertir rápidamente en una falla en la protección del secreto.

Tesla fue invitado a ir a casa de Morgan y se convirtió rápidamente en el favorito de la familia. La larga lista de sus hazañas, que presagiaban otras aún más excepcionales en el futuro, su personalidad agradable, sus grandes valores morales de conducta, su estilo de vida solitario, la manera que tenía de consagrarse a su trabajo y su entusiasmo de niño eran factores que contribuían a que lo admirasen, no solamente por Morgan sino también para todos aquellos que lo conocían.

Morgan se informó sobre la estructura financiera de Tesla. En aquella época había un número limitado de grandes grupos financieros que jugaban una partida de ajedrez a escala planetaria, donde los peones eran los recursos económicos mundiales. Los descubrimientos realizados por un genio como Nikola Tesla podrían tener un efecto considerable en el destino de uno o varios de estos grupos. Era indispensable, para un empresario de este ámbito, conocer los compromisos del inventor. A Morgan le sorprendió y le satisfizo saber que Tesla era un inventor solitario, a la búsqueda de los fondos necesarios para continuar sus investigaciones.

Morgan era consciente del valor inestimable del sistema polifásico de corriente alterna inventado por Tesla. Los trabajos del Niágara era una iniciativa de Morgan y se estaban elaborando planes gigantescos, basándose en el éxito que ya había logrado. El hombre que puso las bases científicas y técnicas de esta nueva y rentable época industrial basada en la electricidad estaba arruinado, y se dedicaba a desarrollar una nueva fuente de distribución de energía. Había sobrepasado la minúscula distancia de Edison de un kilómetro por un gigante que había llevado más de mil kilómetros. Trabajaba ahora en un sistema en el que los experimentos habían mostrado la capacidad para distribuir, sin cable, energía hasta los confines de la Tierra, solamente produciendo una fracción mínima de pérdidas engendradas por el sistema de transmisión de energía por cable de Edison, en una distancia de menos de un kilómetro. Incluso era capaz de enviar corriente a través de la Tierra consumiendo menos energía, utilizando su propio sistema de corriente alterna para distribuirla en una distancia de aproximadamente ciento sesenta kilómetros.

Las implicaciones económicas de esta invención confundían a la imaginación. ¿Cuáles serían las repercusiones en el juego de ajedrez jugado por los grandes grupos financieros mundiales?

¿Podría tener el nuevo sistema de distribución inalámbrica de energía su lugar en la estructura económica y financiera actual? ¿Podría aplicarse aportando más beneficios que desacuerdos de grandes alcances? Si se elegía desarrollarse, ¿quién sería el mejor para controlarlo? ¿Podría controlarse de manera concreta cuando cualquier lugar de la Tierra sirviese de desagüe en una reserva ilimitada de energía para todos aquellos que quisieran extraerlo utilizando un simple aparato? ¿Cómo se podrían recibir las compensaciones por un servicio prestado?

Estas son las preguntas más evidentes que le vinieron a la cabeza a Morgan respecto al sistema de energía mundial de Tesla. Por otra parte, este último proponía un sistema de difusión mundial de actualidad, de diversión, de saber y otros temas interesantes. Morgan entendía muy bien los aspectos prácticos que representaba una comunicación inalámbrica, donde una carga podía transmitir mensajes de un punto a otro, que formaba parte del sistema desarrollado por Tesla, aunque para este, solo era una pequeña parte, comparada con los sistemas más importantes de distribución de energía y de difusión.

Una mente como la de Morgan entendía que las mentes ingeniosas podían elaborar un método para poner estos servicios mundiales sobre una base rentable, aunque esta nueva dimensión de Tesla tenía una dimensión fantástica que contrariaba a las consideradas mentes «prácticas», que no tenían la costumbre de tener pensamientos de primer orden. El nuevo sistema podría ser más importante que el sistema polifásico que fue negociado por Westinghouse por la cantidad de record de 1.000.000 de dólares. Westinghouse era el competidor más importante del sistema Edison, que Morgan había apoyado y en particular el del General Electric Company, para que la sociedad de Morgan tuviera tanta suerte en poder explotar este mercado rico.

La historia se estaba sin duda repitiendo con el mismo inventor, que poseía ahora un sistema de híper superpotencia para sustituir su propio sistema súper potente. En este caso, Morgan se podía encontrar en una posición que le permitiese hacerse con el monopolio del poder mundial.

El grupo que tuviese el monopolio de control de un cierto sistema podría elegir desarrollarlo o no, como quisiera. Podría desarrollado para generar beneficios remplazándolo o completando el sistema correcto de distribución por cable o podría dejarlo a un lado para evitar que perturbase el sistema actual. Tener el monopolio de este sistema podría impedir a cualquier otro grupo se hiciese y utilizase como argumento para obtener concesiones de aquellos que dominan las empresas existentes. Poseer las patentes de difusión y de energía mundial de Tesla podría mostrar una inversión muy rentable incluso si el precio que había que pagar para obtenerlos era alto.

Sin embargo, existía otra dimensión más sutil a esta situación. Sin el apoyo financiero necesario, un sistema mundial como el que Tesla había propuesto no se podría concretizar nunca. Si un grupo poderosos tuviese la oportunidad de obtenerlo desde el principio y obtener el monopolio, aunque no lo hacía y era evidente después que se había hecho intencionalmente, el efecto producido por una decisión semejante podría asustar a otros grupos y desanimar a cualquier otro que quisiese apoyar el sistema.

Durante sus encuentros con Tesla, Morgan no mencionó ningún aspecto comercial o práctico. Su interés era el de un mecenas que quería ayudar a un genio para expresar sus talentos creativos. Le hizo donaciones a Tesla sin condiciones. El inventor podía utilizar el dinero como quisiese. No existe ninguna información precisa sobre la cantidad de estas contribuciones, aunque según una fuente fiable, cercana a Tesla, la cantidad que recibió poco tiempo después alcanzaba los 150.000 dólares. Se estima que las contribuciones ulteriores, que se prolongaron durante varios años, le dieron en total más el doble de esta cantidad.

Tesla no escondió el apoyo de Morgan. En un artículo del *Electrical World and Engineer*, publicado el 5 de marzo del año 1904, describió los trabajos sobre la energía que había efectuado hasta aquella época e indicó lo siguiente:

«Para una gran parte del trabajo que he realizado hasta ahora es gracias al Sr. J. Pierpont Morgan por la noble generosidad que ha mostrado, y es más apreciada y estimulante porque llegó en un periodo en el que aquellos que habían prometido más, fueron los más escépticos».

Cuando Morgan realizó la primera contribución, circulaba el rumor de que había un interés financiero en la empresa en la que se había embarcado Tesla. La situación que resultó fue muy útil para Tesla por el inmenso prestigio del financiero. Sin embargo, algún tiempo más tarde, cuando Tesla necesitó dinero desesperadamente fue evidente que Morgan no se había comprometido financieramente en su proyecto. Parecía que no ayudaría al inventor y la situación se estancó y se convirtió en algo incontestable y definitivamente insatisfecho.

Sin embargo, en el año 1900, Tesla 150.000 dólares bajo la manga y una idea co-

losal para poner en marcha. El superhombre revolucionario, llevado por un maremoto de gloria y de popularidad, se puso a trabajar.

VIBRACIÓN INTERNA

DOCE

El año 1900 marcó para Tesla no solamente la entrada a un nuevo siglo sino también el principio de la era de la superpotencia mundial y de la radiodifusión. Con los ánimos de J.P.Morgan, si pudiera aceptar más influencias de lo que su propia pulsión interior le proveía y con 150.000 dólares que provenían de la misma fuente, Tesla estaba preparado para lanzarse en un proyecto gigantesco, la construcción de un mundo de energía inalámbrica y una estación de radiodifusión normal.

El dinero que tenía era insuficiente para financiar el proyecto durante un largo tiempo aunque esto no le impidió de lanzarse. Necesitaba un laboratorio, tanto para sustituir al de Houston Street, que ya no servía, como para incluir el material que había utilizado en Colorado Springs, aunque concebido para ser utilizado en el proceso real de radiodifusión mundial. El emplazamiento se decidió tras un acuerdo realizado con James S. Warden, administrador y director de la *Suffolk County Land Company*, un abogado y banquero del oeste, que había adquirido cerca de 800 hectáreas de tierras en Shoreham, en el condado de Suffolk Long Island, a aproximadamente sesenta millas de Nueva York. Este terreno constituyó la base de un desarrollo inmobiliario bajo el apellido Wardencliff.

Tesla visualizaba una estación de radiodifusión que daría trabajo a miles de personas. Finalmente emprendió la creación de un Campus Radio, algo más ambicioso que la empresa en Rockefeller Center en Nueva York que hoy en día lleva su nombre. Tesla había previsto que todos los canales de longitud de ondas fuesen difundidos a partir de una única estación, un proyecto que le habría conferido el monopolio completo de las actividades de radiodifusión. ¡Qué ocasión de oro han dejado escapar los empresarios miopes de la época no tomando parte en este proyecto! Sin embargo, en aquella época, Tesla era el único que visualizaba la radiodifusión moderna. Todo el mundo creía que el inalámbrico era algo que solo servía para el envío de comunicaciones telegráficas entre el navío y la Tierra y a través del océano.

Sin embargo, el Sr. Warden vio todo tipo de posibilidades en el plan de Tesla y le ofreció una extensión de 81 hectáreas, de las que 8.1 hectáreas fueron desbrozadas para su central eléctrica con la esperanza de que los dos mil hombres que iban a venir a trabajar a la estación pudieran construirse casas en emplazamientos prácticos en el resto de las 800 hectáreas de tierra. Tesla aceptó.

Stanford White, el famoso dibujante de bastantes iglesias y otros monumentos arquitectónicos a través de todo el país, era uno de los amigos de Tesla. Este hizo parte al famoso arquitecto de su visión de una «ciudad bonita» industrial y le pidió su colaboración para realizar su sueño. El Sr. White estaba entusiasmado con esta idea y como prueba de su contribución al trabajo de Tesla, le ofreció hacerse cargo del coste de concepción de la extraña torre, de la que el inventor había hecho un esbozo y todo el trabajo arquitectónico implicado en el plan general de la ciudad. El verdadero trabajo lo realizó W. D. Crow, de East Orange, Nueva Yersey, uno de los socios del Sr. White, que después se dio a conocer como dibujante de hospitales y otros edificios institucionales.

Era realmente una torre magnífica, con limitaciones estructurales extrañas, que el Sr. Crow había realizado. Tesla exigía una torre que midiese 47 metros de alto, para que pudiera soportar en lo alto un electrodo de cobre gigante de 30,5 metros de diámetro y con la forma de un buñuelo gigantesco con un diámetro tubular de 6.1 metros (después se modificó en un electrodo hemisférico).

La torre tenía que tener una estructura robusta, construida casi en su totalidad por madera. El metal debía utilizarse lo mínimo posible y todas las instalaciones mecánicas debían de ser de cobre. No había ningún dato técnico en las estructuras de madera de esta altura y de este tipo.

La estructura exigida por Tesla tenía una gran cantidad de «superficie velar» o de superficie expuesta al viento, concentrado en la cumbre, creando problemas que debían ser tomados en consideración en una torre que poseía solamente una estabilidad limitada. El Sr. Crow resolvió los problemas técnicos, y después la complicada tarea de integrar calidades estéticas en un edificio como ese.

Una vez que la concepción se hubo terminado, hubo otra dificultad. Ninguno de los conocidos empresarios podía construir la torre. Un marquista conocido en la Norcross Bros, una gran empresa contratante de aquella época, aceptó finalmente el contrato aunque también estaba preocupado por si las tempestades invernales podríanderribar la estructura. (Estuvo de pie durante una docena de años. Cuando el gobierno, por razones militares, decidió que era necesario suprimir un monumento tan vistoso durante la Primera Guerra Mundial, se necesitaron grandes cantidades de dinamita para destruirla. Incluso de esa forma permaneció sólidamente anclada al suelo como si se tratase de un invasor salido de la Guerra de los mundos de Wells). La torre se acabó en el año 1902 y con ella, la construcción de un edificio de ladrillos de una altura de más de 29 metros que servía de residencia a la central eléctrica y al laboratorio. Mientras que se estaban construyendo las estructuras, Tesla hacía todos los días el trayecto del hotel Waldorf-Astoria hasta Wandercliff, llegando cerca de la central de Shoreham un poco después de las once de la mañana y no volviendo hasta las tres y media de la tarde. Iba siempre acompañado por un siervo que transportaba una pesada cesta llena de comida. Cuando se trasladó el laboratorio de Houston Street y fue completamente operacional en Wardencliff, Tesla alquiló la casa de campo Bailey cerca de las costas de Détroit de Long Island y se instaló allí durante un año.

El equipamiento pesado, las dinamos y los motores que Tesla quería para su fábrica eran de una concepción inhabitual, no lo producían los fabricantes por lo que se encontró con numerosos retrasos molestos para hacerse con tales materiales. Era capaz de llevar a cabo un gran abanico de experimentos sobre la corriente de alta frecuencia y muchas otras en su nuevo laboratorio pero el proyecto principal, el que concernía la puesta en marcha de la estación de radiodifusión en todo el mundo, se estaba retrasando. Durante un tiempo, algunos sopladores de cristal fabricaban para él tubos destinados a la transmisión y a la recepción de emisiones de radiodifusión. Todo esto ocurrió una docena de años antes que De Forest inventase la forma de tubo para la radio que utilizamos actualmente. El secreto de los tubos de Tesla murió con él.

Tesla parecía no temer las corrientes de alta frecuencia de millones de voltios que creaba. Sin embargo tenía un gran respeto por la corriente eléctrica en todas sus formas y se mostraba prudente cuando trabajaba en su aparato. Cuando trabajaba en circuitos que podían estar «bajo tensión», lo hacía siempre con una mano en el bolsillo, y utilizaba la otra para manejar las herramientas. Insistía en que todos sus trabajadores hiciesen lo mismo cuando trabajaban en circuitos de corriente alternativa con una baja frecuencia de 60 ciclos, ya fuese un potencial de 50.000 o 110 voltios. Esta salvaguardia reducía la posibilidad de que una corriente peligrosa se abriese pasa hasta el cuerpo, donde había pocas posibilidades de que no llegase hasta el corazón.

A pesar del gran cuidado que tenía cuando realizaba los ensayos, Tesla había escapado por poco a la muerte en la fábrica de Wardencliff. Estaba haciendo experimentos sobre las propiedades de los chorros de agua de un pequeño diámetro que se desplazaban a gran velocidad y bajo presiones muy altas, del orden de 68.95 kilopascales. Se podría golpear Tal flota con una pesada barra de hierro sin que le pasase nada. La barra rebotaría como si hubiese chocado con otra barra de hierro sólida, una extraña propiedad para una sustancia mecánicamente débil como es el caso del agua. El cilindro que contenía agua bajo alta presión era un cilindro pesado de hiero forjado. Tesla, como era incapaz de obtener un tapón de hierro forjado para la superficie superior, utilizó en su lugar un tapón más pesado de hierro colado, un metal más frágil. Un día, mientras que aumentaba la presión hasta un punto más elevado que el que había utilizado, el cilindro explotó. El tapón de hierro colado se rompió y una parte casi le rozó la cara mientras que seguía una trayectoria ascendente antes de atravesar el techo. El chorro de agua a alta presión tuvo efectos devastadores con todo lo que había tenido contacto, incluso con los metales más resistentes y sólidos. Tesla nunca reveló el objetivo o los resultados de estos experimentos a alta presión.

La insistencia de Tesla para que su laboratorio estuviese impecable casi provocó una tragedia, y todo esto por el descuido de un asistente. Se habían tomado medidas para la instalación de una pieza de maquinaría pesada que se debía fijar con pernos a un piso de cemento espeso. Ya se habían perforado algunos agujeros en el cemento. El plan preveía echar plomo fundido en estos agujeros después de apretar los pesados tapones en el metal cuando se hubiese enfriado. Cuando ya se habían hecho, un asistente empezó a limpiar los restos que habían quedado. No hizo solamente eso sino que también barrió los trozos de piedra y polvo. Después cogió una esponja y lavó a fondo el piso dejando, sin mala intención, que parte del agua se infiltrara en los agujeros. Después secó el suelo. Mientras esperaban, Tesla y George Scherff, que era su secretario financiero además de aquel que lo ayudaba en todo lo que necesitase, fundieron el plomo que quedaban en los tirafondos del piso. Scherff cogió el primer gran cazo de plomo del horno y después se dirigió a la zona del laboratorio donde se habían perforado los agujeros, seguido por Tesla, que llevaba otro cazo.

Scherff se inclinó y justo cuando vertía el metal líquido aún caliente en uno de los agujeros, hubo una explosión. El plomo fundido se proyectó en el aire en dirección de su cara en una lluvia de gotas abrasadoras de metal líquido. El agua que el asistente había utilizado para limpiar el piso se había instalado en los agujeros y cuando el plomo fundido entró en contacto con este se transformó en vapor y salió del agujero como una bala que sale de un fusil. A los dos hombres les salpicó las gotas de metal y dejaron caer los cazos. Tesla, que se encontraba a algunos centímetros no tuvo heridas de gravedad pero Scherff se quemó la cara y las manos. Algunas gotas le entraron en los ojos y los habían quemado tanto que durante un tiempo se temió por ellos.

Sin embargo, a pesar de las posibilidades casi ilimitadas de accidentes relacionados con la gran variedad de experimentos que Tesla llevó a cabo en ámbitos inexplorados, utilizando tensiones, intensidades de corriente, presiones, velocidades y altas temperaturas, solo hubo uno durante toda su carrera en el que salió herido. Un instrumento afilado se había deslizado, haciéndole marcas en la palma y atravesándole la mano. El accidente de Scherff fue el único en el que un miembro de su personal salió herido, excepto a un joven asistente al que le salieron quemaduras por los rayos X. Seguramente había estado expuesto a los rayos de uno de los tubos de Tesla. Tesla, los había producido a sus espaldas y a las de otros antes de que Roentgen anunciase que los había descubierto. Tesla les había dado otro nombre y no había estudiado plenamente sus propiedades. Se trata probablemente del primer ejemplo conocido de quemaduras por rayos X.

Tesla era un trabajador inagotable y no entendía por qué los otros no eran capaces de aguantar tanto como él. Le daba mucho mejor salario a aquellos que se quedaban junto a él para tareas largas, aunque nunca exigió que ningún trabajador se quedase después de su jornada laboral. Una vez, llegó una pieza del equipamiento que esperaba desde hacía tiempo y Tesla estaba impaciente por verla instalada y operativa lo antes posible. Los electricistas trabajaron veinticuatro horas, pararon solo para comer y luego siguieron trabajando veinticuatro horas más. Los obreros pararon, unos después de otros, y eligieron algunos lugares para dormir en el edificio. Mientras que dormían entre ocho y diez horas, Tesla seguía trabajando. Cuando volvieron a trabajar, Tesla no parecía cansado e incluso trabajó con ellos, aunque hacía tres días que no dormía.

Los hombres se tomaron algunos días de vacaciones para descansar. Sin embargo Tesla, que no parecía afectado por los tres días de trabajo siguió sus experimentos al día siguiente, completando un total de ochenta y cuatro horas sin dormir ni descansar.

La fábrica de Wardencliff estaba destinada principalmente a demostrar la fase de radiodifusión de su «Sistema Mundial»: la estación de distribución de energía tenía que construirse en las Cataratas del Niágara.

En aquella época, Tesla había publicado un opúsculo relativo a su «Sistema Mundial» que indicaba el estado de avance extraordinario que había proyectado en el arte del inalámbrico, ahora llamada radio, mientras que otros experimentadores se parecían a dispositivos rudimentarios. Sin embargo, en aquel momento, sus promesas parecían fantasía. El opúsculo contenía la siguiente descripción de su sistema y de sus objetivos:

El Sistema Mundial resulta de una combinación de varios descubrimientos originales, realizados por el inventor durante sus largas investigaciones y posteriores experimentos. No me permite solamente la transmisión inalámbrica instantánea y precisa de cualquier tipo de señales, mensajes o caracteres en cualquier región del mundo, sino que también permite la interconexión de telégrafos y teléfonos existentes y otras estaciones de señal, sin que sea necesario modificar su equipamiento actual. Permite, por ejemplo, un abonado al teléfono puede escuchar a cualquier otro abonado en el mundo. Un receptor, no más grande que un reloj, un receptor barato permitirá escuchar en cualquier sitio, tierra o mar, un discurso pronunciado, o la música tocada en otro lugar, sea cual sea la distancia. Estos ejemplos se citan únicamente para dar una idea de las posibilidades que ofrece este gran avance científico, que elimina las distancias y hace que el conductor perfecto, que es la Tierra, pueda servir para alcanzar los innumerables objeticos que la ingeniosa humanidad ha encontrado para sus líneas de transmisión. Uno de los resultados más importantes de todo esto es que cualquier aparato conectado a uno o varios cables (evidentemente a una distancia limitada) podrá funcionar de la misma manera, sin conductores artificiales y con las mismas facilidades y presión, a distancias en las que no hay otro límite que el impuesto por las dimensiones físicas del globo. De esta forma, no solamente se abrirán nuevos campos de explotación comercial gracias a este método ideal sino que los antiguos ganarán terreno.

El Sistema Mundial está basado en la aplicación de los siguientes descubrimientos e invenciones importantes:

El Transformador Tesla. En su producción de vibraciones eléctricas, este aparato es tan revolucionario como la pólvora para los cañones era en tiempos de guerra. Con un aparato de este tipo, el inventor pudo producir corrientes infinitamente superiores a todas aquellas generadas hasta aquel momento por los medios habituales. También produjo chispas de más de más de 30 metros de longitud.

El Transmisor Amplificador. Es el mejor invento de Tesla. Se trata de un transformador particular especialmente adaptado para estimular la Tierra, que es a la transmisión de energía eléctrica lo que el telescopio es a la observación astronómica. Utilizando este maravilloso aparato, creó fenómenos eléctricos de una intensidad mayor que el del rayo y transmitió una corriente suficiente para encender más de doscientas lámparas incandescentes alrededor del globo.

El Sistema inalámbrico. Este sistema incluye un cierto número de mejoras y es el único modo conocido para transmitir económicamente energía eléctrica a una distancia, sin cables. Tests y medidas meticulosas en relación con una estación experimental de gran actividad, llevadas a cabo por el inventor en Colorado, demostraron que cualquier cantidad de energía se podía enviar a través del globo, si fuese necesario, con un porcentaje de pérdida muy débil.

La Técnica de Individualización. Esta invención de Tesla está a la regulación primitiva, lo que el lenguaje reprimido es al lenguaje no articulado. Hace posible la transmisión de energía de señales o mensajes, en el secreto absoluto y exclusivo, de manera pasiva y activa, lo que quiere decir, sin interferencias y sin entrometerse. Cada señal es como un individuo con una identidad única y no hay prácticamente ningún límite respecto al número de estaciones o de aparatos que puedan funcionar simultáneamente sin el menor signo de perturbación.

Las Ondas estacionarias terrestres. Este maravilloso descubrimiento significa que la Tierra es sensible a vibraciones eléctricas de una cierta altura, como un diapasón lo es a ciertas ondas sonoras. Estas vibraciones eléctricas específicas, capaces de estimular la Tierra se prestan a innumerables usos de gran importancia desde un punto de vista comercial, y a otras consideraciones.

La primera central eléctrica del Sistema Mundial estuvo operativa en nueve meses. Gracias a ella fue capaz de producir actividades eléctricas cercanas a los diez millones de caballos. Fue concebida para realizar tantos hitos técnicos como fuera posible, sin gastos excesivos. Entre estos últimos podemos citar:

La interconexión de intercambios o de despachos telegráficos existentes en todo el mundo;

La instauración de un servicio telegráfico del gobierno secreto y que no podía interferirse;

La interconexión de todas las centrales telefónicas o despachos actuales en todo el mundo;

La difusión universal de informaciones generales, por telégrafo o teléfono, relacionado con la prensa;

La instauración de un Sistema Mundial de transmisión de informaciones para uso exclusivamente privado;

La interconexión y el funcionamiento de todas las teleimpresoras bursátiles del mundo;

La instauración de un Sistema Mundial de distribución de música…;

La grabación universal de la hora mediante relojes económicos, que indican la hora con una precisión astronómica y no necesitan mantenimiento;

La transmisión por teleimpresora de caracteres, letras, cheques… escritos a mano o a máquina;

La instauración de un servicio universal para la marina que permitía a los navegantes de todos los barcos orientarse sin brújula, determinar su posición exacta, la hora y la velocidad, evitar colisiones y catástrofes…;

La inauguración de un sistema de impresión mundial en tierra y en el mar;

La reproducción en todo el mundo de fotografías, y de todo tipo de dibujos o informes.

De esta forma, hace más de cuarenta años que Tesla previó inaugurar todas las características de la radio moderna, y varias instalaciones que no se habían desarrollado aún. Debía seguir, durante aun veinte años, siendo el único inventor del «inalámbrico» que había visualizado un servicio de radiodifusión.

Mientras que trabajaba en su fábrica de radiodifusión en Wardencliff, Tesla también trabajaba en planos para establecer su estación de potencia mundial en las Cataratas del Niágara. Estaba tan seguro del éxito de sus esfuerzos que declaró en una entrevista en la prensa en 1903 que encendería las lámparas de la próxima exposición internacional en París gracias a la potencia transmitida por el inalámbrico desde las cataratas.

Sin embargo las circunstancias le impidieron cumplir esta promesa. Las dificultades que tuvo y sus planes se exposieron en una declaración publicada en el *Electrical World and Engineer,* del 5 de marzo de 1904:

«La primera de estas instalaciones se habría completado si no hubiésemos tenido retrasos imprevistos que afortunadamente no tenían nada que ver con las características puramente técnicas. Sin embargo esta pérdida de tiempo, aunque molesta, pudo ser buena. La mejor concepción de lo que sé se ha adoptado y el emisor va a emitir una onda compleja, con una actividad máxima de 10.000.000 caballos de vapor, el uno por ciento de lo que era suficiente para «rodear el globo». Esta enorme cantidad de energía, aproximadamente dos veces más la combinada de las Cataratas del Niágara se obtuvo únicamente por la utilización de algunos artificios, que presentaré más adelante.

«Una gran parte del trabajo que he realizado lo he hecho gracias al Sr. M.J. Pierpont Morgan por la noble generosidad que mostró, más bienvenido y estimulante dependiendo del momento en el que llegó. De hecho, los que más promesas hicieron, eran de los más escépticos. Tengo que dar las gracias a mi amigo Stanford White, por toda la ayuda desinteresada y preciada que me ha dado. Este trabajo está bastante avanzado, e incluso si los resultados a veces tardan en llegar, están garantizados.

«Durante este tiempo, se descuidaba la transmisión de energía a escala industrial. La *Canadian Niagara Power Company* me ofreció una magnífica recompensa, tras haber alcanzado el éxito en el interés del arte, me dará la máxima satisfacción hacer que su concesión sea rentable en el plano financiero. En esta primera central eléctrica, que tardó bastante en realizarse, he propuesto distribuir 10.000 caballos bajo una tensión de 10.000.000 voltios, que puedo producir y manipular en toda seguridad.

« Esta energía se recogerá en todo el mundo, preferentemente en pequeñas cantidades, yendo de una fracción de un caballo de vapor a algunos caballos. Uno de los usos principales será la iluminación de casas aisladas. Iluminar una habitación con tubos vacíos explotados por corrientes de alta frecuencia requiere poca energía, y en cada caso, una terminal situada ligeramente encima del tejado sería suficiente. Otra aplicación muy útil será la conducción de relojes y aparatos similares. Serán extremadamente simples, no necesitarán mantenimiento e indicarán la hora precisa. La idea de hacer entender al mundo la hora estadounidense es fascinante y susceptible de convertirse en algo popular. Existen innumerables aparatos de cualquier tipo, que utilizamos ahora o que pueden proveer, haciéndolos funcionar de esta forma, una gran ventaja al mundo entero con una fábrica que no supere los 10.000 caballos.

La introducción de este sistema dará oportunidades para inventar y fabricar, ocasiones que no se han presentado nunca antes.

«Conociendo la importancia primordial de esta primera tentativa y su efecto en el desarrollo futuro, voy a proceder lentamente y con cuidado. La experiencia me ha enseñado a no otorgar un plazo a las empresas cuyo consumo no dependa enteramente de mis propias capacidades y esfuerzos. Pero tengo la esperanza que estas realizaciones no están lejos y sé que una vez haya terminado el trabajo, funcionará con una certitud matemática.

Cuando se reveló la gran verdad accidentalmente y se confirmó experimentalmente, se reconoció que este planeta, en toda su inmensidad, solo era para la corriente eléctrica una pequeña bola de metal, y que en virtud de este hecho de numerosas posibilidades, haciendo uso de la imaginación se podrán realizar con certeza, aunque con consecuencias incalculables. Cuando se inaugure la primera fábrica, y se haya demostrado la posibilidad de transmitir un mensaje telegráfico, casi en secreto como un pensamiento y sin riesgo de intromisión, a cualquier distancia, transmitir el sonido de la voz humana y las inflexiones reproducidas fielmente e instantáneamente a cualquier parte del globo. También se podría transmitir la energía producida por una caída de agua para proveer luz, calor o fuerza motriz por el mar o por la Tierra o por los aires —la humanidad será como un hormiguero al que se le molesta con un bastón. ¡Vean la emoción por lo que se anuncia!»

La fábrica en las Cataratas del Niágara nunca se llegó a construir; y la fábrica de Wardencliff empezó a tener problemas pronto, no solamente para obtener el equipamiento deseado sino también para la financiación.

Lo que Tesla olvidó inventar fue un aparato para fabricar cantidades ilimitadas de dinero, el que necesitaba para desarrollar otros inventos. Como hemos podido ver, le faltaba carácter y lo hubiera necesitado para obtener rendimientos financieros directamente a partir de sus inventos. Un individuo con esas capacidades podría haber ganado millones por un cierto número de pequeñas invenciones de Tesla. Podría haber intentado, por ejemplo, percibir derechos de autor de veinte o más de sus inventos diferentes. De hecho, muchos fabricantes utilizaban su bobina para tratamientos médicos sin pagarle por los derechos de autor. Si hubiera hecho esto, hubiera obtenido ganancias suficientes para financiar su Sistema Mundial Inalámbrico.

Su mente estaba demasiado ocupada con problemas científicos fascinantes. Tesla tenía en algunos momentos cerca de una veintena de obreros altamente cualificados que trabajaban constantemente en su laboratorio, para desarrollar las invenciones eléctricas que seguía concibiendo a un ritmo rápido. Siempre había guardias armados alrededor del laboratorio para impedir que espiaran sus inventos. Su masa salarial era importante aunque no tenía mucho dinero. Estaba tan metido en los ensayos que siempre solucionaba sus problemas financieros más tarde. Los acreedores le denunciaron por no poder pagarles. Finalmente tuvo que cerrar el laboratorio de Wardencliff en 1905.

La magnífica torre que se encontraba delante del laboratorio nunca se terminó. El electrodo de cobre en forma de buñuelo nunca se construyó porque Tesla cambió de opinión y decidió en su lugar colocar un hemisferio de cobre de 30,5 metros de diámetro y de 15,2 metros de altura, construido en la cumbre de la torre en forma de cono de 47 metros. El esqueleto de armazón destinado a mantener las placas hemisféricas se construyó aunque la placa de cobre nunca se hizo. Las dinamos de 300 caballos de vapor y el aparato para hacer funcionar la estación de radiodifusión quedaron intactas, aunque fueron retirados por la sociedad de ingeniería que los había instalado, y a la cual no se lo pagó.

Tesla abrió un despacho en el número 165 de Broadway, en Nueva York, donde se esforzó por encontrar medios para relanzar su proyecto. Thomas Fortune Ryan, el famoso financiero, así como H.O. Havemeyer, el refinador de azúcar más importante le ayudaron gracias a los 10.000 y 5.000 dólares que le dieron cada uno.

En lugar de utilizarlo para abrir un nuevo laboratorio, Tesla lo utilizó para pagar las deudas de su Sistema Mundial Inalámbrico, que ahora ya no existía. Devolvió hasta el último céntimo que debía a cada acreedor.

Cuando se hizo evidente que Tesla tenía problemas financieros muchos de los que suponían que Morgan estaba implicado financieramente como inversor de su proyecto se desilusionaron. Cuando se supo que el gran hombre de negocios no tenía interés alguno en la empresa, se expandió el rumor de que Morgan le había retirado su apoyo.

Como no se dio ninguna razón para tal acción, el rumor se extendió hasta aquellos que afirmaban que el sistema de Tesla era irrealizable. Parece incluso que Morgan siguió contribuyendo de forma generosa con Tesla, hasta prácticamente su muerte. Durante un tiempo, su hijo hizo lo mismo, pero en menor cantidad.

Tesla no se esforzó en desmentir los rumores que corrían por allí.

Si Tesla había soportado a un director comercial, y había puesto el desarrollo de sus patentes en manos de un hombre de negocios, podría haber puesto en marcha desde el año 1896 un servicio inalámbrico navíos-tierra y también un servicio transoceánico; habría conseguido el monopolio de estos últimos. Fue invitado a instalar una red inalámbrica situada en un navío, para darse cuenta de la progresión de la carrera internacional de barcos de vela para los *Llloyds of London* de 1896. Rechazó la oferta, que era lucrativa, argumentando que no haría la demostración de su sistema en público en lugar de a escala mundial, puesto que se arriesgaría a ser confundido con los esfuerzos amateurs utilizados por otros investigadores. Si hubiese aceptado la oferta, podría haber satisfecho las exigencias sin la menor dificultad técnica, habría encontrado sus intereses desviados de una cierta forma hacia una filial comercial rentable que le podría haber aportado importantes y favorables cambios en la segunda parte de su vida.

A Tesla no lo podían molestar con proyectos menores, incluso si se trataba de proyectos rentables. El superhombre, el hombre magnífico tenía una gran estima de sí mismo. El hombre que había proveído la electricidad a la industria, el hombre que había hecho vibrar al mundo entero no podía desempeñar el papel de difusor de mensajes para el mérito de otro. Sería alguien importante, o no sería nada; sería un Júpiter, nunca un Mercurio.

George Scherff, al que Tesla había contratado como contable y secretario cuando abrió su laboratorio de Houston Street, era un individuo prágmático. Tuvo éxito, en la medida de lo posible, para desenredar al inventor de sus relaciones con el mundo empresarial. Cuanto más conocía a Tesla, más lo apreciaba. Cuanto más grande era el respeto que le inspiraba el genio de Tesla y sus capacidades de inventor, más consciente era Scherff del hecho que el genio no sabía nada de negocios.

Scherff estaba afligido por la empresa, en la que se gastaba continuamente dinero y no se generaban ingresos. Intentó proteger lo máximo posible los 40.000 dólares que Adams había invertido en la empresa de Tesla, y que le había servido para cubrir más de tres años de actividad. Scherff quería que Tesla elaborase planes para obtener ingresos de sus inventos. Cada nuevo invento que Tesla producía, era estudiado por Scherff y constituía la base de un plan para la fabricación y la venta de un aparato. Tesla rechazaba categóricamente todas las sugerencias. Respondía: « se trata de cosas con poca importancia » o « No tengo ganas de preocuparme por eso ».

Incluso cuando se demostró que numerosos fabricantes utilizaban sus bobinas Tesla, que vendían un gran número y ganaban mucho dinero, no fue suficiente para suscitar el interés de Tesla para que entrase en este ámbito tan rentable, ni permitir que Scherff se las arreglase para llevar un sistema secundario sin interferir con su trabajo de investigación. Tampoco podía investigar para proteger su invento y que los fabricantes le pagasen derechos de autor. Sin embargo, admitió lo siguiente: « Si los fabricantes me pagasen veinticinco céntimos por cada bobina vendida, sería rico ».

Cuando los *Lloyds of London* le pidieron instalar un equipo inalámbrico en un navío para informar de las carreras internacionales de barcos de vela de 1896, con su nuevo sistema inalámbrico, y le ofrecieron una generosa retribución, Scherff insistió en que aceptara la oferta. Exhortó a Tesla para que abandonase temporalmente sus investigaciones y utilizase la publicidad que recibía de este hito como un modo de lanzar una sociedad comercial permitiendo transmitir mensajes inalámbricos entre los navíos y la Tierra a través del océano, subrayando que el dinero serviría tanto para la fabricación del aparato como para la transmisión de mensajes. Scherff sugirió que la sociedad la podría gestionar uno de los directores para producir ganancias y Tesla podría seguir inventando. De esta forma, tendría suficiente dinero para pagar el coste de sus investigaciones.

Hoy en día, Scherff puede echar la vista atrás, sentado en el porche de su casa de Westcester y decidir que, cincuenta años antes, había concebido el plan. Tenía la *Radio Corporation of America*, importantes instalaciones de fabricación, el sistema de comunicación mundial, el formidable sistema de capital y sus ganancias como prueba de lo que decía.

La respuesta de Tesla fue la de siempre: « Sr. Scherff, son cosas sin importancia. No quiero preocuparme por ese tema. Espere a ver los magníficos inventos que voy a producir, ganaremos millones».

Los millones de Tesla nunca llegaron. Scherff lo acompañó hasta que el laboratorio de Wardencliff cerró, por ausencia de ingresos, algo que había intentado evitar.

Después, Scherff estableció una conexión lucrativa con la Union Sulphur Co., y siguió, sin remuneración, viendo a Tesla una hora semanalmente y manteniendo relaciones comerciales tan desenredadas como fuese posible. Tesla intentaba pagar a cada persona que le hubiese dado un servicio, aunque esto se compensó por la facultad que tenía para contraer deudas, sin ver si tenía los fondos necesarios para pagarlos. El dinero era una carga que rodeaba y dificultaba sus investigaciones, algo muy común para merecer el tiempo y la atención que destinaba a las cosas más importantes.

Scherff, taciturno y profesional, no podía hablar de los asuntos de Tesla. Era, al contrario, un filósofo locuaz, que podría sonreír por las debilidades de la naturaleza humana y por las extrañas farsas que la suerte puede traer a los individuos. Mientras tanto pensaba en Tesla, que podría haber realizado la *Radio Corporation of América* sobre la base de un solo invento, aunque no fue así. Además, desaprovechó la oportunidad de hacer lo mismo con otros doscientos inventos, lo que le habría dado una fortuna. Además, se acuerda de algunas ocasiones en estas últimas décadas donde era necesario conceder pequeños préstamos al gran Tesla para que pudiese responder a sus necesidades más básicas. Sin embargo, Scherff rechazó abordar estas preguntas o discusiones relativas a estos incidentes.

TRECE

Cuando el Sistema para la transmisión de energía sin cables fracasó, volvió a centrarse en un proyecto en el que pensó bastante mientras desarrollaba el sistema polifásico de generación eléctrica, desarrollar un motor rotativo. Sería tan avanzado como las máquinas de vapor existentes y los sistemas de corriente alterna. Esta era el sistema más importante de los sistemas de corriente continua, y se podía utilizar para conducir los generadores eléctricos o dinamos.

Todas los motores de vapor que se utilizaban en las centrales eléctricas eran recíprocantes, básicamente los mismos desarrollados por *Newcomer and Watt*, aunque más grandes, mejor construidas y más eficientes.

El motor de Tesla era distinto —una turbina cuyos chorros de vapor inyectaban una serie de discos que producían un movimiento rotatorio a una alta velocidad en el cilindro donde se montaban los discos. El vapor entraba por el lado externo de los discos, perseguía una trayectoria en forma de espiral de una docena o más de circunvoluciones y dejaba el motor cerca del eje central.

Cuando Tesla informó a un amigo en el año 1902 que estaba trabajando en un proyecto de motor, dijo que fabricaría un motor tan pequeño, simple y poderoso que sería «una central tan pequeña que cabría en un sombrero». El primer modelo, fabricado en el año 1906, cumplió la promesa. Era lo suficientemente pequeño como para que encajase en la parte superior de un bombín, medía un poco más de seis pulgadas y poseía treinta caballos. El poder de producción de este pequeño motor superaba todo lo conocido hasta el momento de fuerza motriz. El motor pesaba menos que una moneda de diez peniques. El resultado eran tres caballos de potencia por cada libra. El rotor pesaba una libra y media, y el peso de la luz y el rendimiento de la potencia elevada dio a Tesla un eslogan que usó en los papeles membretados y en los sobres: «Veinte caballos por libra»

No había nada nuevo en la idea original de obtener movimiento circular de una corriente de fluidos en movimiento. Los molinos de viento y la rueda hidráulica, invenciones tan antiguas como la historia cumplieron el objetivo. Herón de Alejandría describió sobre ello en el año 200 a.C aunque no inventó la primera turbina. Consistía en una esfera cóncava montada en un eje, con dos tubos que sobresalían de la esfera en una tangente a la superficie. Cuando se coloca el agua en la esfera y el aparato está suspendido en el fuego, la reacción de gas sale de los tubos que provocan la rotación del artefacto.

El ingenio de Tesla y el desarrollo original de la idea de la turbina tuvo su origen en un experimento divertido e infructuoso que hizo cuando era un niño, intentando construir un motor de vacío. Observó cómo el cilindro de madera giraba poco a poco por el freno de la fuga de aire hasta la cámara de vacío. Más tarde, cuando era joven huyó a las montañas para librarse de la mili y jugó con la idea de transportar correo a través del océano por un tubo subterráneo, por el cual una esfera cóncava sería conducida por una corriente de agua. Sin embargo se dio cuenta que la idea era imposible a causa de la fricción del agua en las paredes del tubo. La fricción reduciría la velocidad de la corriente de agua así que necesitaría cantidades excesivas de energía para que se moviera a la velocidad y a la presión deseada. Por otra parte, si el agua se movía a esa velocidad, la fricción provocaría el arrastre del tubo de encierre con ello.

Tesla utilizó la fricción en su turbina. Un chorro de vapor moviéndose a una gran velocidad entre los discos con una pequeña distancia separándolos podría reducir la fricción —aunque los discos, que son capaces de rotar, se moverían a una velocidad que incrementaría hasta ser casi la misma que la de la corriente. Además del factor fricción, existe una atracción particular entre gases y la superficie de los metales; y esto hace posible para la corriente en movimiento sujetar el metal de los discos de forma más efectiva y arrastrarlos a altas velocidades. El primer modelo que Tesla fabricó en el año 1906 tenía doce discos de cinco pulgadas de diámetro cada uno. Funcionaba con aire comprimido, en vez de corriente y alcanzaba una velocidad de 20,000 revoluciones por minuto. La invención de Tesla utilizaba petróleo en vez de gasolina, quemando una boquilla y aprovechándose del tremendo incremento del volumen, al convertir un líquido que quemaba bastante en gases expandidos, para hacer girar el roto. Esto suprimiría el uso de calderas para generar corriente y le daría al proceso la proporción directa adecuada para incrementar la eficiencia.

Tesla siguió desarrollando su turbina en el año 1889. En cuanto volvió de la planta Westinghouse, su turbina seguramente se habría remplazado por el modelo lento, grande y pesado que se utilizaban antes. Sin embargo los quince años que dedicó al desarrollo de corrientes de alto potencial y de alta frecuencia, suponía un retraso que daba la oportunidad a investigadores de otras turbinas avanzar su trabajo a la fase que estaba desarrollando Tesla de forma tardía. Mientras tanto, las turbinas que se habían estado desarrollando eran virtualmente molinos de viento en una caja. Consistían en rotores con pequeños cubos o veletas alrededor de la circunferencia y que se golpeaban con la fuente de gas. Les faltaba la simplicidad de la turbina de Tesla, aunque cuando Tesla presentó su modelo, los demás estaban atrincherados en la fase de desarrollo.

El primer motor minúsculo de Tesla se construyó en el año 1906 por Julius C.Czito, que trabajaba en *Astoria, Long Island,* en un taller de mecánica que tenía para fabricar los modelos de los inventores. También construyó los siguientes modelos de la turbina, del año 1911 y del año 1925, y muchos otros aparatos en los que Tesla trabajó hasta el año 1929. El padre del Sr.Czito había sido miembro del personal de Tesla en el laboratorio de *Houston Street,* desde 1892 hasta 1899, y en *Colorado Springs.*

Esta es la descripción que hace el Sr. Czito del primer modelo:

«El rotor consistía en una pila de pequeños discos de seis pulgadas de longitud construidos con plata alemana. Los discos tenían 0,8 mm de anchura y estaban separados por separadores del mismo metal y del mismo espesor aunque mucho más pequeños de diámetro que los que se cortaban en forma de cruz con una sección circular en el centro. Los brazos extendidos servían como bordón para reforzar los discos.

Había ocho discos y la parte del canto de la pila medía 1,3 cm de largo. Se montaban en el centro de una pila de seis pulgadas de largo. La pila tenía una pulgada de diámetro en medio y disminuía a menos de media pulgada al final. El rotor se ponía en un cárter de cuatro partes atornilladas las unas a las otras.

El compartimento circular donde el motor giraba se construyó para permitir una altura de 1,64 pulgadas entre el revestimiento y la cara central del rotor. El Sr. Tesla deseaba que la cara central del rotor y el revestimiento se tocaran cuando el último estuviese girando. Era necesaria una gran altura porque el rotor lograba grandes velocidades, una media de 35,000 revoluciones por minuto. A esta velocidad la fuerza centrifugadora generada por el movimiento giratorio era tan grande que estiraba el metal en los discos rotatorios. Su diámetro cuando giraba a una gran velocidad era de 1,30 pulgadas más grande que cuando no giraban.»

Tesla construyó un modelo más grande en el año 1910. Tenía discos de doce pulgadas de diámetro, alcanzaba 10,000 revoluciones por minuto y tenía 100 caballos, una mejora sustancial respecto al primer modelo. Producía más energía a la mitad de velocidad.

Al año siguiente, en 1911, se hicieron aún más mejoras. Los discos se redujeron a un diámetro de 9.75 pulgadas y la velocidad se redujo al 10%, a 9,000 revoluciones por minuto —y la potencia de salida incrementó un 10%, ¡a 110 caballos!

Siguiendo con sus experimentos, Tesla dijo lo siguiente:

«He desarrollado 110 caballos con discos de nueve y tres cuartos de diámetro y de un grosor de dos pulgadas. En buenas condiciones, podría alcanzar los 1,000 caballos. De hecho no hay límite mecánico para una máquina semejante. Esta máquina funcionará con gas, como en el típico motor de explosión utilizado en coches y aviones, incluso mejor de lo que funcionaba con vapor. Los test que he realizado han mostrado que el esfuerzo rotatorio funciona mejor gas que con vapor.»

Estaba muy contento por el éxito que habían tenido sus pequeños modelos de turbinas, que funcionaban con aire comprimido, y con más detalle por la combustión directa de la gasolina. Tesla diseñó y construyó un modelo más grande, con una doble unidad, que planeó poner a prueba con vapor en *Waterside Station,* la central eléctrica más importante de la compañía neoyorkina Edison.

Era una estación diseñada en un principio para operar con sistema de corriente diseñados por Edison —aunque ahora estaba funcionando gracias a los sistemas polifásicos de corriente alterna de Tesla.

Ahora Tesla estaba invadiendo el santuario de Edison para poner a prueba una nueva turbina que esperaba que pudiese sustituir a los modelos en uso. El hecho de que tuviera el apoyo financiero de Morgan, y que la compañía de Edison fuese una «compañía Morgan», no le restaba efecto al feudo Edison-Tesla.

Esta situación no se suavizó de ninguna forma por el método de Tesla para realizar los ensayos. Tesla era un «pájaro de noche»; puesto que prefería trabajar por la noche más que por el día. Las centrales eléctricas, no por elección sino por necesidad, necesitaban grandes cantidades de corriente tras la puesta del sol. El día proveía luz pero a medida que la oscuridad se acercaba, las dinamos empezaban a crujir a causa del incremento de la carga nocturna. Los trabajadores de *Waterside Station,* una central eléctrica, estaban a disposición de Tesla para instalar y poner a prueba sus turbinas con la esperanza de poder hacer el trabajado durante el día, que era cuando las tareas de los trabajadores eran más sencillas.

Sin embargo Tesla no solía aparecer hasta las cinco de la mañana y se hacía el sordo cuando los trabajadores le suplicaban que llegase antes. Insistía en que algunos de los trabajadores se quedaran más tiempo tras haber terminado su turno. No mantenía una buena actitud ni con los ingenieros ni con los oficiales de la compañía. La actitud era mutua, naturalmente.

La turbina que Tesla construyó para los ensayos tenía un rotor de 18 pulgadas de diámetro y giraba a 9,000 revoluciones por minuto. Tenía 200 caballos de potencia. Las dimensiones generales del motor eran de tres pies de largo, dos de ancho y dos de alto. Pesaba 400 libras.

Se construyeron dos turbinas y se instalaron en una única base. Los ejes de ambas turbinas estaban conectados a una barra de torsión. El vapor alimentaba a los dos motores así que, si podían girar en cualquier dirección, girarían en direcciones opuestas. La energía que se desarrollaba se medía por la barra de torsión conectada a los ejes opuestos.

En un ensayo, en el que Tesla invitó a muchos invitados, hizo una declaración en la que dijo:

« Hay que tener en cuenta que aunque la planta piloto llega a los 200 caballos de potencia con 125 libras en la tubería de alimentación libre, puede producir hasta 300 caballos con la presión máxima del circuito de alimentación. Si la turbina era de tipo compound y el escape conducía a una unidad de baja presión que transportaría aproximadamente tres veces el número de discos contenidos en el elemento de alta presión, con una conexión a un condensador de 72,4 a 73,7 cm de vacío, los resultados obtenidos en esta máquina de alta presión indicarían que la unidad compuesta daría un rendimiento de 600 caballos, sin aumentar sus dimensiones. Esta estimación era muy conservadora.

« Las pruebas han mostrado que cuando una turbina funciona a 9,000 revoluciones por minuto bajo una presión de entrada de 125 libras por pulgada cuadrada alcanza los 200 caballos de frenado. El consumo máximo bajo estas condiciones al máximo rendimiento es de 38 libras de vapor saturado por caballo de potencia y por hora, una cifra muy alta cuando consideramos que la bajada de calor, medida por termómetros es solo de 137 150 julios y que la transformación de energía se efectúa en esta fase. Desde que el número de aparatos de calefacción se multiplicaron por tres en las centrales eléctricas modernas, se consumen 12 libras menos de caballos a la hora en estas turbinas adaptadas para reajustar cualquier bajada de temperatura.

Bajo ciertas condiciones se había obtenido una gran eficiencia termal que demostraba que en grandes máquinas basadas en el principio de consumo de vapor sería más baja y se aproximaría al mínimo retórico dando como consecuencia que la turbina transmitiese sin problemas la energía expansiva del vapor al eje.

Hay que tener en cuenta que todas las turbinas que Tesla construyó y probó eran motores monofásicos, que utilizaban una tercera parte de la energía del vapor. En la práctica, estaban pensados para ser instalados con una segunda fase que emplearía la energía restante e incrementaría la potencia de salida dos o tres veces (los dos tipos de turbinas tienen en común que cada una tiene una docena de fases con un único armazón).

Algunas personas de la central eléctrica de Edison que observaban los ensayos couple-tige y no entendían este tipo de ensayos en los que ambos rotores se quedaban inmóviles y las presiones opuestas mostraban una lucha incansable medida por la pareja, hicieron circular que la turbina era un fracaso absoluto, que no sería práctica si la eficacia no se multiplicaba por mil. Estas historias provocaron que Tesla fuese visto como un visionario con falta de espíritu crítico. Sin embargo la turbina Tesla como un motor con una única fase se esperaba desde hace más de veinticinco años y funcionaba como un pequeño productor de energía, bajo la forma en la que se había comprobado. Era un tipo de turbina instalada durante los últimos años en la central energética *Waterside*. Se trataba de un pequeño motor con una pala sobre el rotor y conocido como «turbina superpuesta», que estaba inserta en el conducto del vapor entre las calderas y las turbinas comunes. Se provee el valor de una mayor presión y la turbina superpuesta roza la lámina y agota el vapor que se dirige a las otras turbinas de forma normal.

En aquella época, la *General Electric Company* estaba desarrollando la turbina Curtis, y la *Westinghouse Electric and Manufacturing Company* la turbina Parsons. Ninguna de las dos compañías se interesó lo mínimo por la demostración de Tesla.

Para seguir desarrollando su turbina a una mayor escala Tesla necesitaba una gran suma de dinero y Tesla no tenía ni la mitad.

Finalmente Tesla llamó la atención de la sociedad *Allis-Chalmers Manufacturing de Milwaukee*, constructores de motores alternativos y otras máquinas pesadas. Sin embargo, como era típico en Tesla, demostró, durante las negociaciones, una tal falta absoluta de diplomacia y de comprensión de la naturaleza humana, que habría sido mejor que no hiciese nada respecto a la explotación de la turbina.

Tesla, que era él mismo ingeniero, ignoró a los ingenieros que formaban parte del personal de la sociedad *Allis-Chalmers* y se dirigía directamente al presidente. Mientras que se preparaba un informe técnico sobre su propuesta, él se presentó delante del consejo de administración y «vendió» lo esencial de su proyecto antes de que lo hicieran los ingenieros. Se habían construido tres turbinas. Dos de ellas tenían veinte discos de 45,7 cm de diámetro y se habían probado con vapor, bajo una presión de 36 kg. Se construyeron respectivamente a velocidades de 12000 y de 10000 revoluciones por minuto, 200 caballos. Era la misma potencia de salida que había alcanzado el modelo de Tesla del año 1911, que tenía discos con la mitad de ese diámetro y que funcionaba a 9000 revoluciones por minuto bajo una presión de 56 kg. Después se puso un motor mucho más grande. Este tenía quince discos de 1,5m de diámetro, se había hecho para funcionar a 3600 revoluciones por minuto, y fue evaluado con una capacidad de 500 kilovatios, aproximadamente a 675 caballos.

Hans Dahlstrand, ingeniero y consejero del Departamento de turbinas de vapor, dijo lo siguiente:

«Hemos construido una turbina de vapor de 500 kilovatios para que funcione a 3600 revoluciones. El rotor de la turbina está compuesto de quince discos de 1,5 m de diámetro y 3,175 mm de anchura. Los discos se han dispuesto a 3,175 mm los unos de los otros. Se probó este aparato conectándolo a un generador. La eficacia mecánica máxima obtenida en este aparato era de aproximadamente de un 38 por ciento, funcionando bajo una presión de vapor absoluta de unos 36 kg, y una contra-presión absoluta de aproximadamente 1 kg y un sobrecalentamiento de 37,8 ºC a la llegada.

«Cuando la presión del vapor aumenta por encima de estos datos la eficacia mecánica disminuye. Por consecuencia, la concepción de estas turbinas era de tal naturaleza que para obtener una eficacia máxima a alta presión, habría sido necesario tener más de una turbina en serie.

«La eficacia de las unidades de la pequeña turbina se compara con la eficacia obtenida con las pequeñas turbinas de impulso funcionando a velocidades donde pueden estar conectadas con bombas y otras máquinas. Es evidente que para obtener la misma eficacia, la pequeña unidad debería funcionar a partir de 10,000 a 12,000 revoluciones y sería necesario prever equipamientos de reducción entre la turbina de vapor y la unidad accionada.»

Por otra parte, respecto a los costes de producción, la concepción de la turbina de Tesla no podía rivalizar con los tipos más pequeños de unidades de impulso. La cuestión de base igualmente en saber si los discos del rotor, por su construcción ligera y con una tensión alta, habrían durado un cierto tiempo trabajando continuamente.

Las observaciones formuladas descritas más arriba también se aplicaban a la turbina grande que funcionaba a 3,600 revoluciones. Cuando esta unidad se desmontó, se vio que los discos estaban en gran parte deformes. La opinión respecto a este tema era que los discos no habrían funcionado si se hubiese utilizado la unidad durante un cierto tiempo.

La turbina de gas nunca se construyó, por la simple razón de que la sociedad no consiguió conseguir suficiente información técnica del Sr. Tesla, indicando que solo sería un esbozo de lo que él tenía en la cabeza.

Tesla parecía haber abandonado los ensayos en esa fase. En Milwaukee, ciudad estadounidense no estaba George Washington para salvar la situación. Más tarde, durante los años veinte, el autor preguntó a Tesla por qué había dejado de trabajar con la sociedad *Allis-Chalmers,* a lo que él respondió: «No querían construir las turbinas como yo quería» sin dar más detalles.

La sociedad *Allis-Chalmers* se convirtió en la empresa pionera de otro tipo de turbinas de gas, y hace años que tuvieron éxito.

Aunque el informe de Dahlstrande parecía criticar severamente la turbina de Tesla, y mostrar los puntos débiles que no se encontraban en otras turbinas, no fue el caso. El informe es, en general, una fiel presentación de los resultados. La descripción de los puntos débiles aparentes ofrece simplemente, desde otro punto de vista, hechos que Tesla señaló sobre la turbina en sus primeros ensayos; por ejemplo que cuando se utiliza un motor monofásico, consume aproximadamente un tercio de la energía del vapor y que para utilizar el resto, se debe combinar con una segunda turbina.

La referencia a una fuerza centrífuga de 31,750 kg, resultado de la gran velocidad de rotación del rotor y que daña los discos, hace referencia a algo común a todos los tipos de turbinas. Aparece claramente en un opúsculo sobre «The Story of the Turbine (La Historia de la Turbina)» publicado el año anterior por la *General Electric Company,* en la que se dice lo siguiente:

«La turbina ha tenido que esperar a que los ingenieros y los científicos hayan podido desarrollar material para resistir a estas presiones y velocidades. Por ejemplo, una única pala en una turbina moderna se desplaza a 600 millas por hora, posee una fuerza centrífuga de 40,820 kg intentando retirarla de su fijación sobre la rueda de cangilones y del eje…

«En este infierno que se desata, los cangilones de alta presión situados en una extremidad de la turbina se vuelven rojo fuego mientras que un poco más lejos, los grandes cangilones, en las últimas fases, giran a 600 millas a través de una tempestad de lluvia fría, tan rápido que las gotas de vapor condensadas cortan como una hoja de afeitar.»

Dahlstrand informó que a causa de las vibraciones, se produjeron complicaciones en la turbina de Tesla, haciendo necesario reforzar los discos. El hecho de que esta dificultad fuese común a cualquier turbina estaba indicado en el opúsculo del *General Electric* que estipulaba lo siguiente:

«Las vibraciones rompen los cangilones, las rodas y destrozan las turbinas, a veces en algunas horas y a veces tras años de funcionamiento. Estas vibraciones están causadas por el poder de enormes cantidades de energía provenientes de máquinas relativamente ligeras, y en algunos casos, hasta 400 caballos de un cangilón que no pesa más de quinientos gramos o un kilo…»

La turbina tiene cuatro problemas importantes: las temperaturas altas, las presiones altas, las velocidades altas y las vibraciones internas. La solución a cada una de ellas reside en la ingeniería, la investigación y las competencias en fabricación.

Estos problemas tienen que solucionarse, incluso con los fabricantes que construyen turbinas desde hace cuarenta años. El hecho de que estos problemas estuvieran presentes en la turbina de Tesla, y señalados después, no es la enésima crítica de la invención de Tesla en las primeras fases de su desarrollo.

Durante el último año que ha pasado o de los dos últimos años, hubo rumores entre los ingenieros indicando que había interés por la turbina de Tesla y la posibilidad de que los fabricantes de los modelos *Curtis y Parsons* ampliaran los modelos para incluir el de Tesla, para que fuese explotado junto con los otros. El desarrollo de nuevas aleaciones, que pueden fabricarse bajo pedido con la calidad deseada de estabilidad mecánica en condiciones de altas temperaturas y tensión, es responsable en gran parte del giro de los acontecimientos.

Es posible que si la turbina de Tesla hubiese sido construida en dos fases o más, dándole el intervalo completo de funcionamiento de la turbina Curtis o de la turbina Parsons, y si se hubiese construido con los mismos requisitos técnicos y los mismos avances metalúrgicos modernos, como se había hecho con estas dos turbinas, la simplicidad de la turbina de Tesla hubiera permitido ser más eficiente respecto al funcionamiento y se habría ahorrado en materia de construcción.

CATORCE

El honor más importante que el mundo puede conferir a sus sabios es el premio Nobel, fundado por Alfred B. Nobel, un científico sueco que se hizo rico con la invención de la dinamita. Se dan cinco premios cada año, y cada uno consta de una retribución de aproximadamente 40,000 dólares normalmente.

En el año 1912, se hizo un anuncio en Suecia en el que se afirmaba que Nikola Tesla y Thomas A. Edison habían sido elegidos para compartir el premio del año 1912 en física. Sin embargo no fue así. En su lugar, el premio se le dio a Gustav Dalen, un científico sueco.

Nunca se ha sabido con detalle lo que pasó realmente. La correspondencia sobre el tema no está disponible. Se dijo que Tesla había rechazado aceptar el premio. En aquella época, Tesla necesitaba dinero y los 20,000 que habría obtenido por compartir el premio le habrían ayudado a continuar con su trabajo. Sin embargo otros factores influyeron más.

Tesla diferenciaba entre el inventor de aparatos útiles y el descubridor de nuevos principios. El descubridor de nuevos principios, había declarado en una conversación con el autor, es un pionero que abre nuevos campos de conocimientos, en los cuales miles de millones de inventores se reúnen para descubrir aplicaciones comerciales de la información que se ha revelado. Tesla declaró ser un descubridor y Edison un inventor y consideraba que clasificarlos en la misma categoría destrozaría completamente todo el sentido del valor relativo de ambas realizaciones.

Es probable que Tesla estuviese influenciado por el hecho de que tres años antes, el premio Nobel se lo habían dado a Marconi, un hecho que le había decepcionado bastante. Ver que le habían concedido el premio antes a Marconi y que después le habían propuesto compartirlo con Edison era una depreciación muy importante del valor relativo de su trabajo en el mundo para que Tesla lo apoye sin rebelarse.

Tesla ha sido el primero, y seguramente el único científico que rechazó el famoso premio.

Además, uno de los grandes honores en el mundo de la ingeniería es recibir la medalla Edison, fundada por amigos de Thomas A. Edison cuyos nombres no se conocen, y concedida cada año por el *American Institute of Electrical Engineers* durante su congreso anual, como recompensa por una contribución excepcional a las artes eléctricas y a la ciencia. En general, aquellos que la reciben son muy felices de haberla recibido este premio, aunque en el año 1917, cuando el comité votó para concederle la medalla a Tesla, la situación fue muy distinta.

B.A.Behrend era el presidente del comité de la medalla Edison. Había sido uno de los primeros ingenieros en conocer el significado de los descubrimientos de Tesla sobre la corriente alterna y su gran importancia para todos los ámbitos de la industria eléctrica. Algunos ingenieros extraordinarios fueron capaces, en un principio, de comprender las sutilidades de los nuevos procedimientos de corriente alternas que hace que los descubrimientos de Tesla tengan una importancia práctica inmediata; aunque fue Behrend el que desarrolló una técnica matemática bonita y sencilla conocida como «diagrama circular», que permitió resolver los problemas de concepción de las máquinas con corriente alterna fácilmente, y también de entender los fenómenos complejos que se producen en el interior de estos aparatos. Publicó innumerables artículos sobre el tema en revistas especializadas y escribió el tratado de referencia sobre el tema *El motor de inducción*. Behrend ganó notoriedad y fortuna. Fue reconocido como uno de los ingenieros eléctricos más excepcionales y fue nombrado tras eso vicepresidente de la *American Institute of Electrical Engineers.* Su trabajo era tan importante para el mundo comercial que fue considerado como un candidato ideal para recibir la medalla Edison.

Behrend empezó a publicar artículos sobre el descubrimiento del diagrama circular en el año 1896, aunque no conoció a Tesla antes del año 1901, cuando este pidió un tipo particular de motor destinado a su fábrica en construcción en Wardencliff, Long Island, para la aplicación de su Sistema Mundial para la transmisión de energía eléctrica sin cables. La tarea de concebir este motor fue asignada al departamento de ingeniería de una empresa de fabricación que dirigía Behrend. Después de que Tesla y Behrend se conociesen, nació una profunda amistad entre ambos. Behrend era uno de aquellas personas raras que entendía perfectamente el trabajo de Tesla; el inventor, solitario por la ausencia de individuos cuya mente alcanzase el mismo nivel que la suya, apreciaba bastante la amistad de Behrend.

Behrend creía que podría rendir homenaje a Tesla por toda la consideración que le profesaba haciendo posible que se le concediese la medalla Edison; estaba alegre por poder darle la buena nueva al inventor. Sin embargo, esta noticia no provocó la reacción que él esperaba ¡No quería la medalla Edison y no la recibiría!

Behrend, muy sorprendido por el desaire de tesla, le pidió que le explicara el por qué.

«Olvidemos este tema, Sr. Behrend. Aprecio su buena voluntad y su amistad pero deseo que vuelva al comité y le pida que se haga una nueva selección para elegir otro candidato. Hace casi treinta años que anuncié mi campo magnético giratorio y mi sistema de corriente alterna delante del Instituto. No necesito honores, solo que sea útil.»

Habría sido imposible para Behrend negar que durante un largo período, el Instituto había fracasado honorando al hombre cuyos descubrimientos eran responsables de la creación de empleos, ocupados probablemente por más de tres cuartos de los miembros del Instituto, mientras que otros habían recibido premios por trabajos menos importantes. A pesar de esto, con su amistad como pretexto, le pidió que le diera más explicaciones.

«Usted propone», respondió Tesla, honorarme con una medalla que podría poner en mi chaqueta antes de pasar una hora pavoneándome delante de los miembros de su Instituto. Se podrían de acuerdo en rendirme honor, querrían condecorar mi cuerpo dejando que mi espíritu y sus ideas creativas se pudriesen, por no haber tenido éxito en ser reconocido, ellos que han proveído el fundamento en el que se basa su Instituto. Y cuando logréis la pantomima vacía de sentido que representa el hecho de rendir honor a Tesla, no rendirá honor a Tesla sino a Edison que ya ha compartido la gloria inmerecida de todos aquellos que ya han recibido esta medalla».

Sin embargo, tras bastantes visitas, Behrend convenció a Tesla para que aceptase la medalla.

La costumbre exige que aquel que recibe la medalla pronuncie un discurso oficial. En los momentos, un cuarto de siglo antes, en los que Tesla había sido invitado para dirigirse al Instituto, había necesitado mucho tiempo, esfuerzo, reflexión y dinero para preparar sus conferencias. Para estas últimas, sin embargo, no había recibido ningún honor. Ahora, ya no tenía ni laboratorio ni los recursos financieros suficientes, aunque su espíritu más maduro estaba lleno de ideas y de invenciones innovadoras. No estaba obligado de dar una conferencia y presentar un experimento. En este asunto, sin embargo, Tesla era víctima de sus propias hazañas pasadas; subsistía la esperanza de que saliera del olvido comparativo que lo había rodeado durante más de una decena, y volviese, como un gran mago, aportando al mundo algunos nuevos regalos maravillosos en forma de invenciones.

Tesla asistió a ciertas reuniones de la convención. Behrend, que no estaba seguro de lo que la medalla podría hacer, se quedó a su lado tras la sesión de la tarde y lo escoltó al hotel St. Regis, donde Tesla residía ahora, y ambos se pusieron el traje para las ceremonias nocturnas.

El primer evento del programa nocturno era una cena privada en el *Engineers'*

Club, dada por el instituto por la medalla, éste siendo el invitado de honor, y al que asistían los antiguos premiados con la medalla Edison así como a los miembros del comité y a los administradores del Instituto. Se trataba de una cena de gala que representaba una concentración inhabitual de los talentos más importantes del campo de la electricidad. Se podía confiar en Tesla para conferir inteligencia a un tal evento. Sin embargo, mientras que su conversación añadía vidilla al grupo, no se encontraba a gusto.

El *Engineers´ Club,* de la parte sud de la calle 40, entre la Quinta y la Sexta Avenida, frente *al Bryant Park,* el tercio ocupado por el edificio clásico que es la Biblioteca *Pública de New York,* construyó el largo de la Quinta Avenida, entre la calle 40 y 42. La *United Engineering Societies Building,* una inmensa estructura de la parte norte de la calle número 39, estaba frente al *Engineers´Club.* Andando unos pocos pasos en una callejuela, incluso era posible de ir de un edificio a otro.

Tras la cena en el Engineers´Club, el brillante grupo, presente en la cena de la medalla, cruzó la avenida antes de pasar la puerta atestada del *Enginerring Societies Building,* en plena efervescencia por las innumerables actividades asociadas a la convención. El grupo entró en los ascensores, estos últimos les llevaron a la gran sala de conferencias del quinto piso donde tenía lugar la entrega de premios.

La sala estaba llena de personas que llegaban en gran parte de cenas oficiales, que se habían conocido en el marco del programa de la convención. La sala y la tribuna estaban al máximo de su capacidad. La algarabía de las conversaciones disminuyó cuando las personalidades importantes del campo de la electricidad, vestidas de traje y de corbata blanca, subieron al escenario. Tenían que servir «obras de cera» durante las ceremonias y tomar parte en las presentaciones de las medallas.

Como estas reinaban los lugares que se les habían otorgado, la decoración estaba colocada para la apertura de las ceremonias. Sin embargo la apertura no se desarrolló tal y como estaba prevista. La consternación aumentó cuando descubrieron que la silla reservada al participante principal estaba vacía.

¡Tesla había desaparecido!

Inspeccionamos el lado de la sala que conducía al escenario y las antesalas, no había signos de él. Los miembros del Comité se eclipsaron de la sala, volvieron sobre sus pasos, cruzaron el vestíbulo y regresaron al comedor del Club. Un hombre tan grande como Tesla no podía esconderse en cualquier sitio, sin embargo no había rastro de él en los dos edificios.

El retraso que esto provocaba en la apertura de la reunión molestaba, sin embargo las ceremonias no podían dar comienzo sin Tesla. ¿Dónde se había ido?

No era posible que una figura tan imponente como la de Tesla, sus dimensiones exageradas por los simples contornos de chaqué y bajo la mirada casi reverenciosa de casi una veintena de mentes importantes, pudiese desaparecer sin que ninguno de ellos se hubiese dado cuenta de su marcha.

Behrend regresó a toda velocidad a la sala de conferencias esperando que Tesla hubiese llegado antes que él, aunque no fue el caso. Se había buscado en los aseos de los dos edificios, no estaba allí. Nadie podía entender cómo había desaparecido.

Nadie, salvo Behrend conocía la aversión de Tesla para aceptar la medalla Edison. Sin embargo, ni siquiera él tenía la menor idea de lo que le había sucedido. Se acordó que se había dado cuenta de los paseos sombríos de Bryant Park en frente del Club cuando Tesla y él bajaron del taxi antes por la noche, y se preguntó si Tesla no se habría refugiado allí para meditar tranquilamente antes de la ceremonia. Salió fuera del Club rápidamente.

En el momento en el que Behrend entraba en Bryant Park, las últimas luces tenues del crepúsculo eran visibles en las alturas; aunque en el parque, las sombras de la noche se congregaban y desde cualquier punto se podía escuchar el ligero piar de los pájaros. De repente, el hecho de escuchar recordó a Behrend la escena que había observado en el apartamento de Tesla en el hotel St. Regis. En la habitación que había acondicionado como sala de lectura y despacho había una mesa con cilindros, encima de la que había cuatro cestas circulares bien ordenadas. Dos palomas se habían acurrucado entre dos de ellas. Antes de dejar el apartamento, Tesla fue a la ventana, ahora abierta de par en par, silbó suavemente y dos palomas entraron a la habitación. Antes de ir a cenar, Tesla alimentó a las palomas. Sacó un papel repleto de algo de su bolsillo. Behrend no se había dado cuenta del posible sentido de este último gesto, hasta que escuchó el trinar de los pájaros.

Behrend salió del parque rápidamente, bajó la calle número 40 hasta la Quinta Avenida, antes de subir los escalones hasta la plaza de la Biblioteca. El espectáculo que vio le sorprendió más que lo que sus ojos querían mostrarle. En ese lugar se encontraba el hombre que había desaparecido. Behrend se acordó que Tesla visitaba a menudo la Biblioteca, la Catedral Saint-Patrick, y otros lugares para alimentar a las palomas.

En el centro de un gran círculo y delgado formado por observadores, se veía la imponente figura de Tesla. Coronaban su cabeza dos palomas, sus hombros y sus brazos con una docena más de ellas, sus cuerpos blancos o azules pálido ofrecían un contraste asombroso. En cada una de sus manos extendidas había un pájaro, mientras que aparentemente cientos de ellos formaban un cuadro viviente sobre el suelo delante de él y picoteaban el alpiste para pájaros que había esparcido.

La primera idea de Behrend fue precipitarse sobre él, ahuyentar a los animales y atrapar al hombre que había desaparecido y llevarlo a la sala de conferencias. Sin embargo algo lo frenó. Una acción tan brusca parecía casi un sacrilegio. Mientras dudaba, Tesla se dio cuenta y lentamente, movió la posición de una de sus manos para levantar un dedo como signo de advertencia. Sin embargo haciéndolo se aproximó lentamente de Behrend, y mientras que se encontraba cerca de él, algunos pájaros volaron de los hombros de Tesla para posarse en los de Behrend. Al detectar una situación problemática, todos los pájaros se fueron al suelo.

Al suplicar a Tesla que no le decepcionase, ni que dejase en vergüenza a aquellos que lo esperaban en la reunión, Behrend convenció al inventor para que volviese a la sala de conferencias. Lo que no sabía era que las palomas importaban más a Tesla que la medalla Edison; y pocas personas habrían podido sospechar la fantástica vida secreta de Tesla, cuya manifestación exterior era el hecho de alimentar fielmente a sus amigas con plumas. Para Behrend se trataba de otra manifestación, y en este caso muy vergonzosa de la inconformidad del genio. Volveremos a este punto más tarde.

Antes de volver a la sala, Behrend le dijo al presidente a solas que Tesla se encontraba enfermo hace un rato pero que ahora su estado era bueno. La apertura de la reunión se había retrasado unos 20 minutos.

En su discurso de presentación, Behrend subrayó que por una coincidencia increíble, hace exactamente 29 años, Nikola Tesla había presentado una descripción original del sistema de corriente alternativo polifásico. Añadió lo siguiente:

«Nunca, desde la aparición de «Investigaciones experimentales sobre la electricidad» de Faraday se habría formulado tan simple una gran verdad experimental como la descripción del gran descubrimiento del Sr. Tesla sobre la producción y la utilización de corrientes alternas polifásicas. No ha dejado nada que hacer a aquellos que lo han seguido. Su informe incluía incluso el esqueleto de la teoría matemática.

«Tres años después, en el año 1891, ingenieros suizos hicieron el primer experimento de la transmisión de energía a 30,000 voltios de Lauffen en Frankfurt en el medio del sistema del Sr. Tesla. Algunos años más tarde, siguió con el desarrollo de la *Cataract Construction Company*, bajo la presidencia de nuestro miembro, el Sr. Edward D. Adams y con la ayuda de los ingenieros de la *Westinghouse Company*. Es interesante recordar aquí, esta noche, que dando mi apoyo al Sr. Adams, Lord Kelvin recomendó la utilización de la corriente continua para el desarrollo de la energía en las Cataratas del Niágara y la transmisión a Buffalo.

«La apreciación esperada o incluso la enumeración de los resultados de la invención del Sr. Tesla no es ni práctica ni deseable en este momento. Hay un momento para cada cosa. Es suficiente con decir que si tuviésemos que eliminar del mercado los resultados de las investigaciones del Sr. Tesla las ruedas de la industria dejarían de girar, los trenes y coches eléctricos se pararían, las ciudades se ensombrecerían y las fábricas dejarían de usarse…Su nombre marca una época en el avance del progreso de la ciencia eléctrica. Gracias a su trabajo, hubo una revolución en las artes eléctricas.

«Hemos pedido al Sr. Tesla que acepte esta medalla. No lo hacemos por el placer de otorgarle una distinción, o de perpetuar un nombre. Durante todo el tiempo en el que los hombres se ocupen de la industria, su trabajo se incorporará en el pensamiento del arte y el nombre de Tesla no caerá en el olvido, como ha ocurrido como Faraday o con Edison.

«Este Instituto tampoco otorga esta medalla como prueba de que el trabajo del Sr. Tesla posee un sello oficial. Su trabajo no lo necesita.

«No, Sr. Tesla, le rogamos que aprecie esta medalla como símbolo de nuestra gratitud por un nuevo pensamiento crítico, la impulsión potente, comparable a revolución que usted ha provocado en nuestro arte y en nuestra ciencia. Ustedes han vivido para ser testigos de la puesta en marcha del trabajo de un genio. ¿Qué podría desear más un hombre? Esto nos recuerda una paráfrasis que el Papa escribió a Newton:

«La Naturaleza y las leyes de la Naturaleza se escondían en la noche:

Dios dijo, ¡qué Tesla sea!, ¡y se hizo la luz!

No queda nada del discurso de agradecimiento de Tesla. No había preparado ningún discurso oficial. Tenía la intención de dar una respuesta breve, pero en su lugar, se implicó en la narración anecdótica y en una panorámica del futuro de la ciencia eléctrica, que, a falta de una versión escrita, fue bastante larga.

Es poco probable que alguien entre el público en el escenario haya entendido el significado de todo lo que significa cuando Behrend dijo: «Hemos pedido al Sr. Tesla que acepte esta medalla». Los miembros del Instituto no conocían la importancia de la contribución que Tesla había hecho a su campo de estudio. Sus invenciones más importantes se habían anunciado treinta años antes. La mayoría de los ingenieros presentes pertenecían a la joven generación que había aprendido en manuales que no mencionaban en ningún momento a Tesla.

QUINCE

El anuncio que hizo Tesla en los próximos años atrajo mucha atención por su descubrimiento que había sido en pocas palabras, aunque no muy exacto, un rayo de la muerte. Informes previos habían llegado de Europa sobre la invención de los rayos de la muerte, rayos de radiación que permitirían incendiar aeronaves al menor contacto, derretir la estructura de acero de los tanques y el cese del funcionamiento de la maquinaria de los barcos, aunque todo esto parecía ser parte del juego de la fruslería diplomática.

El preludio al anuncio de Tesla sobre el rayo de la muerte se hizo años antes, en forma de declaración. Dijo que estaba realizando algunos descubrimientos respecto a una nueva forma de generar energía que, cuando funcionase, haría que las grandes turbinas de dinamo en las centrales eléctricas pareciesen insignificantes. Hizo este anuncio en la prensa del año 1933 y dijo que también estaba trabajando en un nuevo tipo de generador para la producción de radiación de todo tipo y en grandes intensidades. Al año siguiente hizo un anuncio similar.

Ambos anuncios se tomados muy en serio a pesar de que no estaban acompañados de un invento ni de detalles técnicos sobre el mismo.

Cuando Tesla hablaba como un científico se oponía a las guerras en el campo moral, económico, práctico y teórico. Pero, como la mayoría de los científicos cuando dejaba de pensar así y dejaba que sus emociones gobernaran sus pensamientos, encontraba algunas excepciones y situaciones por las que las guerras serían justificables. Como científico era reticente a que sus descubrimientos se usaron para la guerra. Sin embargo, cuando sus emociones llevaban las riendas, quería aplicar su genio para tomar medidas que pudieran prevenir la guerra construyendo herramientas protectoras.

Su actitud se ejemplifica en la siguiente afirmación, que había preparado en los años veinte pero que finalmente no se publicó.

«Actualmente muchas de las mentes más brillantes están intentando idear recursos para prevenir que se repitan los horribles conflictos que teóricamente han acabado y la duración de los cuales predije de forma acertada en un artículo en la publicación periodística *The Sun* el 20 de diciembre del año 1914. La Liga no es el remedio aunque, al contrario, en la opinión de un número de hombres competentes, los resultados no serían los deseados. Lamento bastante que se haya adoptado una política agresiva en el marco de los términos de paz porque de aquí a unos años será posible que las naciones luchen sin ejércitos, barcos o pistolas, con armas mucho más terribles, la destrucción no tendrá límites de alcance. Cualquier ciudad a cualquier distancia podrá ser destruida por sea cual sea el enemigo y nada podrá evitarlo. Si queremos evitar una calamidad inminente y que el mundo que conocemos se convierta en un infierno, deberíamos favorecer el desarrollo de máquinas voladoras y transmisión de energía sin cables con todo la energía y los recursos de los que disponemos.

Tesla vio posibilidades preventivas en su nueva invención que encarnaban perfectamente las características realizadas años antes de que la declaración que precede se hubiese escrito. Lo vio facilitando una cortina de protección a cualquier país, independientemente de su tamaño, para que pudiera defenderse contra la invasión. Era un arma defensiva, y no se podía utilizar de ninguna manera como arma de ofensa.

Tesla nunca dio la menor pista respecto a los principios del funcionamiento de su aparato.

Son indicaciones, de que Tesla estaba trabajando en un sistema de corriente directa de alto potencial para generar y transmitir energías a largas distancias. Se podía transmitir la corriente directa a altos voltajes de forma mucho más eficiente que la corriente alterna. No se ha podido, sin embargo, generar corriente directa a altos voltajes. Por esta razón el sistema de corriente alterna de Tesla fue adoptado por toda la nación como un sistema de súper energía, ya que daba la posibilidad de utilizar tensiones altas.

Las invenciones estaban empezando a aglomerarse en la mente de Tesla como el agua de una reserva que no tiene desagüe.

De la misma forma que desarrolló su sistema de corriente alterna en altas frecuencias, alta potencia en el campo de la distribución de energía por cable, que demostró en Colorado Springs, también pareció haber sacado adelante su sistema de corriente alterna inalámbrica y lo relacionó con su sistema de distribución de corriente alterna, así que lo podía usar en un sistema convergente. Como esto no se aplicó, realizó mejoras y produjo un plan para operar con lo que parecía ser un sistema de rayos de transmisión de energía sin cables que podría implicar el uso de oleadas de partículas utilizadas en el ciclotrón desintegrador de átomos.

A medida que el tiempo pasaba desde finales de los años veinte hasta finales de los años treinta, las pistas que Tesla daba sobre su trabajo se volvían más complicadas y tan ambiguas que despertaban escepticismo en lugar de respeto. No revelaría la naturaleza de sus descubrimientos hasta que los hubiese patentado, y no solicitaría la patente hasta que sus modelos operativos funcionasen. Por falta de dinero no podía construir modelos operativos. Samuel Insull, un magnate de los servicios públicos, le dio generosas sumas de dinero a Tesla durante muchos años. Las utilizaba para las deudas pendientes y no eran suficientes para permitir que se comprometiese a investigar.

Sin embargo Tesla nunca mostró la mínima muestra de amargura en este sentido. En vez de eso, parecía optimista, siempre tenía la esperanza de poder conseguir el dinero que necesitaba para llevar a cabo sus elaborados planes. Esto se veía en una carta que escribió a B.A. Behrend, que lo había inducido a aceptar la Medalla Edison, y en el que confiaba más que en ninguno otro:

«Estoy trabajando arduamente en mis investigaciones, te lo conté, espero derivar una cantidad en ocho cifras (sin contar las centenas, claro) permitiéndome levantar una planta energética inalámbrica, corriendo los gastos de mi cuenta. Y si consigo completarlo con otra invención que quiero que veas, no me atreveré a decírtelo. Lo digo seriamente».

La invención de la que no se atrevería a hablarle era seguramente del generador de corriente directa y el sistema de transmisión.

En una entrevista que dio en el año 1933, dijo que su generador de energía era muy simple —una gran masa de hierro, cobre y aluminio, que incluía una parte estacionaria y una parte rotadora, ensambladas peculiarmente. Estaba planeado generar electricidad y transmitir a una distancia por sus sistemas alternos, aunque el sistema de corriente directa podría emplearse si se hubiesen superado las dificultades para aislar la transmisión.

Un año más tarde había desarrollado la transmisión de energía e hizo una afirmación ambigua sobre lo que la prensa había titulado como «el rayo de la muerte» a raíz de la descripción que parecía ir muy bien con las locuras que habían llegado de Europa años antes.

«Otro artículo que me interesó fue un informe desde Washington en el *World Telegram* del 13 de julio del año 1934, que provocó que los científicos dudasen de los efectos del rayo de la muerte. Estoy bastante de acuerdo con los dudosos y seguramente soy más pesimista respecto a este tema que cualquiera de ellos, puesto que hablo desde la experiencia.

«Los rayos con una cierta energía no se pueden producir, y si se hicieran, su intensidad disminuiría al cuadrado de la distancia. No tanto como el que yo utilizo, que sería capaz de transmitir de un punto lejano más distancia que cualquier otro rayo.

«Todos somos falibles, pero cuando examino el tema a la luz del conocimiento que poseo tanto teórico como práctico me convenzo que le estoy dando al mundo algo más de lo que hubieran soñado los inventores de todos los tiempos».

Esta es la primera afirmación de Tesla en la que menciona su «rayo», aunque como ya había dicho, obtuve información confidencial durante los años anteriores, respecto a los resultados que había conseguido en su nuevo descubrimiento, que era un secreto muy bien protegido. Tres años más tarde, en el año 1937, Tesla me permitió escribir un reportaje para el *New York Herald Tribune* sobre su nuevo descubrimiento de rayos y energía. En él, insistí en la utilidad de su nuevo descubrimiento para proveer energía a los barcos que cruzasen el océano, eliminando la necesidad de llevar suministro de combustible, en lugar de usarlo como un arma de defensa o de ofensa.

En esta ocasión intenté sacarle información sobre los detalles técnicos aunque esquivó cada pregunta y no me dio información más allá de que la planta transmisora en la costa era una de las que sería capaz de levantar con un coste de 2.000.000 de dólares y que la energía se transmitiría por un rayo de secciones transversales infinitamente pequeñas, de cien mil centímetros de diámetro. Para los periódicos a los que di la historia la cifra era de una millonésima de centímetro cuadrado.

Más tarde, escribí una crítica de su plan y busqué sonsacarle algo revisando las propiedades de la radiación electro-magnética en todas las partes del espectro. Dándome cuenta de que no poseía ninguna característica conocida que necesitara para que el rayo fuese práctico, revisé todas las propiedades de todas las partículas conocidas de la materia, y afirmé que ninguna serviría para su propósito con la excepción de la partícula no electrificada, el neutrón. Ninguna de las respuestas que dio a este artículo fue reveladora.

En la cena por su cumpleaños en el año 1938 en el *Hotel New Yorker*, Tesla describió brevemente la transmisión de energía sin cables y el rayo de la muerte, añadiendo muy poco a lo que ya se había dicho; y más tarde dijo que había desarrollado un método para la comunicación interplanetaria, en el que sería capaz de transmitir no solo señas de comunicación de pequeña fuerza sino también energías que tuviesen miles de caballos.

En esta ocasión le pregunté si podría ser más específico respecto a los efectos que producía, y si serían visibles desde la Tierra; por ejemplo —¿podría producir un efecto en la luna lo suficientemente importante para que fuese visto por un astrónomo que estuviera viendo la luna con un gran telescopio? Su respuesta fue que sería capaz de producir en la cara oculta de la luna nueva un foco incandescente que brillaría como una estrella y podría ser visto sin la ayuda de un telescopio.

Parecía probable que Tesla propusiese usarlo para la finalidad del rayo que describió relacionado con la energía sin cables del «rayo de la muerte». La limitación de los efectos destructivos del rayo, que visualizó a doscientas millas, se debía al hecho de que el rayo había seguido una trayectoria en línea recta. Tesla afirmó que la curvatura de la Tierra establecía un límite en la distancia operativa, así que el alcance de doscientas millas indicaba la mayor altura práctica de la torre desde la cual el rayo se podía dirigir. Esperaba usar potenciales de aproximadamente 50.000.000 millones de voltios en este sistema, aunque ignoraba si se trataba de corriente directa o alterna.

La única afirmación escrita sobre este tema está en el manuscrito de la conferencia que se repartió, in absentia, algunos meses más tarde delante del *Institute of Immigrant Welfare* en respuesta a la mención honorífica. En esta se incluía el siguiente párrafo:

«Pasando a otro tema: el año pasado pasé mucho tiempo perfeccionando un aparato pequeño y compacto cuya energía en cantidades considerables se puede mandar por el espacio interestelar a cualquier distancia sin la mínima dispersión. Tengo en la cabeza charlar con mi amigo, George E. Hale, el gran astrónomo y experto solar, respecto a la posibilidad de utilizar su invención para mis propias investigaciones. Entretanto, espero poder presentar al Instituto de Francia una descripción detallada del aparato con datos y cálculos y reclamar a Pierre Gutzman Prize 10.000 francos por los medios de comunicación con otros mundos, sabiendo perfectamente que me los concederá. El dinero, por supuesto, es una consideración sin importancia, para el gran honor histórico de ser el primero que logre este milagro por el que estoy dispuesto a dar mi vida».

UN SUPERHOMBRE DE SU PROPIA CONCEPCIÓN

DIECISEIS

Entre 1892 y 1894, mientras se ocupaba de sus experimentos sobre las corrientes de alta frecuencia con alto potencial, Nikola Tesla encontró tiempo para interesarse bastante en otro problema, en otra cuestión y en otra energía, de las cuales derivó lo que consideró un nuevo principio físico. Lo desarrolló hasta un estadio donde pudo proponer una nueva teoría dinámica de la gravedad.

A pesar de que este principio ocupó una parte importante de su razonamiento, no lo comunicó hasta el final de su vida. Sin embargo, tales revelaciones apuntaban hacia una evidencia: Nikola Tesla consideraba que su teoría era completamente incompatible con la teoría de la relatividad y con la teoría moderna respecto a la estructura del átomo y a la transformación mutua de la materia y de la energía. Nikola Tesla cuestionaba constantemente la validez de los estudios realizados por Einstein y hasta dos o tres años antes de su muerte, continuó despreciando la idea según la cual era posible obtener energía a partir de la materia.

Estas ideas opuestas eran inoportunas ya que Nikola Tesla se encontraba en una situación conflictiva con la física experimental moderna. Y no tenía lugar de ser ya que podía haber sido fiel a su principio interpretándolo de tal forma que no hubiese sido contradicho las teorías modernas. Estas contradicciones se debían más a razones psicológicas que a incoherencias científicas.

La única declaración que Nikola Tesla realizó respecto a su principio y a su teoría lo hizo en la conferencia que dio en el Instituto de Inmigración en Belfast (el 12 de mayo de 1938). He aquí lo que declaró:

«Tras dos años consecutivos [1893 y 1894] de intensas investigaciones, tuve la oportunidad de hacer dos descubrimientos de gran importancia. El primero es una teoría dinámica de la gravedad que elaboré de forma muy detallada y que quiero compartir más adelante. Esto explica los orígenes de esta fuerza y los movimientos de los cuerpos celestes bajo su influencia, que acabará con las especulaciones sin fundamento y las concepciones erróneas, como la de la curvatura espacial.

«Los movimientos de los cuerpos como los hemos observado solo se pueden justificar por la existencia de un campo de fuerza, cuya teoría eliminaría también la idea de la curvatura espacial. Todas las informaciones respecto a este tema son inútiles y están condenadas a desaparecer. También incluyo todas las tentativas de explicar el funcionamiento del universo sin siquiera reconocer la existencia del éter y del papel esencial que desempeña en la manifestación de los fenómenos.

«Mi segundo descubrimiento es una de las verdades físicas más importantes. Tras haber estudiado detenidamente la totalidad del patrimonio científico en más de seis lenguas diferentes sin encontrar la menor huella de coyuntura en este tema, considero ser el pionero del descubrimiento de esta verdad, que puede expresarse con la siguiente afirmación: La energía de la materia proviene del entorno.

«Durante mi septuagésimo noveno cumpleaños la había mencionado y desde entonces, su significado y su importancia me parecen aún más evidentes. Esta verdad se aplica de forma matemática tanto a las moléculas y a los átomos como a los grandes cuerpos celestes, a cualquier materia en el universo sea cual sea su estadio de existencia, de su formación hasta su desintegración».

Nikola Tesla tenía una opinión fija sobre la cuestión de la relatividad y de las teorías modernas. Si hubiese publicado su principio-teoría de la gravedad a principios de siglo, habría recibido sin lugar a dudas mucha atención y una aceptación general, aunque fuera difícil emitir una hipótesis razonable sin conocer sus postulados. Su publicación podía haber influido el razonamiento de Einstein. El campo de fuerza mencionado por Nikola Tesla, elemento imprescindible para explicar los movimientos de los planetas, podría haber sido su aporte para eliminar la necesidad de explicar la existencia del éter, que es lo que hizo Einstein.

Las dos teorías se podrían haber unido y hubieran aportado un harmonioso desarrollo de la reflexión de ambos genios.

En este último caso, Nikola Tesla podría haber intentado encontrar puntos en común entre su teoría, la materia solo contiene la energía que recibe del medio y la opinión moderna, donde cualquier materia está constituida de energía, y cuya transformación es mutua porque cuando la materia se transforma en energía, la energía regresa al medio donde se formaron sus partículas.

El comportamiento de Nikola Tesla se podría deber a una frustración que se habría evitado si hubiese publicado rápidamente su teoría. Si hubiese sido el caso, su gran inteligencia así como su capacidad para resolver problemas le habría ayudado a resolver los problemas con los que se enfrentó en el ámbito de la física atómica. De esta forma, podría haber aprovechado la aplicación de nuevos conocimientos en este tema, en el que él era el maestro.

La capacidad de Nikola Tesla para generar corrientes de alta tensión habría sido útil para «desintegrar el átomo». A otros científicos, incluso hoy en día, les cuesta generar corrientes de 5.000.000 voltios de potencia, mientras que cuarenta años antes, Nikola Tesla producía potencias de 135.000.000 voltios.

El principio establecido por Nikola Tesla era contradictorio respecto a la representación del átomo, constituido de un núcleo complejo rodeado de electrones en la órbita (incoherencia que provenía más del inventor que de la naturaleza). Para suplir este problema, desarrolló una teoría antagónica contra todos los avances científicos que utilizaban una representación diferente del átomo esférico en la moda de los años 1880. Para él, un átomo desintegrado era como una bola de billar reventada.

Sin embargo, Nikola Tesla reconocía la existencia del electrón. Lo consideraba una especie de sub-átomo, un cuarto estadio de la materia, como el descrito por Sir William Crookes, el pionero en realizar este descubrimiento. Nikola Tesla lo visualizaba como algo relacionado con el átomo y no como uno de sus componentes. La carga eléctrica que adquiere es completamente distinta a la del electrón. Para él, la electricidad era un líquido mucho más elevado, que poseía propiedades propias específicas e independientes de la materia. La carga del electrón provenía de una capa superficial de electricidad que lo cubría, podía tener bastantes capas y también bastantes cargas disipadas. Estas afirmaciones eran similares a aquellas que se habían publicado cinco años antes.

Sin embargo, según la teoría moderna, la naturaleza eléctrica del electrón, la carga de éste, es una característica intrínseca de la naturaleza de la energía cristalizada en un punto, y hace posible la existencia del electrón. Constituye una de las partículas o unidades de energía que componen el átomo.

Durante charlas que trataban de artículos redactados por científicos con conocimiento en física atómica, Nikola Tesla protestaba por el hecho de que sus teorías no se podían defender y que sus afirmaciones carecían de fundamento. Su desacuerdo fue mayor sobre todo en lo que concernía los resultados de experimentos relacionados con la emisión de energía atómica.

«La potencia atómica es un mito» decía a menudo. Redactó bastantes declaraciones donde afirmaba haber desintegrado miles de millones de átomos un número incalculable de veces gracias a las corrientes de varios millones de voltios. Afirmó que esta operación no iba acompañada de emisión de energía.

Nikola Tesla me regañó bastante por no haber publicado sus declaraciones. Le respondí: «No las he divulgado para proteger su reputación. Le da una gran importancia a la regularidad. No necesita ser fiel a las teorías que postuló en su juventud, y estoy convencido de que en el fondo, tiene teorías que están de acuerdo con los avances científicos en otros ámbitos. Sin embargo, como se ha opuesto y ha criticado algunas teorías modernas, se siente obligado a mantener su posición y a criticar la de los demás. Estoy convencido que el razonamiento que usted ha aplicado durante la elaboración de su rayo de la muerte era parecido al que se presentó en la teoría moderna de la estructura del átomo y de la naturaleza de la materia y de la energía.

En este aspecto, Nikola Tesla me hizo entender claramente que tenía una opinión consolidada de las personas que intentaban pensar en su lugar. Esta conversación tuvo lugar en al año 1935 y no tuve noticias suyas durante meses. No obstante, en sus últimas entrevistas me di cuenta de que se había convertido en alguien menos categórico respecto a las teorías modernas. Años más tarde, anunció que quería construir un aparato capaz de probar concretamente la estructura del átomo que había predicho la teoría moderna y esperaba que los nuevos sistemas y rayos de energía liberasen una energía atómica más exitosa que cualquier otro dispositivo utilizado por los físicos.

Tras haber reconocido la idea de que el hombre sería capaz de desintegrar, transformar, crear o destruir átomos, así como controlar grandes cantidades de energía, se desahogó sobre el tema. Extendió el control del hombre sobre los átomos y la energía a una escala cósmica, capaz de modelar el universo según su voluntad. Lo declaró en un artículo que no fue publicado titulado « La mayor hazaña del hombre »:

« El ser plenamente desarrollado, el Hombre, está habitado por un deseo misterioso, enigmático e irresistible: el de imitar a la naturaleza, crear y estudiar las maravillas que percibe. Empujado por este deseo, investiga, descubre e inventa, concibe y construye, recubre el lugar donde nació de monumentos bellos, grandes y admirables. Viaja al centro de la tierra para revelar sus tesoros escondidos y para liberar energías colosales y aprovecharse de ellas. Se aventura en los abismos tenebrosos de los océanos y en las inmensas extensiones celestes. Escruta los rincones más profundos de la estructura molecular y desvela mundos infinitamente distantes. Doma la llama ardiente y devastadora de Prometeo, las fuerzas titánicas de las cascadas, de los vientos y de las mareas, y las pone a su servicio. Controla la herrería de Júpiter y destruye el tiempo y el espacio. Incluso el Sol se convierte en un esclavo sometido a sus órdenes. Su fuerza y su poder son tales que los cielos se desgarran y la tierra se pone a temblar en cuanto escucha su voz.

« ¿Qué reserva el futuro para este extraño ser, nacido de un soplo, en un cuerpo efímero aunque inmortal por sus poderes divinos y formidables? ¿Qué magia se propagará por el mundo al final? ¿Cuál será su gran triunfo, su gran apogeo?

« Hace tiempo, fue consciente de que cualquier materia se extraía de una substancia elemental o de una fineza inconcebible que llenaba el espacio: el Akasha o el éter luminífero a través del cual se manifiesta el Prana, el soplo de vida o la fuerza creadora, el principio de la existencia cíclica e infinita de cualquier cosa y de cualquier fenómeno. La substancia elemental, llevada por torbellinos ínfimos a una velocidad extraordinaria, se transforma en materia bruta, después, cuando la fuerza disminuye, el movimiento se para y la materia desaparece, volviendo al estado de substancia elemental.

¿Es el hombre capaz de controlar el procedimiento más grandioso, el más intimidante que existe en la naturaleza? ¿Puede explotar sus energías infinitas y apropiarse de todas sus funciones, incluso dirigirlas con la única fuerza de su voluntad?

« Si fuese capaz, poseería poderes casi infinitos y sobrenaturales. Con una simple orden, que solo le conllevaría un esfuerzo ínfimo, los antiguos mundos desaparecerían y surgirían nuevos, con su propia concepción. Podría arreglar, consolidar o preservar las formas inmateriales de su imaginación, las breves imágenes entrevistas en sus sueños. Podría expresar a cualquier escala todas las concepciones de su mente en una forma concreta e inmortal. Podría modificar el tamaño del planeta, controlar las estaciones, guiarlas por la trayectoria de su elección y viajar a las profundidades del Universo. Podría provocar la colisión de los planetas para producir soles y estrellas, su calor y su luz. Podría crear la vida y desarrollarla de formas infinitas.

« Crear y destruir la substancia material, forzarla a unirse en formas dictadas por sus deseos, he aquí lo que sería la última manifestación del poder de la mente humana, su triunfo absoluto sobre el mundo físico, su apogeo, que lo convertiría en ecuánime a su Creador, le permitiría lograr su destino supremo.

Nikola Tesla, en aquel entonces octogenario, mostraba un complejo de superhombre, aún más marcado que en su juventud.

Sus sueños, basados en un principio en una visión terrestre, se extendieron con el tiempo hasta englobar al universo en su totalidad.

Sin embargo, incluso en una escala cósmica, Nikola Tesla seguía expresándose en términos de materia y de energía. Según su razonamiento, estas dos entidades eran suficientes para explicar todos los fenómenos observados, una oposición que se oponía al descubrimiento de todas las nuevas teorías.

Las civilizaciones antiguas no tenían ninguna noción de la electricidad y del magnetismo, las manifestaciones controladas de estos dos grados de una misma entidad de fuerza engendrarían una nueva civilización y una nueva concepción cultural de la vida y permitirían extender los horizontes del ámbito de la vida humana. Nada nos impide alegrarnos del descubrimiento de nuevas fuerzas que produzcan electricidad a partir del viento y de las olas. Si consideramos aceptables las explicaciones insuficientes de los fenómenos vitales, que suscribimos en las extensiones desmesuradas de las fuerzas que ya conocemos, entonces, nos cerramos a cualquier oportunidad de descubrir fuerzas desconocidas y nuevos conocimientos. He aquí el límite que se había impuesto la ciencia durante el último cuarto de siglo, en el cual Nikola Tesla basó su filosofía y que no pudo estudiar los últimos años de su vida.

Los compartimentos cerebrales de la memoria de la mayoría de las personas funcionan como sistemas de clasificación, se trata de un perfecto vertedero para todos los elementos entrantes. Sin embargo, encontrar un recuerdo almacenado no es sencillo. Las capacidades de memorización de Nikola Tesla eran extraordinarias. Con una única lectura, retenía todos las datos. Siempre era capaz de recurrir a una fotografía de la lectura del documento y estudiarla cuando quisiese. Para Nikola Tesla, el aprendizaje era un proceso muy distinto al de cualquier persona corriente. No necesitaba biblioteca de referencia puesto que podía consultar mentalmente cualquier página de cualquier libro que hubiese leído. Cualquier información, independientemente de la fórmula, ecuación o elemento de una tabla de logaritmos aparecía en sus ojos. Podía recitar de memoria muchos libros y esto le hacía ganar mucho tiempo en sus investigaciones.

Esta extraña capacidad de visualización era una capacidad por encima de lo normal aunque completamente natural y era consecuencia de una especificidad de su cerebro, que conectaba directamente el hemisferio visual al de la memoria, dotándolo de un nuevo sentido muy práctico.

El cerebro humano se divide en dos hemisferios, derecho e izquierdo, que forman cada uno, a un cierto nivel, un cerebro en sí mismo. Las dos mitades funcionan en harmonía como un todo. El cerebro incluye varias capas paralelas conectadas las unas a las otras por fibras nerviosas complejas, como un hilo que une las capas de una cebolla. La capa externa parece estar directamente conectada con nuestra consciencia. La superficie se divide en varias regiones especializadas. Una banda reservada a los sentidos, que se extiende a través del corte transversal de cada hemisferio, entre los dos oídos y sobre la parte superior del cerebro. Aquí se encuentra una región propia a cada facultad sensorial: la vista, el oído, el gusto y el olfato. Justo al lado de esta banda se encuentran las regiones motoras y de la actividad muscular de diferentes partes del cuerpo. El lóbulo occipital, que se encuentra en la parte de atrás del cerebro aloja la memoria mientras que el lóbulo frontal se asocia a las funciones más nobles de cognición, se trata una de las partes menos conocidas del cerebro.

Durante un proceso normal de la vista, los ojos reflejan una imagen del objeto observado por la retina, una pantalla que se encuentra en la parte de atrás del globo ocular. La retina está alimentada por miles de terminaciones nerviosas aglomeradas como un manojo de espárragos. Sus extremidades son fotosensibles así que cuando la luz golpea una de ellas, ésta transmita una señal por el nervio óptico hasta el cerebro que la almacena como respuesta visual en las regiones de la visión de cada hemisferio cerebral. De esta forma, el acto de ver en sí mismo se efectúa en el cerebro y no por los ojos. Cuando el cerebro ve un objeto, se transmite un recuerdo de esta experiencia visual en las regiones cerebrales de la visión hasta el centro de la memoria que se encuentra en la parte trasera del cerebro. Normalmente se trata de un proceso con un sentido único, los estímulos van en dirección de la memoria aunque nada circula en sentido inverso. Si no fuera así, nuestras regiones sensoriales estarían constantemente repitiendo hechos pasados, mezclándolos con nuevas experiencias entrantes, lo que provocaría una gran confusión.

La región reservada a la memoria contiene un archivo completo de todas las experiencias sensoriales que hemos vivido. Cuando pensamos, utilizamos un mecanismo (aún poco comprendido) para enlazar hechos almacenados en la zona de la memoria para producir combinaciones o relaciones útiles, o, en otras palabras, para producir ideas. La memoria parece funcionar inconscientemente, aunque parece que somos capaces de activar las fibras nerviosas para relacionarlas con la memoria consciente. Gracias a esto, podemos localizar los recuerdos, aunque estos últimos son distintos de la verdadera experiencia de la visión por la cual se ha construido el recuerdo.

Sin embargo, si durante la reminiscencia, la fibra nerviosa que conecta la región cerebral de la visión con la de la memoria estuviese activa, entonces seríamos capaces de volver a ver el objeto que creó un recuerdo tan claramente como cuando el proceso de la visión se puso en marcha.

La producción de pensamientos creativos parece ser resultado de la asociación de un conjunto de dos o más recuerdos sensoriales para formar una combinación que posea todas las nuevas características que no formaban parte de los componentes de base. Si esta misma conexión nerviosa, que hemos visto anteriormente, se produjese con un sentido doble en la región de la visión, entonces podíamos visualizar la nueva creación como si se tratase de un objeto concreto que observaríamos con nuestros propios ojos, incluso el cerebro limitaría este procedimiento.

Se trata del proceso hipotético que se desarrollaría en el cerebro de Nikola Tesla y que le prodigaría una fuerza de trabajo creativa superior al del resto de los mortales. ¿Podría tratarse de una nueva invención de la Madre Naturaleza en la que Nikola Tesla era el conejillo de indias?

Sin embargo, Nikola Tesla no llegó nunca a entender el proceso neurológico que subyacía de esta extraña capacidad. Para él, el hecho de visualizar los objetos resultantes de sus pensamientos creativos era una experiencia completamente real. Pensaba que la imagen de lo que veía era enviaba por los nervios ópticos, desde el cerebro hasta los ojos, y que se reflejaban en la retina. De este modo podía haberlo visto gracias a un procedimiento o a un amplificador adecuado, como los que se utilizan en la televisión, proyectándolas en una pantalla, incluso lo propuso. (El defecto evidente de su razonamiento era el hecho de que creía realizar esta visión más allá de lo normal con sus ojos, mientras que el proceso se limitaba al cerebro. Los automatismos de los centros de memoria se detenían en los centros de visión en lugar de subir, tal y como él pensaba, del nervio óptico a la retina).

Nikola Tesla describió la experiencia de esta extraña capacidad en una entrevista con M.K.Wiseheart, publicada con el nombre de «Deje que su imaginación trabaje por usted» en American Magazine, una publicación periodística, en abril del año 1921. Declaró:

«Cuando era un niño, sufría una extraña enfermedad, veía imágenes que aparecían como rayos cegadores. Cuando escuchaba una palabra, la imagen del objeto en cuestión aparecía tan clara que era incapaz de decir si lo que veía era cierto o no. Aunque tendiese la mano para tocarlo y atravesarlo, la imagen seguía flotando por el aire.

«Para deshacerme de estas apariciones que me acosaban, intentaba fijar mis pensamientos en algún lugar tranquilo y calmado que hubiese visto. Esto me calmaba por un tiempo, pero cuando lo hacía dos o tres veces, se volvía cada vez menos eficaz. Entonces empecé a emprender viajes mentales más allá del pequeño universo que conocía. Día y noche, me aventuraba en mi imaginación, veía nuevos lugares, países, cada vez intentaba crear imágenes claras y perceptibles en mi mente. Imaginaba vivir en países que no había visitado, tenía amigos imaginarios a los que les tenía cariño y que me parecían tan reales como usted y yo.

«Lo hice hasta que cumplí diecisiete años. En aquella época, mis pensamientos se interesaron en las invenciones. Después, pude descubrir que era capaz de visualizar con una gran facilidad. No necesitaba ni maqueta ni boceto, ni hacer experimentos. Podía representarlo todo en mi mente…

«Gracias a esta capacidad de visualización, que había aprendido cuando era joven para librarme de algunas imágenes molestas, había desarrollado lo que creía ser un nuevo método para concretizar las ideas y las concepciones creativas. Se trataba de un método que quizás puede utilizar cualquier hombre imaginativo, ya sea un inventor, un hombre de negocios o un artista.

« Algunos, desde el momento en el que van a fabricar un invento o a realizar una tarea, se precipitan sin prepararse adecuadamente, y se centran en los detalles en lugar de en la idea principal. Pueden obtener resultados, aunque en detrimento de la calidad.

« He aquí, en algunas palabras, mi método: cuando tengo la necesidad de inventar algo en particular, almaceno la idea meses o incluso años. Cuando lo deseo, me aventuro en mi imaginación y pienso en los problemas sin concentrarme en la cuestión. Se trata del período de incubación.

« Después, tiene lugar el período de concentración real. Selecciono con cuidado las soluciones puntuales para resolver los problemas. Pienso y centro mi mente poco a poco en un ámbito restringido de investigación. Cuando pienso de forma intencionada en las especificidades de los problemas siento a veces que me acerco a la solución. Y lo que es increíble, es que cuando siento esta sensación, sé que he resuelto los problemas y que cumpliré mis fines.

« Esta sensación es tan concluyente como si ya los hubiera resuelto. He llegado a concluir que en cada etapa, la solución real se encuentra inconscientemente en mi mente, incluso si necesito más tiempo para darme cuenta.

« Antes de hacer un esbozo, elaboro la idea mentalmente en su totalidad. Modifico la construcción, realizo mejoras e incluso hago que funcione el aparato en mi mente. Sin haber esbozado un dibujo, soy capaz de transmitir a mis albañiles las medidas de cada elemento, que se ensamblarán perfectamente una vez terminado, como si las hubiese dibujado. Para mí es lo mismo que la máquina funcione en mi mente o en mi laboratorio.

« Las invenciones que concebí de esta forma siempre han funcionado. Sin excepción durante treinta años. Mi primer motor eléctrico, bombillas sin filamentos y lámparas fluorescentes, el motor de turbina y muchos otros aparatos que elaboré de la misma forma ».

En marzo de 1893, anunció el descubrimiento de la radio en su famosa conferencia en la Convención de la Asociación Nacional Electric Light en San Luis, donde Nikola Tesla hizo algunas declaraciones que indicaban que pensaba que sus visualizaciones mentales eran el resultado de imágenes enviadas a sus retinas por su cerebro. Aunque no tenía nada que ver con el tema de la conferencia, el hecho de que se expresara de tal forma mostraba que sus experimentos con esta extraña capacidad tenían una gran influencia en su reflexión creativa. Indicó lo siguiente:

«Como lo demuestra la teoría de la actividad ocular, podemos establecer que para cada impresión exterior, es decir cada imagen reflejada en la retina, las terminaciones de los nervios ópticos, que participan en la transmisión de las impresiones a la mente tienen que estar sometidas a una cierta presión o estar en estado de vibración. No sería imposible que cuando se evoque una imagen por la fuerza del pensamiento, un reflejo preciso, independientemente de la intensidad, actúe sobre algunas terminaciones de los nervios ópticos, y por consiguiente, en la retina. ¿Tendrá alguna vez el hombre la posibilidad, gracias a un medio óptico u otro con gran sensibilidad, analizar con precisión el estado de la retina cuando éste se perturbe por el pensamiento o por un reflejo? Si fuera el caso, entonces leer los pensamientos precisos de una persona como si se tratase de un libro abierto sería mucho más fácil que otros problemas del ámbito de la ciencia positivista. Muchos de los estudiosos de esta ciencia, si no la mayoría, creen ciegamente en sus conclusiones.

«Helmholtz demostró que los fondos de ojos eran luminosos en sí mismos y pudo observar en la oscuridad los movimientos de su brazo iluminado por sus propios ojos. Se trata de uno de las experimentos más extraordinarios que se han realizado en la historia científica y pocas personas serían capaces de repetirla satisfactoriamente, ya que es muy probable que la luminosidad de los ojos esté conectada con una actividad cerebral inhabitual y grandes capacidades imaginativas. Se trata de la fluorescencia de la actividad cerebral.

«Otro hecho importante sobre este tema, que muchos de ustedes habrán oído porque se cita en las expresiones populares aunque no recuerdo haber encontrado ningún informe detallado de los resultados de observación, es que cuando una idea o una imagen inesperada se presenta en el intelecto se produce un dolor luminoso en los ojos, incluso en pleno día.

Cuarenta años más tarde, Nikola Tesla barajaba la posibilidad de llevar un registro fotográfico de sus pensamientos. Reveló durante una entrevista que si sus teorías eran correctas (que los pensamientos se almacenaban en la retina) sería posible fotografiar lo que aparecía en la pantalla del fondo del ojo y proyectarlo ampliado.

El razonamiento de Nikola Tesla sobre su extraña capacidad de visualización y la posibilidad de encontrar la imagen correspondiente en la retina no era ilógico. Había una probabilidad muy escasa que, en un caso extremo un arco reflejo se hubiese prolongado del cerebro a la retina, aunque era muy improbable. Si hubiera compartido sus experimentos con otras personas, podía haber realizado ensayos simples en un laboratorio de oftalmología y así obtener pruebas experimentales para cuestionar o validar sus teorías, en lo que respecta a las imágenes de sus pensamientos fotográficos.

Sobre 1920, Nikola Tesla preparó, aunque nunca lo llegó a publicar, un comunicado sobre lo que consideraba como «Un descubrimiento fantástico». Incluía factores que llamaba «cósmicos» aunque presentaba también situaciones que los adeptos al vudú en Haití y otras comunidades carentes de un buen intelecto, entenderían perfectamente. Como Nikola Tesla, una de las personas más civilizadas, era capaz de elaborar este concepto, era probable que las ideas y las experiencias de otros individuos o grupos más cultos concordasen con este.

Sin embargo, esta situación implicaba una situación donde el autómata sin alma de «materia y de energía» (al que Nikola Tesla relegaba el estatus de ser humano) era capaz de juzgar valores éticos y, como un soberano presidiendo un tribunal de costumbres, podía imponer penas por haber infringido la ley.

He aquí la descripción que Nikola Tesla hizo de su «fantástico descubrimiento»:

«Aunque no he conseguido obtener pruebas que apoyen las afirmaciones de los psicólogos y de los espiritualistas, he demostrado, con una gran satisfacción, el automatismo de la vida, no solo con observaciones ininterrumpidas de acciones individuales, sino de la materia más concluyente, gracias a algunas generalizaciones. Estas representan un descubrimiento que considero como el apogeo de la sociedad humana y en el cual me demoraré brevemente.

«Tuve las primeras sospechas de esta verdad increíble cuando era muy joven, aunque durante bastantes años pensaba que se trataba de simples coincidencias. Quiero decir que cada vez que yo o una persona a la que le tenía afecto salía herido de cualquier forma, normalmente de la manera más injusta, por otras personas, sentía un dolor singular e indescriptible al que califico como «cósmico», a falta de un término más adecuado. Poco tiempo después, los responsables tenían malas experiencias. Tras haberme dado cuento de ello repetidas veces, me encomendé a varios amigos que se convencieron de esta teoría. Se puede formular de la siguiente forma:

«Nuestros cuerpos de construyen de la misma forma y están expuestos a las mismas influencias exteriores. Esto provoca reacciones similares y una conformidad de las actividades general en las que se basan, entre otros, las costumbres y las leyes. Somos autómatas controlados enteramente por las fuerzas de apoyo, sacudidos como los tapones de corcho flotando en al agua, aunque confundimos los impulsos resultantes exteriores con el libre arbitrio.

«Los movimientos así como otras acciones que efectuamos tienen como objetivo la supervivencia, y aunque parezcamos independientes los unos de los otros, estamos conectados por lazos invisibles. Al igual que el organismo que está en perfecto estado reacciona con justicia a los agentes que lo han provocado, cuando un individuo sufre algún altercado, la fuerza de su instinto se altera.

«Por supuesto, todo el mundo entiende que si nos quedamos sordos, nuestra vista se debilita, tenemos alguna herida, nuestras oportunidades de sobrevivir disminuyen. Vale también, e incluso más para algunas anomalías cerebrales que privan en mayor o menor medida el automatismo de esta cualidad esencial y lo hacen precipitarse hacia su destrucción.

«Un ser muy sensible y perspicaz, cuyos mecanismos más sofisticados están intactos y que actúa con precisión respetando las condiciones cambiantes del medio está dotado de un sentido mecánico superior, que le permite evitar los peligrosos más sutiles. Cuando está en contacto con otras personas cuyos órganos de control están extremadamente defectuosos, el sentido se manifiesta y el ser sufre el dolor «cósmico».

«Esta verdad es el resultado de cientos de ejemplos e invito a otros estudiantes de la naturaleza humana a que se interesen en esta tema, convencido de que gracias a un esfuerzo combinado y sistemático alcanzaremos resultados de importancia capital para el mundo.

El rechazo de Nikola Tesla de revelar algunos de sus experimentos había privado al mundo de historias muy interesantes. Indudablemente era un individuo fuera de lo común, y una especie que vivía lo que llamamos «experiencias físicas». Negó categóricamente haber vivido este tipo de experiencias, sin embargo, explicó dejó caer que las podría haber vivido. Parecía temer que si confesaba haber vivido experiencias físicas o enunciaba teorías según las cuales otro elemento distinto de la materia intervenía en la vida, le considerarían un adepto al espiritualismo.

Cada vez que se le interrogaba sobre su vida, disertaba sobre unas teorías según las cuales el cuerpo humano era una máquina de carne y de sangre que reaccionaba a las fuerzas exteriores.

Una tarde, en Nueva York, mientras Nikola Tesla y el escritor estaban sentados en el hall de la entrada del Hotel Governor Clinton, el inventor presentó su teoría de la máquina corporal. Se trataba de una filosofía materialista típica de la era Victoriana. «Estamos, dijo, compuestos únicamente de cosas que se identifican en tubos de ensayos y se pesan en balanzas. Nuestras únicas propiedades son las que recibimos de los átomos que componen nuestro cuerpo. Nuestras experiencias, lo que llamamos la vida, es una mezcla compleja de reacciones entre los átomos que nos componen y las fuerzas exteriores de nuestro ambiente».

Tal filosofía tenía el mérito de tener una presentación simple y concisa y se prestaba a incluir un positivismo que actuaba sobre el que lo emitía y transformaba su actitud en un dogmatismo donde una opinión expresada claramente se malinterpretase y se sustituyese, como si fueran pruebas factuales.

«No me creo una sola palabra de su teoría, respondí a su exposición, y gracias a Dios, estoy convencido de que usted tampoco. La mejor prueba que cuestiona su teoría es que Nikola Tesla existe. Según su teoría, Nikola Tesla no podría existir. Posee un espíritu creativo y sobrepasa a todos los hombres por sus hazañas. Si su teoría fuese correcta, todos seríamos genios como Nikola Tesla o todos seríamos seres mentalmente insuficientes viviendo en máquinas de carne y sangre como las que usted describe. Todos reaccionaríamos de la misma manera a las fuerzas reguladoras, inanimadas y no creativas del exterior.

-Pero todos somos máquinas de carne, contradijo Nikola Tesla y lo que pasa es que soy una máquina más sensible que las demás, distingo las impresiones que los demás no perciben, puedo entender e interpretar al mismo tiempo las impresiones. Simplemente soy un autómata más sofisticado que los demás, insistió.

-Esta diferencia, que había confesado que os separa de los demás, Doctor Tesla, refuta perfectamente su teoría, desde mi punto de vista, contesté, su sensibilidad sería un puro accidente a causa del azar. Teniendo en cuenta el carácter aleatorio, relativo a todos los individuos, nos elevaríamos al menos una vez, y quizás más al nivel de genio que usted ha manifestado durante toda su vida. Incluso con golpes maestros esporádicos, cada persona sería considerada un genio. El genio no se manifiesta, ni siquiera de forma intermitente, en cada uno de nosotros, por lo que su teoría de las máquinas corporales no tiene razón de ser. Si fuese realmente sincero conmigo, me contaría sus numerosos experimentos, aquellos que no puede explicar, que no concuerdan con su teoría y que tiene miedo de hablar de ellos por miedo a que no le comprendan o le ridiculicen. No me parecerán raros esos experimentos que sobrepasen el entendimiento. Un día, confiaréis en mí y me las contaréis.

Como era el caso cada vez que lo contradecía, tras esa tarde no vi más a Nikola Tesla durante un tiempo. Llegado el momento, tuve bastantes conversaciones telefónicas con él. Nuestras conversaciones parecían haber cambiado su actitud respecto a mí. La siguiente vez que lo vi, me dijo: «Señor O'Neill, es usted la persona que mejor me entiende en este mundo». La razón por la cual menciono esto es para mostrar la justicia de mi convicción según la que existe otro Nikola Tesla, sepultado en este ser artificial, el superhombre, que intentaba pasar desapercibido delante del público como si fuese la verdadera persona.

En aquella época, no estaba al corriente del «fantástico descubrimiento» de Nikola Tesla o de algunos de sus experimentos, que conocí más tarde. Si lo hubiese sabido, nuestras discusiones hubieran sido mucho más precisas.

DIECISIETE

Aunque Tesla desconfiaba totalmente en los fenómenos físicos, como se ha dicho antes, realizó muchos experimentos pertenecientes a esta categoría. Tampoco desacreditó ni repudió esta realidad. Tales paradojas eran comunes en los temas que le importaban.

Por ejemplo, Tesla rechazó completamente la telepatía como una fase de un fenómeno físico, aunque estaba completamente convencido que la mente podría comunicarse con la mente. Cuando se le preguntó sobre su creencia en la telepatía en una publicación periodística a principios de los noventa (sg.XIX), Tesla respondió: «Lo que se considera evidencia de la existencia de la telepatía es mera coincidencia. Sin embargo el trabajo de la mente humana a través de la observación y de la razón me interesa y me asombra. Y añadió esta frase paradójica: «Suponga que constituyo mi mente para asesinarle. Lo sabría en un momento. Ahora bien, ¿no es increíble? ¿Cómo puede hacer la mente todo eso?

El periodista afirmó a modo de resumen: La telepatía física no existe como realidad, aunque la transmisión del pensamiento de la mente directamente a la mente es un fenómeno increíble, merecedor del estudio científico.

La paradoja se debe a que en la época en la que Nikola Tesla hablaba, todos los fenómenos físicos se debían supuestamente a la intervención de espíritus, o a almas del más allá. Una teoría semejante no tenía cabida en la filosofía de Tesla, dado que no creía en la inmortalidad. Sentía que podía explicar todos los fenómenos relacionados con la materia y la energía y que el espíritu estaba a caballo entre ambas categorías. Pensar, era según las teorías de Tesla, algo que resultaba de la interacción de la materia y de la energía en el cerebro y como este proceso produciría ondas en el éter, no había ningún impedimento para que estas ondas fueran enviadas desde una mente no fuesen recibidas por otra, como consecuencia de la transferencia del pensamiento.

Tesla no hablaba de nada colindante con experimentos físicos fuera del círculo de sus parientes. Sin embargo, en una ocasión seguramente salvó la vida de tres de sus amigos gracias a una premonición. Relató el incidente a su sobrino, Sava N. Kosanovich de este modo:

«Oí que Tesla había tenido premoniciones. Le explicó el mecanismo, diciendo que era un receptor muy sensible que grababa cualquier ruido. Declaró que cada hombre es como un autómata que reacciona a las impresiones externas.

«Me contó un caso en el que celebró una fiesta aquí en Nueva York para algunos de sus amigos que planeaban coger un tren hacia Filadelfia. Sintió el deseo de no dejar que sus amigos cogiesen ese tren y los detuvo a propósito para que perdieran el tren en el que querían viajar. El tren sufrió un accidente que provocó bastantes pérdidas humanas. Pasó sobre los años 90 (sg.XIX).

«Cuando su hermana Angelina estaba enferma y murió, envió un telegrama que decía: «He tenido una visión en la que Angelina surge y desaparece. Creo que no es bueno.»

Tesla se cuenta a sí mismo una historia increíble de dos situaciones fuera de lo normal, en un manuscrito que no se ha publicado. Graba una situación en la que, a causa del exceso de trabajo, su extraño fenómeno de visualización desparece o muere y renace. Cuando regresa, crece rápidamente repitiendo la visualización de situaciones desde que era pequeño, eventos más recientes hasta llegar a la época actual y culminar con algo que no había pasado todavía.

La historia de su experimento, contado por Tesla:

«Le contaré un extraordinario experimento que les puede interesar a los estudiantes de psicología. Había producido un fenómeno impresionante con mi transmisor de tierra y había intentado establecer su verdadero significado en relación con las corrientes que se propagan por la Tierra. Parecía un proyecto inútil y durante más de un año trabajé incansablemente, aunque en vano. Este profundo estudio me absorbió tanto que me olvidé de cualquier otra cosa, incluso afectó a mi salud. Cuando estaba a punto de desmoronarme, la naturaleza aplicó el instinto de supervivencia y caí en un profundo sueño.

«Cuando recuperé el sentido, me di cuenta con consternación de que era incapaz de visualizar escenas de mi vida salvo de mi infancia, las primeras que existían en mi consciencia. Era bastante curioso que estas apareciesen delante de mis ojos con una particularidad asombrosa y me hiciese sentir mejor. Noche tras noche, cuando me iba a la cama, pensaba en ellas y en cómo habían aparecido. La imagen de mi madre era simple la figura más importante en el espectáculo que se desplegaba lentamente y un profundo deseo de volver a verla se apoderó de mí.

«Este sentimiento creció tanto que decidí dejar todo el trabajo y satisfacer mi anhelo. Pero me costó tanto desconectar de mi laboratorio y transcurrieron varios meses en los que pude revivir toda mi vida hasta la primavera de 1982.

«En la siguiente foto que saqué del olvido, me vi en el Hotel de la Paix en Paris recuperándome de uno de los profundos sueños tras haber trabajado incansablemente. Imagine el dolor y la angustia que sentí cuando me acordé que había recibido una carta que decía que mi madre se estaba muriendo.

«Fue llamativo que durante este periodo de olvido parcial estaba más despierto respecto a todo lo que trataba el tema de mi investigación. Podía recordar los pequeños detalles y las observaciones más insignificantes en mis experimentos e incluso recitar páginas de textos y fórmulas matemáticas difíciles.

Fue la premonición de lo que ocurrió inmediatamente después de la conferencia en Paris, como se describe en un capítulo anterior, cuando regresó a casa justo a tiempo para ver a su madre antes de morir.

El segundo incidente también concierne la muerte de su madre, y se relata en otra parte del mismo manuscrito. Afirma:

«Durante muchos años había tratado de resolver el enigma de la muerte y observé con entusiasmo cada indicación espiritual. Pero solo una vez, durante el curso de mi existencia tuve una experiencia que me había impresionado como si fuese algo sobrenatural. Fue en el momento en el que mi madre murió. «Estaba completamente agotado por el dolor y las largas guardias y una noche estaba conduciendo desde nuestra casa a un edificio de dos pisos. Como me sentía indefenso allí, pensé que si mi madre moría mientras estaba lejos de ella, me daría una señal.

«Dos o tres meses antes estaba en Londres en compañía de mi difunto amigo, el Señor William Crookes, cuando se estaba hablando del espiritualismo y bajo el influjo de mis pensamientos. No hubiera prestado atención a los demás, aunque se hablaba de un proyecto en materia radioactiva. Siendo estudiante, leí mucho sobre ello y fue la razón por la que empecé en esta profesión.

«Me di cuenta que las condiciones para echar un vistazo al más allá eran favorables, para mi madre que era la mujer de un genio y particularmente brillante por sus poderes intuitivos. Durante toda la noche cada fibra de mi cerebro forcejeaba expectante, pero no ocurrió nada hasta por la mañana temprano cuando me dormí o quizás me desmayé y vi una nube que llevaba figuras angélicas muy bellas, una de las cuales me miró y poco a poco reconoció los rasgos de mi madre en mí. La aparición flotó despacio por la habitación y despareció y me despertó una dulce canción indescriptible cantada por muchas voces. En aquel momento tuve la certeza, que no se puede explicar con palabras, de que mi madre había muerto. Y era cierto.

«Era incapaz de entender el tremendo peso de la poderosa información que recibí antes y le escribí una carta al Señor William Crookes mientras estaba aún dominado por esas impresiones y en un pésimo estado de salud.

«Cuando me recuperé busqué lo que provocaba esta extraña manifestación, y para mi alivio, tuve éxito tras meses de esfuerzo en vano. Había visto la pintura de un gran artista, representando alegóricamente una de las estaciones con la forma de una nueve con un grupo de ángeles que flotaban en el aire, y esto me hizo mucho daño. Era la misma que se me apareció en sueños excepto el parecido con mi madre. La música provenía del coro de una iglesia cercana con la muchedumbre de la mañana de Pascua, explicándolo todo con respecto a los postulados científicos».

Sin embargo, esta explicación «científica» que Nikola Tesla establecía no tenía seguramente nada de científico. Ignoraba tres hechos esenciales: en un principio, que había vivido lo que en la época se consideraba como una experiencia sobrenatural que le había invadido de una certidumbre indescriptible. En segundo lugar, que esta experiencia le había revelado la muerte de su madre y que fue consciente de esa manera. Y en tercer lugar, que los eventos habían ocurrido a la hora exacta de su muerte. El mecanismo que producía este fenómeno se sirvió de algunos recuerdos almacenados en la mente de Nikola Tesla (como por ejemplo, el del cuadro) para comunicarle la información de forma inteligible, aunque simbólica. Además, algunos meses antes, tuvo una premonición que había sido el punto culminante de un fenómeno prolongado en relación con su madre.

El hecho de que Nikola Tesla se esforzase en explicar «científicamente» lo relacionado con lo físico o con lo espiritual, y que se contentaba con explicaciones insuficientes indicaba un conflicto interior que trataba de conciliar el superhombre muy materialista de «materia y de energía», en el que se había convertido estaba deprimido. Mostraba una individualidad subyacente dotada de una gran capacidad de clarividencia espiritual y profunda de la vida.

Uno de los almuerzos más extraños que Nikola Tesla organizó fue el que preparó para Fritzie Zivic, un boxeador profesional. Tuvo lugar en el año 1940 en uno de los comedores privados del Hotel New Yorker. Fritzie Zivic tenía un combate en el Madison Square Garden durante el campeonato de pesos wélter y el almuerzo tuvo lugar el mediodía del día del combate.

Frtzie tenía cinco hermanos que eran todos boxeadores o luchadores profesionales. Vivían en Pittsburgh, donde su padre regentaba un bar. Todos nacieron en Pittsburgh, aunque sus padres eran originarios de Yugoslavia, los hermanos acortaron su apellido de familia eslava, que además era difícil de pronunciar, para su carrera profesional.

Nikola Tesla convenció a los seis hermanos para que fuesen a comer. El resto de invitados eran William L. Laurence, un periodista científico del New York Times, y el autor de este libro.

En la mesa había tres tipos de personas. Los seis hermanos luchadores tenían un físico ejemplar. A pesar de no ser muy altos, tenían unos cuerpos poderosos y masivos, unos torsos prominentes y unos grandes hombros. Todos tenían los ojos claros, la piel blanca y los rasgos cuidados. Además, llevaban un traje negro con un cuello blanco. La apariencia de los dos periodistas creaba un fuerte contraste con los boxeadores, y Nikola Tesla contrastaba con todos. Laurence, con su gran melena negra azabache peinada para atrás, se parecía a un músico.

Nikola Tesla se sentó en la esquina de la mesa. A su derecha se sentaba Fritzie, quien tenía al lado a tres de sus hermanos. En frente, estaban sentados el Señor Laurence y dos de sus hermanos. El autor se sentó en la otra esquina de la mesa.

Esta vez, Nikola Tesla no había preparado uno de sus famosos platos a base de pato, tenía otra cosa en la cabeza. Cuando sus invitados se instalaron, Nikola Tesla se levantó. Fritzie, con su ancha y robusta silueta, parecía minúsculo a su lado. Nikola Tesla llevaba un traje recto, negro y ligero, que le hacía más delgado. Había perdido mucho peso desde el año anterior, y se le marcaban las arrugas en su rostro por la edad. De su rostro, austero, le caían algunos mechones de pelo entrecano. Sus largas manos finas con formas delicadas, se dirigían hacia el boxeador profesional sentado a su lado, que sonreía a la extraña silueta que le dominaba.

«Les voy a pedir un gran filete de cinco centímetros de ancho, para que os de energía esta tarde para ganar el campeonato por…».

El boxeador, con las dos manos levantadas intentó interrumpir al científico que gesticulaba.

«No, protestó Fritzie, sigo un entrenamiento y no puedo comer un filete hoy.

-Vais a escucharme.» vociferó Nikola Tesla con insistencia agitando los brazos y gesticulando tanto que parecía una animadora de un partido de fútbol americano. Digo que comeréis un bistec. Le voy a pedir un gran bistecde cinco centímetros de anchura y podrá…»

Los cinco hermanos de Fritzie se unieron a la contienda para protestar.

«No puede comer bistec hoy. Perderá el combate, dijeron todos al unísono.

-No, no perderá el combate, replicó Nikola Tesla, pensad en los héroes de nuestra poesía serbia. Hombres vigorosos y grandes guerreros. ¡Usted tiene que luchar por la gloria de Serbia y para eso necesita un gran bistec sangriento!

Nikola Tesla era víctima de un frenesí, agitaba sus manos y tocaba las palmas como si se encontrara en la primera fila de un gran combate. Fritzie y sus hermanos no entendían su emoción. Se quedaron completamente indiferentes. Fritzie le respondió:

«Voy a ganar, doctor Tesla. Voy a ganar por la gloria de Yugoslavia y cuando el árbitro anuncie el veredicto del combate y cuando me preste el micrófono, diré que he sido vencido por el doctor Tesla. Pero nada de bistec hoy. Doctor Tesla, se lo ruego.

-De acuerdo Fritzie, coma lo que quiera, aceptó Nikola Tesla, aunque sus hermanos se podrán comer sus bistecs respectivos.

-No, doctor Tesla, objetó el mayor, si Fritzie no puede comer un bistec, nosotros tampoco. Comeremos lo mismo que él».

Fritzie pidió huevos revueltos en pan tostado, con beicon y un vaso de leche. Los cinco hermanos pidieron lo mismo, y los dos periodistas también.

Nikola Tesla empezó a reírse de buena gana. «Vais a luchar con esto en la barriga entonces» dijo entre carcajadas.

Para él, el científico de 83 años sediento de sangre, pidió «un plato con leche caliente» así que gracias a esto aconsejó a Fritzie a que «lo diera todo» frente a su adversario y a «que lo dejase K-O en el primer asalto.

Fue una cena extraña. Aunque la mayoría de los invitados eran boxeadores, con sus rostros sobrios y sus poderosos cuerpos, el científico, delgado, con el rostro anguloso y casi demacrado, los ojos hundidos y el pelo fino dorado, dominaba fácilmente la escena. Todo el mundo estaba relajado, a pesar de la anticipación que sentían los hermanos por el próximo combate de Fritzie y el entusiasmo de Nikola Tesla. Sin embargo, a pesar de que todo el mundo estaba relajado, había una especie de tensión que unía a esta asamblea. Cuando fui consciente, observé con interés la evolución de la situación. Había vivido situaciones parecidas pero nunca en semejantes circunstancias.

El Señor Laurence, periodista del periódico Times, estaba sentado a mi derecha. Empezó a ponerse nervioso en la mitad de la cena. Miró bastantes veces bajo la mesa. Se frotó, por orden, los tobillos, las rodillas y las pantorrillas. Cambió de posición. Se frotó los codos, y después, el antebrazo. Pude retener su atención.

¿Pasa algo, Bill? Pregunté, aunque sabía muy bien lo qué estaba pasando.

-Pasa algo raro, me respondió.

Algunos minutos más tarde, se agachó y miró de nuevo bajo la mesa.

¿Habéis sentido algo? le pregunté.

-Sí, dijo un poco preocupado, hay algo caliente que me está tocando en diferentes lugares. Siento el calor pero no veo lo qué es. ¿También lo siente usted? me preguntó.

-No le preste atención, le tranquilicé, sé lo que es, se lo explicaré más tarde. Intente observar lo más atentamente posible a partir de ahora».

El fenómeno perduró hasta el final de la fiesta. Volviendo a nuestros despachos, se lo expliqué al señor Laurence:

«A veces os habéis reído de mi credulidad para aceptar experiencias consideradas físicas, le dije, acaba de ser testigo de una de ellas. En cuanto acabó la cena y tras haber calmado los excesos del doctor Tesla, sentí una tensión extraña en el aire alrededor de mí. A veces tenía la impresión de que mis manos y mi rostro estaban atrapadas en una tela, entonces pensé que pasaría algo raro.

«Esta asamblea era perfecta para organizar una sesión física y si hubiésemos estado a oscuras, quién sabe lo que hubiera pasado. Había seis hombres muy musculados, cercanos los unos de los otros, desbordantes de energía vital a la espera de un acontecimiento que habría suscitado pasiones. Además de esto, el doctor Tesla mostró un entusiasmo como no se había visto antes. Estaba sobrecargado con otra energía vital. Imagine que el doctor Tesla se convierte, de una forma que ignoro, en un médium que sirve de coordinador para liberar estas reservas de energía vital que, aún sin saber de dónde vienen, habrían creado canales de transmisión gracias a los cuales la energía se transfiere de altos a bajos niveles de potencial.

«En nuestro caso, estábamos en los niveles de debilidad potencial, puesto que sentí exactamente lo mismo que usted, por estos canales de transferencia de energía en el espacio que entraron en contacto en varios lugares de mi cuerpo donde sentía una sensación de mucho calor.

«Ha leído informes de sesiones en las cuales los participantes dicen haber sentido aire fresco. En ese caso, la acción es inversa a la nuestra, ya que la energía de esas sesiones se extraía en los participantes que estaban dispuestos por el considerado como el médium para producir los fenómenos.

«Durante nuestra experiencia de hoy, se extrajo una especie de líquido empobrecido de los cuerpos de los boxeadores para alimentar los nuestros. En el caso de las sesiones, la energía proviene de los cuerpos de los participantes y penetra en el cuerpo del médium, o en un punto de acumulación central. En un informe que escribí sobre las observaciones de estas sesiones, llamaba a esta sustancia líquido sinovial, que era una abreviatura más práctica de los términos «nuevo líquido psíquico».

«Tras haber vivido la experiencia de hoy, entiende por qué, hace algunos años, me arriesgué a que me asesinaran, en el sentido figurado, por el doctor Tesla cuando le dije que utilizaba su filosofía de vida humana de máquina de carne para disimular las extrañas experiencias que había vivido, y de las que tenía miedo de hablar...».

Nikola Tesla sufrió una extraña experiencia paranormal algunos días antes de su muerte, aunque ignoraba que la situación tenía ciertos aspectos muy inhabituales.

Una mañana temprano, llamó a su mensajero preferido, Kerrigan, y le dio un sobre precintado, y le pidió que lo hiciese llegar lo antes posible. La carta se dirigía a: «M. Samuel Clemens, 35 South Fifth Ave., New York City.»

Kerrigan volvió en poco tiempo y anunció que no había podido enviar el mensaje porque la dirección era errónea. «La calle South Fifth Ave no existe» señaló el chico, y en los alrededores de ese número en la Quinta Avenida no encontró a nadie que se apellidase Clemens.

Nikola Tesla se enfadó, dijo a Kerrigan: «El señor Clemens es un autor muy famoso que utiliza el pseudónimo de Mark Twain, no deberías tener ningún problema en encontrarle en la dirección que te he indicado. Vive allí».

Kerrigan informó del problema al director de su oficina. Este le respondió: «Claro que no has encontrado la South Fifth Avenue. Se le cambió el nombre a West Broadway hace años y tampoco podrás enviarle el mensaje a Mark Twain porque murió hace veinticinco años».

En posesión de estas informaciones, Kerrigan volvió a ver a Nikola Tesla y le desconcertó la reacción que provocó su anuncio.

«No vas a decirme que Mark Twain ha muerto, dijo Nikola Tesla, estaba en mi habitación anoche. Estaba sentado en esta silla y estuvimos hablando durante una hora. Ha tenido dificultades financieras y necesita mi ayuda. Así que vuelves a esa dirección y le das este sobre, y no vuelvas hasta que lo hayas terminado.» (¡La dirección donde envió el mensaje era la dirección donde se encontraba el primer laboratorio de Nikola Tesla!)

Kerrigan regresó a su despacho. El sobre no estaba bien precintado así que lo abrió con la esperanza de encontrar alguna pista para saber cómo enviarla. ¡Esta contenía una hoja blanca enrollada alrededor de veinte billetes de 5 $! Cuando Kerrigan intentó devolverle el dinero, Nikola Tesla le replicó, muy molesto, que o entregaba el dinero o se lo quedaba.

Los últimos veinte años de la vida de Nikola Tesla estuvieron llenos de situaciones muy embarazosas relativas a facturas de hoteles sin pagar. Parecía que la situación había sobre su percepción de Mark Twain por una especie de procedimiento de transferencia.

Teniendo en cuenta las grandes capacidades de Nikola Tesla para visualizar los objetos de sus pensamientos como objetos concretos, la teoría más sencilla es que su mente habría hecho aparecer la imagen de Mark Twain. Nikola Tesla y Mark Twain eran buenos amigos y el inventor sabría que el humorista y mente-maestra habría muerto. No obstante, ¿cómo pudo olvidar que había muerto? Podríamos esbozar una teoría objetiva que sería o no, la explicación correcta.

La memoria de Nikola Tesla estaba llena de recuerdos con Mark Twain, sobre todo remontando a su juventud cuando pensaba que se había curado de una grave enfermedad gracias a haber leído uno de los libros escritos por el humorista. Veinte años más tarde, cuando Nikola Tesla contó este incidente, al humorista le llegó tanto que lloró. Una amistad nacida de los dos hombres, acompañada de muchos buenos momentos. Nikola Tesla recordaba cada incidente relacionado con Mark Twain. Ignoramos cómo se guardaban esos registros en su cerebro aunque podemos suponer, por el momento, que se trata de una distribución minuciosa, que el sistema estaba basado en una secuencia temporal donde cada incidente consecutivo se guardaba sobre el anterior, el último de los recuerdos se encontraba encima de los otros. Cuando Nikola Tesla activó el procedimiento de visualización de Mark Twain en su habitación (que se realizó de modo inconsciente) ahondó en la reserva de recuerdos hasta alcanzar el que le convenía, después dedicó un flujo de energía vital tan importante para transportarlo hasta el centro de su cerebro, que quemó, destruyó, y anestesió todos los recuerdos que se encontraban más allá. En consecuencia, cuando el proceso de visualización acabó, no había más archivos en la memoria de Nikola Tesla de lo que le ocurrió a Mark Twain más allá del agradable recuerdo que acababa de revivir de una forma tan extraña. Habría sido lógico para él terminar diciendo que Mark Twain seguía vivo.

Existen bastantes versiones de esta historia. Todas tienen en común que Nikola Tesla estaba convencido de que Mark Twain estaba aún vivo, que había hablado con él recientemente y que intentaba enviarle dinero para ayudarle a superar una situación difícil.

Copiado ilegalmente, víctima de mentiras, ignorado (El doctor W.H.Eccles concluyó una necrología conmemorativa, en Nature (Londres) el 13 de febrero de 1943 que decía: «Durante sus largos 85 años de vida, Nikola Tesla se interesó poco en sus propios éxitos, nunca reescribió sus antiguos trabajos, y rara vez reivindicó sus privilegios aunque le robaban constantemente sus invenciones. Es muy chocante un tal pudor en una mente tan rica en pensamientos creativos, tan competentes en realizaciones concretas.») Nikola Tesla continuó sus trabajos durante la última década de vida, esperando tener éxito para resolver sus problemas para financiar todas las invenciones que tenía en la cabeza. Su orgullo no le permitía reconocer que tenía dificultades financieras. Le obligaban a dejar los hoteles por no pagar las facturas. Cuando su amigo B.A.Behrend, autor del libro *El motor de inducción*, que había explicado la teoría de Nikola Tesla a los ingenieros, iba a Nueva York y se daba cuenta de que el inventor ya no se encontraba en el hotel donde estaba la última vez, pagaba las facturas y pedía que devolvieran las cosas de Nikola Tesla a su propietario.

A principio de los años treinta, cuando parecía que los problemas financieros iban a abatir a Nikola Tesla, parecía más optimista que nunca. Declaró: «Nadie puede tener la menor idea de la inspiración que siento al saber que mis inventos están contribuyendo y se han convertido en hechos históricos, ni de la fuerza que me empuja a seguir adelante para hacer aún más cosas. Siento una satisfacción indescriptible sabiendo que mi sistema de generadores polifásicos alternos se utiliza en todo el mundo para reducir la carga de la humanidad y mejorar el confort y la felicidad, y que mi sistema inalámbrico, con todas sus características esenciales, se emplea para prestar servicios y proporcionar placer a los pueblos de todo el mundo.

Cuando se mencionó su sistema de energía inalámbrico, no expresó ningún resentimiento por haber abandonado el proyecto, aunque respondió con filosofía. «Iba muy apresurado. Podemos apañárnoslas de momento ya que mi sistema de generadores polifásicos funciona de momento. Cuando lo necesitemos, el sistema estará preparado para utilizarlo con éxito.»

Durante su octogésimo cumpleaños, se le preguntó si esperaba construir y manipular las invenciones que había anunciado recientemente, como respuesta, citó en alemán una estrofa de Fausto de Goethe:

> *El espíritu que reside en mí*
> *puede agitar profundamente mi alma*
> *y disponer de mis fuerzas todas;*
> *pero es al parecer impotente en el exterior*

Nikola Tesla quería escribir su biografía. Deseaba archivar la historia de sus investigaciones de la forma más meticulosa y exacta posible. Y consideraba que era el único que podía hacerlo. Declaró que no quería interesarse en este proyecto hasta que no hubiese conseguido hacer funcionar sus grandes descubrimientos. Se propusieron varias personas para escribirla pero Nikola los rechazó a todos. Kenneth Swezey, un periodista científico, estuvo en contacto regularmente con Nikola tesla durante años y esperaba que Nikola Tesla colaborase con él en este proyecto. Swezey reunió de todas las partes del mundo setenta cartas de científicos e ingenieros importantes para darle una sorpresa a Nikola Tesla durante su septuagésimo aniversario, cuando recibió estas cartas, congregadas en una recopilación. Estas cartas, que fueron copiadas en Yugoslavia, en el Tesla Institute. Cuando Nikola Tesla murió, Swezey tuvo que tomar parte en la guerra y enrolarse en la Marina. Si la situación hubiese sido distinta, quizás se habría puesto a escribir la biografía del inventor. Nikola Tesla, incluso a la edad de 84 años esperaba volver a tener una buena salud y vivir más de 100 años. Quizás por esta razón no había empezado a trabajar en su biografía. A día de hoy es imposible saber si había redactado una parte o no. Todos los documentos que poseía Nikola Tesla fueron confiscados por las autoridades, a pesar de ser ciudadano de los Estados Unidos.

Durante sus últimos seis años de vida, Nikola Tesla recibió bastante dinero para satisfacer sus necesidades más importantes, gracias al pago de los honorarios, una cantidad de 7,200$ que le pagaba al año el gobierno yugoslavo, como padrino del Tesla Institute en Belgrado. (La sociedad para la fundación del Instituto Nikola Tesla se puso en marcha cuando el inventor tenía unos 84 años). Recibió el apoyo de investigadores, del gobierno, de empresas y del pueblo en su conjunto. El gobierno y fuentes privadas hicieron bastantes donaciones como para construir y equipar un laboratorio de investigación así como el mantenimiento del Instituto. Se abrió en el año 1936, en conmemoración del octogésimo aniversario de Nikola Tesla. Hubo una semana de celebraciones en toda Yugoslavia y se organizaron ceremonias en Belgrado el 26, 27 y 28 de mayo, después en Zagreb el 30 de mayo, y en su ciudad natal, Siljan, el 2 y el 12 de junio). Incluso con estas ganancias y un ámbito restringido de actividades (estaba la mayoría del tiempo en su habitación) en los últimos dos años, Nikola se retrasó con los pagos del hotel. Y esto se debía a su generosidad sin límite. Era muy generoso respecto a las propinas que daba a aquellos que le ayudaban en algo y también cuando se enteraba que alguien se encontraba muy necesitado.

A finales del año 1942, pasó la mayoría del tiempo guardando cama, activo mentalmente aunque físicamente muy débil. No aceptaba visitas en su habitación, incluso de sus socios cercanos de años anteriores. Les decía a los empleados del hotel que no estaba enfermo y rechazaba ser razonable y dejarse ver por un médico. Ordenó que ningún empleado entrase en su habitación a menos que él le hubiese llamado.

El 5 de enero, dejó que el sirviente entrase en su habitación, después ordenó que vigilasen su cuarto para que no le molestasen. Y así fue. Nikola Tesla tenía la costumbre de no dejar que le molestasen durante largos períodos de tiempo. El viernes temprano (el 8 de enero) una sirvienta, que había tenido un presentimiento, entró en la habitación arriesgándose a contrariarle y a encontrarle muerto. Estaba tranquilo, como si durmiese, con una sonrisa dibujada en los labios de su rostro demacrado. El superhombre murió igual que vivió: sólo.

Se informó a la policía de que Nikola Tesla había muerto, solo y sin intervención médica. El forense anunció que había muerto por causas naturales relacionadas con la edad la noche del jueves, 7 de enero de 1943, algunas horas antes de que la sirvienta entrase en la habitación. Agentes del FBI (Federal Bureau Investigation) llegaron y abrieron la caja fuerte de su habitación. Se llevaron algunos documentos para examinarlos y buscar una invención secreta que podría ser utilizada en la guerra. El cuerpo fue trasladado al Campbell funérarium, en la Avenida Madison y la calle 81st.

El funeral tuvo lugar en la catedral de St. John the Devine, el martes 12 de enero a las 16:00h de la tarde. El obispo Manning realizó la primera lectura y la oración final. Tras el oficio, el cuerpo fue trasladado al cementerio Ferncliff en Ardsley, N.Y donde fue incinerado.

RESPLANDOR

DIECIOCHO

A pesar de llevar una vida de celibato y de su existencia casi ermitaña en su propia esfera intelectual, Tesla era, entre sus contactos sociales, un individuo encantador. El año que estuvo cavando zanjas y realizando duros trabajos manuales cuando no podía conseguir trabajos de ningún tipo, así como su experiencia durante esa época en que dormía en cualquier refugio que encontraba y comía cualquier tipo de comida que lograba obtener, indudablemente dejaron una inmensa y duradera marca en él. El hecho de que nunca se le podía hacer hablar de ello lo demostraba. Tal vez lo ablandó en un sentido provechoso el pasar por un proceso tan complicado. Pero debe haber sido un grave insulto a su personalidad ser valorado sólo por la fuerza de sus músculos, lo que incluso posteriormente seguía irritándolo.

A partir del momento en que obtuvo fondos gracias a la creación de su laboratorio y a la venta de sus patentes a Westinghouse, mantuvo un estatus casi de noble. Sabía cómo vestirse para aumentar la impresión de su apariencia; su estatura le daba algo de ventaja sobre los otros; su evidente fuerza física le confería un respeto que prohibía cualquier invasión de su espacio; su excelente inglés y el cuidado que ponía en emplear correctamente el lenguaje, y su dominio de otra media docena de idiomas, lo catalogaron como un erudito; mientras que el primer grupo de sus inventos de corriente alterna provocó que en las mentes del público tuviera la reputación de una virtud científica espectacular. El hecho de que siempre hablaba del valor de sus inventos para el mundo y no de la grandeza de su propia virtud hizo que se ganara la simpatía de todo quien lo conocía.

Cuando Tesla experimentaba una avalancha de popularidad durante los noventa, era reacio a la propaganda, pero a menudo permitía romper la barrera a conocidos redactores de periódicos y obtener artículos que lo describían. Una excelente descripción, escrita a la manera de la época, aparece en un artículo de Franklin Chester en el Citizen del 22 de agosto de 1897. El extracto que hace referencia a su apariencia personal y actividades es el siguiente:

«Con respecto a la apariencia personal, nadie puede mirarlo sin sentir su fuerza. Mide más de 1,8 metros y es muy esbelto. Además posee una gran energía física. Sus manos son grandes y sus pulgares, excepcionalmente largos, lo que es un signo de gran inteligencia. Su cabello es negro y liso, de un negro intenso brillante. Lo peina pronunciadamente por sobre sus orejas, lo que forma un copete con bordes dentados.

Sus pómulos son altos y prominentes, la marca de los eslavos; su piel es como un mármol al que la edad ha dado el primer tinte amarillo. Sus ojos son azules, están bien ubicados y arden como dos bolas de fuego. Esos extraños destellos de luz que hace con sus instrumentos parecen también salir de ellos. Su cabeza tiene forma de cuña; su mentón es casi un punto.

Nunca un ser humano había tenido ideales más nobles. Nunca un hombre realizó una labor de manera tan incesante, con tanta seriedad y de forma tan desinteresada en beneficio de la raza. Tesla no es rico ni se preocupa por el dinero. Si hubiese elegido seguir los pasos de Edison, tal vez sería el hombre más rico del mundo y eso que tiene sólo 40 años.

Tesla es, sobre todas las cosas, un hombre serio; sin duda, el hombre más serio de Nueva York. Además tiene un agudo sentido del humor y los modales más hermosos. Es el hombre más genuinamente modesto. No conoce la envidia. Nunca ha criticado los logros de otros ni les ha negado el reconocimiento.

Cuando él habla, uno escucha. Uno no sabe qué está diciendo, pero lo cautiva. Uno siente la importancia sin comprender el significado. Habla el perfecto inglés de un extranjero muy educado, sin acento y con precisión. Habla ocho lenguas igual de bien.

La vida diaria de este hombre ha sido prácticamente la misma desde que llegó a Nueva York. Vive en el Gerlach, un hotel familiar muy tranquilo en la calle 27, entre Broadway y la Sixth Avenue. Empieza en su laboratorio antes de las nueve de la mañana, y durante todo el día vive en su extraño y asombroso mundo avanzando para capturar nueva energía para obtener nuevos conocimientos.

Ningún extraño lo ha visto trabajando, nadie conoce sus asistentes. En escasos intervalos presenta algunos experimentos en su laboratorio y no hay sacrificio que miles de personas no hagan para ser admitidos en ellos.

Generalmente, trabaja hasta las seis en punto, pero puede quedarse hasta más tarde. La ausencia de luz natural no es un problema para él ya que produce luz solar en su taller.

Exactamente a las ocho en punto entra en el Waldorf. Está ataviado con un traje de noche intachable. En el invierno nunca lleva una chaqueta de noche, pero siempre un saco de cola.

Acaba su cena a las diez en punto y deja su hotel, ya sea para ir a sus habitaciones a estudiar o para volver a su laboratorio a trabajar durante la noche».

Arthur Brisbane, quien luego sería el famoso editor de Heast, entrevistó a Tesla y publicó en The World, del 22 de agosto de 1894, la historia más larga que había escrito sobre un personaje famoso. Proclamó a Tesla «Nuestro más importante eléctrico, incluso más importante que Edison» e incluyó la siguiente descripción de él:

«Sus ojos, que están hundidos en su cabeza, son más bien luz. Le pregunté cómo podía tener tales ojos de luz y ser un eslavo, y me respondió que antes sus ojos eran más oscuros pero que al usar tanto su mente, éstos habían aclarado varios tonos. Varias veces había escuchado que usar el cerebro vuelve más claro el color de los ojos. La confirmación de la teoría con la experiencia personal de Tesla es importante.

Es muy delgado, mide más de 1,8 metros y pesa menos de 70 kilogramos. Tiene manos muy grandes y sus pulgares son notablemente grandes, incluso para esas grandes manos. Son extraordinariamente grandes. Eso es un buen signo pues el pulgar es la parte intelectual de la mano. Los simios tiene pulgares muy pequeños. Estúdienlos y lo notarán.

Nikola Tesla tiene una cabeza que se extiende como un abanico. Tiene la forma de una cuña. Su mentón es puntiagudo como el pico de un témpano de hielo. Su boca es muy pequeña. Su mentón, aunque no es débil, no es lo suficientemente fuerte. Su rostro no puede ser estudiado y juzgado como el de otros hombres porque no es un trabajador de los campos prácticos. Él vive su vida arriba en lo alto de su cabeza, donde nacen las ideas y ahí arriba está lleno de habitaciones. Su cabello es negro azabache y rizado. Se encorva (muchos hombres que no se pavonean lo hacen). Él vive dentro de sí mismo, se interesa profundamente en su propio trabajo. Tiene ese amor propio y esa autoconfianza que generalmente acompaña el éxito. Y se diferencia de la mayoría de los hombres sobre los que se ha escrito y hablando en el hecho de que él tiene algo que decir».

Tesla tenía, sin lugar a dudas, sentido del humor y disfrutaba hacer bromas ingeniosas. Antes de la época en que se volvió un comensal frecuente del Waldorf-Astoria, cenaba todas las noches en el Delmonico's, que en ese entonces era el mesón más elegante de la ciudad y un lugar de reunión para «Los 400». Tesla era la figura más famosa y espectacular entre los famosos clientes del famoso recinto, pero siempre cenaba solo. Nunca podía ser incitado a unirse a otros grupos y el nunca invitaba a otros. Después de cenar volvía siempre a trabajar en su laboratorio.

Una noche, algunos de sus amigos que pensaban que estaba trabajando demasiado y que debía relajarse, lo invitaron a unírseles en un juego de billar. Suponían que no se había interesado en aprender a jugar ningún juego, por lo que, al llegar a la sala de billar, le explicaron cómo tomar el taco, golpear las bolas y otros elementos del juego. Tesla no había jugado billar en una docena de años, pero durante su segundo año en Grätz, cuando iba un año adelantado en sus estudios y pasaba las noches en cafés, se había convertido en un experto jugador. Cuando los expertos del Demonico's le daban una instrucción previa, él formulaba algunas preguntas «tontas» y cometía algunos errores intencionales. Al enfrentarse a uno de los jugadores, y aún haciendo preguntas absurdas, intentaba efectuar los golpes de la forma más difícil (para demostrar su mera condición de novato) y, para sorpresa de los expertos, los conseguía. Muchos de ellos lo enfrentaron esa noche y él los venció con un resultado estrepitosamente desigual. Manifestó que el nuevo juego le había dado una maravillosa oportunidad de practicar teorías matemáticas muy abstractas, y los expertos del Delmonico's difundieron historias del gran logro del científico Tesla que dominó el juego en una sola noche y venció a los mejores jugadores de la ciudad, lo que llegó hasta los periódicos. Tesla se negó a jugar nuevamente diciendo que temía volverse tan fanático del juego que podría interferir con sus investigaciones.

El mismo hombre espléndido que honraba con su presencia el Waldorf-Astoria y el Delmonico's no era, sin embargo, reacio a visitar el Bowery, que se encontraba a sólo una manzana desde su laboratorio en la calle Houston. Vio un emporio para saciar la sed en esta calle una tarde poco después de que un parroquiano del Bowey, Steve Brodie, hubiese adquirido fama por haber saltado, o al menos afirmar que había saltado, del puente de Brooklyn. Cuando Tesla levantó su vaso de whisky, dijo al barman: —¿Sabe lo que dijo Steve cuando estaba a punto de saltar del puente? «Allá voy». Y con esto se bebió su licor de un trago.

Un bebedor que se encontraba cerca, un poco el peor para varios, entendió mal el comentario de Tesla y creyó haber escuchado a Steve Brodie contando el episodio final de su hazaña. Se acercó rápidamente con sus amigos a Tesla para invitarlo a un trago. Con un carcajada, Tesla se los sacó de encima y se fue rápidamente del bar, mientras que el ebrio mal informado empezaba a gritar detrás de él: —¡Deténgalo, es Steve! En la calle los peatones no entendieron bien el grito mal articulado del ebrio y se unieron a él en la persecución diciendo: —¡Para, ladrón! Sus largas piernas le hicieron un gran favor a Tesla y pasó volando entre la muchedumbre, entró como un rayo en un callejón, saltó una valla, subió por una escalera de incendio en la parte trasera de su propio edificio y entró a su laboratorio a través de una ventana, donde rápidamente se puso un delantal de herrero y comenzó a martillar una barra de metal. De esta manera, sus perseguidores no pudieron seguirle el rastro.

Tesla era idolatrada por los serbios de Nueva York. Un gran número de ellos afirmaba ser un pariente lejano tanto del lado Tesla como del lado Mandich de la familia y aquéllos que no podían sostener esta distinción no lo veneraban menos, a pesar del hecho de que él nunca aceptaba las invitaciones a participar en sus reuniones u en otras actividades.

Un día, un obrero serbio llegó agitado a su departamento en el Waldorf-Astoria a pedirle ayuda. Había peleado y dado una paliza a un compañero serbio, quien había obtenido una orden judicial para que lo arrestaran. El visitante no tenía dinero pero quería huir a Chicago para no ser arrestado. ¿Lo complacería Tesla dándole el dinero para el billete de tren?

—Entonces agredió a un hombre y ahora quiere huir para escapar del castigo —dijo Tesla—. Puede huir de la ley pero no va a evitar el castigo; ¡lo va a recibir ahora mismo!

Cogió un bastón y, sujetando al hombre por detrás del cuello, lo correteó por la habitación, golpeando y sacudiendo el polvo de sus pantalones hasta que el hombre gritó pidiendo misericordia.

—¿Piensas que puedes ser un hombre mejor en Chicago y dejar las peleas? —le preguntó Tesla.

El hombre estaba seguro de que podría hacerlo. Recibió el dinero para costear el pasaje en tren y algunos dólares más.

Tan grande era la popularidad de Tesla en la década de 1890 que muchas personas iban a cenar al Palm Room del Waldorf sólo para echar un vistazo al famoso inventor. Se arreglaba para dejar su oficina a las seis, pero justo antes de irse llamaba por teléfono para pedir su cena al jefe de comedor e insistía en que nadie más podía servirle. Solicitaba que su comida estuviera lista a las ocho en punto y, en el entretanto, iba a su habitación y se vestía de etiqueta: corbata y traje de cola blancos. Cenaba solo, exceptuando las escasas ocasiones en que invitaba a un grupo para cumplir con sus obligaciones sociales.

El dinero era siempre un detalle molesto para Tesla. Durante alrededor de quince años, después de 1888, tuvo siempre todo lo que necesitó para cumplir con sus obligaciones y vivió bien. Aproximadamente, después de 1902 se volvió muy inestable económicamente, pero su fama era mayor que nunca y asimismo lo era su necesidad de mantener su estilo de vida si quería recuperar su fortuna. Continuó organizando cenas abundantes en el Waldorf para retribuir sus obligaciones sociales y porque le era difícil acostumbrarse a la falta de dinero. En una ocasión en que un gran grupo se había reunido en un comedor privado, el jefe de comedor le susurró que una excelentísima cena estaba preparada y lista para servir en cuanto él lo ordenara pero que el departamento de cobranzas insistía en que no se podría servir hasta que la pagara por adelantado.

—Llame por teléfono al señor Morgan desde la oficina del gerente y estaré ahí abajo inmediatamente —respondió Tesla enfurecido. En poco tiempo, un mensajero le entregó a Tesla un cheque más que suficiente. Se dice que tales situaciones se presentaron muchas veces pero que siempre se arreglaron en la oficina del gerente sin ninguna intervención externa por lo general.

La experiencia más cercana a la vida familiar que gozó Tesla llegó gracias a Robert Underwood Johnson, diplomático y poeta, y uno de los editores de la Century Magazine, cuya casa se encontraba en la Madison Avenue en el moderno distrito de Murray Hill. Tesla y Johnson eran muy buenos amigo. El amor por la poesía era uno de sus muchos intereses en común. Johnson escribió y publicó en el Century, en abril de 1895, un pequeño poema de su visita al laboratorio de Tesla, lo que condujo a una sociedad cooperativa en la que él parafraseaba muchas obras de la poesía serbia a partir de traducciones literales efectuadas por Tesla, quien podía recitar de memoria miles de líneas de este material. Alrededor de cuarenta páginas de estas traducciones, con una nota introductoria de Tesla, apareció en la siguiente edición de poemas de Johnson.

Personas famosas de todos los ámbitos de actividad eran invitadas frecuentes en la casa de Johnson y constantemente se ofrecían elegantes cenas a un brillante grupo de personalidades. Tesla participaba tan a menudo como podían convencerlo de que fuera, pero prefería evitar lo más posible cualquier cena formal. No obstante, era una visita informal muy frecuente, llegaba de improviso y, a menudo, a las horas más inusuales. No era extraño que Tesla llegara a la casa de Johnson después de medianoche, después de que la familia se hubiese retirado, y «Bob» y «Nick» permanecían despiertos durante horas deleitándose en un diálogo de un magnífico despliegue de ideas. (Jonhson y «Willie» K. Vanderbilt eran, como se ha podido dilucidar, los únicos individuos que meritaban el uso de los nombre de pila con Tesla).

Las visitas de Tesla a casa de Johnson duraban siempre muchas horas. Llegaba en una calesa y siempre le pedía al chofer que lo esperara para regresar a su hotel que se encontraba a sólo unas cuadras. Los hijos de Johnson aprendieron a aprovechar esto y, cuando Tesla llegaba temprano en la noche, obtenían su permiso para usar el taxi para un paseo por el Central Park mientras él conversaba en la casa.

Tesla disfrutaba la ópera y hubo un tiempo en que acudía con mucha frecuencia a las representaciones. El palco de William K. Vanderbilt estaba disponible para él, así como el de muchos otros espectadores del Metropolitan. De vez en cuando asistía al teatro. Su actriz favorita era Elsie Ferguson quien, según señaló, sabía cómo vestir y era la mujer más elegante que jamás hubiera visto en el escenario. Paulatinamente, abandonó tanto el teatro como la ópera a favor del cine, pero incluso a éste no iba con frecuencia. No veía tragedias, pero le gustaba la comedia y los elementos más ligeros de entretención.

Uno de sus amigos cercanos era el Contralmirante Richmond Pearson Hobson, el héroe de la guerra española-estadounidense. En años posteriores, Hobson sería la única persona que podría persuadir a Tesla para que interrumpiera su larga vigilia en sus actividades intelectuales por una sesión de películas.

Tesla no adhería a ninguna religión. En una etapa temprana de su vida cortó su relación con la Iglesia y no aceptó sus doctrinas. En la cena de su cumpleaños número setenta y cinco afirmó que lo que es llamado alma es meramente una de las funciones del cuerpo y que, cuando las actividades del cuerpo cesan, el alma deja de existir.

Es difícil que un hombre parezca un héroe ante su secretaria, pero para la señorita Dorothy F. Skerritt, quien se desempeñó como la secretaria de Tesla durante muchos años hasta que éste cerró su oficina a los setenta años, él fue siempre un superhombre santo. Su descripción de Tesla a esa edad lo establece como poseedor del mismo magnetismo en su personalidad que tanto había impresionado a los escritores treinta años antes. Ella escribió:

«Cuando uno se acerca al señor Tesla, se observa a un hombre alto y flaco. Parece casi un ser divino. Cuando tenía alrededor de setenta, se paraba derecho, su cuerpo extremamente delgado inmaculado y vestido sencillamente con ropa de colores suaves. Ningún alfiler de bufanda ni anillo lo adornaban. Su espeso cabello negro estaba dividido por la mitad y peinado con gracia hacia atrás desde su muy amplia frente, la que presentaba profundas arrugas debido a la gran concentración en problemas científicos que lo estimulaban y fascinaban. Debajo de sus sobresalientes cejas, sus hundidos, aún grises, suaves y penetrantes ojos parecían leer los pensamientos más íntimos. Cuando hablaba entusiasmado sobre campos por conquistar y logros por alcanzar, su rostro se iluminaba con un brillo casi etéreo y sus oyentes eran transportados desde el ordinario actual hasta terrenos imaginarios del futuro. Su agradable sonrisa y la nobleza de sus modales denotaron siempre las características propias de un caballero, las que estaban tan establecidas en su alma».

Hasta el último momento, Tesla fue meticulosamente cuidadoso con su vestimenta. Sabía cómo vestir bien y así lo hacía. En 1910 manifestó a una secretaria que él era el hombre mejor vestido de la Fifth Avenue y que pretendía mantener este estatus. Ello no se debía a vanidad personal, sino a que la pulcritud y meticulosidad de su vestuario estaban en completa armonía con cualquier otro rasgo de su personalidad. No mantenía un gran ropero y no llevaba joyas de ningún tipo. Las buenas prendas de vestir iban muy bien con su comportamiento cortés. Notó, sin embargo, que, en materia de vestuario, el mundo toma a un hombre según su propia valoración, tal como lo expresa su apariencia, y que constantemente facilita el camino hacia su objetivo a través de pequeñas cortesías que no se tienen con los individuos menos atractivos.

A Tesla le encantaban los abrigos entallados. Sin importar lo que vestía, éste le otorgaba un aire de mucha elegancia. El único tipo de sombrero que usaba era el hongo negro; llevaba un bastón y, generalmente, guantes de gamuza grises.

Tesla pagaba 2,50 dólares por un par de guantes, los usaba por una semana y después se deshacía de ellos, incluso, si aún se veían tan nuevos como cuando estaban en venta. Estandarizó su estilo de corbata y siempre la llevaba con un nudo simple. El motivo del diseño no era de gran importancia pero los colores se limitaban a una combinación de rojo y negro. Adquiría una corbata nueva cada semana, por la que pagaba siempre un dólar.

Las camisas de seda completamente blancas eran el único tipo que usaba. Al igual que en otras prendas de vestir, como el pijama, sus iniciales estaba siempre bordadas al lado izquierdo del pecho.

Compraba una gran cantidad de pañuelos puesto que nunca los llevaba a la lavandería, así que, después del primer uso, los desechaba. Le gustaba el lino de buena calidad y adquiría un paquete siempre del mismo estilo. Tampoco lavaba los cuellos, por lo que nunca los usaba más de una vez.

Siempre usaba zapatos de caña larga, excepto en ocasiones formales. Necesitaba un zapato largo y angosto e insistía en una horma que daba el efecto de una pulcra punta estrecha cuadrada. Sin duda, sus zapatos eran hechos a medida, ya que la parte superior que se extendía hasta la mitad de su pantorrilla no era un estilo que se pudiera encontrar en las tiendas de zapatos minoristas. Con toda seguridad, su estatura otorgaba el conveniente apoyo adicional en los tobillos.

Entre los artículos que usaba sólo una vez, como los pañuelos y cuellos, también se encontraban las servilletas. Tesla tenía una fobia a los gérmenes y ésta actuaba como una gran cantidad de arena en la maquinaria social de su vida. Solicitaba que la mesa que usaba en el comedor de su hotel no fuera usada por otros. Pedía un mantel nuevo para cada comida y una pila de dos docenas de servilletas ubicadas en el lado izquierdo de la mesa. Cuando le llevaban cada pieza de la vajilla y cada plato (pedía que fueran esterilizados con calor antes de sacarlos de la cocina), tomaba cada uno interponiendo una servilleta entre su mano y el utensilio, y empleaba otra para limpiarlo. Luego dejaba caer ambas en el suelo. Incluso para una comida simple, ocupaba, generalmente, todas las servilletas. Para él, las moscas eran un animal repugnante, por lo tanto, una mosca volando en su mesa era motivo suficiente para retirar todo de la mesa y comenzar nuevamente toda la comida.

Tesla fue afortunado en que el jefe de comedor del Waldorf-Astoria, el señor Peterson, durante el período en que vivió allí, fuera más tarde el jefe de comedor del Hotel Pennsylvania, donde vivió después por muchos años. Circulaba el rumor de que, tanto en el Waldorf como en el Pennsylvania habían contratado un cocinero especial para que preparara las comidas de Tesla, pero el señor Peterson lo desmintió.

Al comienzo, le gustaban mucho los finos filetes gruesos para la cena, de preferencia el filete miñón, y no era extraño que consumiera dos o tres en una comida. Luego se inclinó por el cordero y con frecuencia pedía asiento asado de éste. A pesar de que, por lo general, el asiento era lo suficientemente grande para que un gran grupo de personas comiera de él, Tesla acostumbraba a comer sólo la parte central del lomo. Otros de sus platos favoritos era la coronilla de borrego. También disfrutaba el polluelo asado relleno con nueces. No obstante, entre las aves, el pato era su preferido. Pedía que lo asaran bajo una capa de tallos de apio. Este método de preparación del pato era idea suya. A menudo éste era el motivo central alrededor de cual organizaba una cena cuando entretenía a sus amigos y en algunas ocasiones iba a la cocina a supervisar la preparación. Sin embargo, el pato preparado de esa forma era delicioso. Lo único que detestaba del pato era la carne a ambos lados del hueso de la pechuga.

Con el paso de las décadas, Tesla eliminó la carne de su dieta. Sustituyó el pescado, siempre hervido, y finalmente eliminó la carne por completo. Después eliminó casi del todo el pescado y vivió en un régimen vegetariano. La leche siempre estaba presente en su dieta y hacia el final de su vida era el elemento principal de ésta, servida caliente.

Cuando joven, bebía una gran cantidad de café y mientras se daba cuenta, paulatinamente, de que sufría sus consecuencias negativas, encontró que era un hábito difícil de dejar. Cuando finalmente tomó la decisión de no beberlo más, siguió su buena idea pero se vio obligado a reconocer el hecho de que aún sentía deseos por él. Para combatirlo, con cada comida pedía una cafetera con su café favorito y servía una taza para sentir su aroma. Le tomó diez años que el aroma del café se transformara en una molestia de modo que se sintió seguro de que ya no volvería a beberlo. Asimismo, consideraba dañinos el té y la cocoa.

En su juventud fue un gran fumador, principalmente de puros. Una hermana que parecía sufrir de una enfermedad mortal, cuando él tenía unos veintitantos, dijo que intentaría mejorarse si él dejaba de fumar. Tesla lo hizo inmediatamente. Su hermana se recuperó y él nunca volvió a fumar.

Tesla bebía whisky, el que consideraba una fuente de energía muy beneficiosa y un medio inestimable para prolongar la vida. Creía que era el responsable de la longevidad de la que habían gozado muchos de sus ancestros. A comienzos de siglo afirmó que éste le permitiría vivir hasta los ciento cincuenta años. Cuando fue prohibido durante la Primera Guerra Mundial, denunció que se trataba de una interferencia intolerable con los derechos de los ciudadanos. Sin embargo, de inmediato dejó el whisky y todas las bebidas, salvo la leche y el agua. No obstante, declaró que la eliminación del whisky reduciría su expectativa de vida a ciento treinta años.

Tesla decía que no necesitaba estimulantes para ayudarlo a pensar. Consideraba que una caminata rápida era una mucho mejor ayuda para la concentración Parecía que estaba en un sueño cuando caminaba. Incluso podía pasar cerca de alguien a quien conocía muy bien y no verlo, aunque parecía que lo estaba mirando directamente. Sus pensamientos estaban, generalmente, a muchos kilómetros de distancia de donde él se encontraba. Aparentemente, esta práctica fue la responsable del accidente en 1937 cuando un taxi lo atropelló y lo dejó gravemente lesionado. De hecho, dos años antes había declarado en una entrevista que, probablemente, un camión o un taxi lo mataría al caminar de forma imprudente.

Desnudo, el peso de Tesla era de 64,4 kilogramos y, excepto durante breves períodos de enfermedad, éste varió muy poco entre 1888 y 1926, aproximadamente, cuando intencionalmente bajó más de dos kilogramos.

Durante muchos años, uno de los vicios de Tesla fueron los masajes en el cuero cabelludo. Iba tres veces a la semana a una barbería, donde el barbero le frotaba el cuero cabelludo durante una hora y media. Le insistía al barbero que debía poner una toalla limpia en su silla, pero, aunque parezca extraño, no se oponía al uso de la jarra de afeitar y del cepillo comunes.

Tesla siempre afirmaba que nunca dormía más de dos hora en la noche. Decía que se acostaba a las cinco de la mañana y que se levantaba a las diez después de haber dedicado sólo dos horas al sueño, tres horas ya era demasiado. Pero admitía que, una vez al año, dormía durante cinco horas, lo que le otorgaba grandes reservas de energía. Él nunca dejaba de trabajar, incluso mientras dormía. Tesla se reía de la afirmación de Edison de que sólo dormía cuatro horas por noche. Decía que era frecuente que Edison se sentara en su laboratorio y durmiera una siesta de tres horas unas dos veces al día. Es posible que Tesla también durmiera algo de una manera similar, quizá, sin darse cuenta de ello. Empleados del hotel contaban que era muy común ver a Tesla de pie paralizado en su habitación durante horas, tan ajeno a su alrededor que ellos podían trabajar por toda la habitación sin que él estuviera, aparentemente, consciente de su presencia.

Tesla siempre proveía su oficina de un lavabo independiente que nadie, sólo él, podía utilizar. Se lavaba las manos con la excusa más mínima y, cuando lo hacía, necesitaba que su secretaria le pasara una toalla recién lavada cada vez para secarse.

Llegaba a los extremos para evitar dar la mano. Generalmente, ponía sus manos detrás de su espalda cuando se acercaba alguien que temía que pudiera intentar estrechársela, lo que a menudo generaba momentos embarazosos. Si por casualidad alguien que iba a su oficina lo encontraba desprevenido y se la estrechaba, Tesla se molestaba tanto que no era capaza de poner atención al objetivo del visitante y, a menudo, lo despedía antes de que hubiese terminado, e inmediatamente corría al lavabo y se fregaba las manos. Asimismo, casi le daban náuseas ver a los obreros comiendo su almuerzo con las manos sucias.

Las perlas también eran una de las fobias de Tesla. Si en una cena a la que había sido invitado, una invitada llevaba perlas, él no podía comer. Las superficies redondas lisas eran, en general, una abominación para él, por lo que, incluso, le había tomado bastante tiempo aprender a tolerar las bolas de billar.

Tesla nunca vivió la experiencia de un dolor de cabeza. A pesar de una buena cantidad de casos de enfermedades graves, durante su vida independiente nunca fue atendido por un médico.

Prácticamente todas las fobias de Tesla tenían una razón, pero, generalmente no se conocían todas ellas. Su fobia a los gérmenes puede remontarse a las dos enfermedades graves que padeció cuando muy joven, ambas, probablemente, cólera, una enfermedad común en su tierra natal causada por un germen transmitido por agua potable contaminada y por el contacto entre las personas.

Tesla no era ajeno a sus hábitos, era muy consciente de ellos y de las desavenencias que le causaban en su diario vivir. Sin embargo, conformaban una parte esencial de él y no podía prescindir de ellos más que de su brazo derecho. Probablemente, eran una de las consecuencias de su modo de vida solitario o, posiblemente, una de las causas de éste.

DIECINUEVE

La mente de Tesla parecía estar siempre bajo una presión explosiva. Una avalancha de ideas estaba siempre ejerciendo presión para liberarse. Daba la impresión de que no podía seguir el ritmo del flujo de sus propios pensamientos. Nunca tenía los recursos suficientes para mantener sus logros a la misma altura de sus proyectos; incluso si contaba con un ejército de asistentes adecuadamente entrenados, aún no estaba suficientemente equipado. Como resultado, aquéllos que estaban asociados con él tenían una sensación de «estar deambulando» aunque era un empleador muy generoso tanto en lo que respectaba al salario que entregaba como a la cantidad de horas de trabajo que solicitaba. A menudo, pedía horas de trabajo extras, pero siempre las pagaba generosamente.

Sin embargo, no era fácil trabajar para un hombre como Tesla, ya que era meticulosamente ordenado con sus asuntos personales y quería que sus trabajadores fueran iguales. Era un excelente mecánico y establecía normas extremadamente altas, según sus propios logros, para todo trabajo efectuado en sus talleres. Admiraba mucho el ingenio de sus asistentes y a menudo los premiaba con una compensación extra cuando hacían bien los trabajos difíciles, pero era extremadamente impaciente con la estupidez y el descuido.

Aunque Tesla contaba con un equipo de delineantes, nunca los empleaba en el diseño de sus propias máquinas y los toleraba sólo por el contacto inevitable con otras organizaciones. Cuando construía máquinas para uso personal, daba instrucciones individuales para cada parte. El obrero designado para construirla era convocado a la oficina de Tesla, donde el inventor hacía un pequeño boceto casi microscópico en medio de una gran hoja de papel. No importaba cuántos detalles tuviera la pieza ni su tamaño pues la dimensión máxima del boceto era siempre menos de una pulgada. Si Tesla cometía el más mínimo error al dibujar el boceto, no lo borraba, sino que comenzaba nuevamente en otra hoja. Todas las dimensiones se decían oralmente y, cuando el dibujo estaba listo, no estaba permitido que el obrero se lo llevara al taller para guiarse en el trabajo, sino que Tesla lo destruía y le pedía que trabajara de memoria. Tesla dependía totalmente de su memoria para todos los detalles; nunca reducía sus completos planos mentales a un papel que funcionara como guía en la construcción y, como creía que los demás podían desarrollar su habilidad si hacían los esfuerzos suficientes, buscaba forzarlos a que lo intentaran insistiendo en que trabajaran sin dibujos.

Todos quienes trabajaban con Tesla lo admiraban enormemente debido a su extraordinaria habilidad para llevar la cuenta de una gran cantidad de los detalles más precisos concernientes a cada fase de todos los proyectos que tenía simultáneamente en ejecución. Ningún empleado recibía más información que la estrictamente necesaria para finalizar un proyecto y tampoco se le comunicaba el propósito del uso de una máquina o artículo. Tesla decía que Edison recibía más ideas de sus socios que las que él aportaba, por lo que él hacía todo lo posible para evitar esa situación. Sentía que era el hombre más rico del mundo en materia de ideas y no necesitaba ninguna de nadie más, e intentaba prevenir que alguien contribuyera con las suyas.

Respecto a lo anterior, Tesla era probablemente muy injusto con Edison. Los dos hombres eran completamente diferentes y de distinto estilo. Tesla no poseía el tipo de mente universitaria, es decir, la mente que está adaptada para cooperar con otros en la adquisición de conocimiento y en la dirección de investigaciones. Él no podía dar ni recibir, pero era completamente autosuficiente para sus propios requisitos. En cambio, Edison tenía un tipo de mente más cooperadora o ejecutiva; él era capaz de atraer socios brillantes y delegarles una mayor parte de sus proyectos creativos de investigación. Tenía la habilidad de actuar como un catalizador para estimular la actividad mental creativa de otros y, de esa manera, multiplicar la suya. Si Tesla hubiese poseído esa habilidad, su récord de logros habría sido mucho mayor.

La incapacidad de trabajar con otros y de compartir sus planes era la principal desventaja de Tesla, pues lo aislaba completamente del resto de la estructura intelectual de la época y provocó que el mundo perdiera una gran cantidad de pensamiento creativo que él no era capaz de traducir en inventos acabados. Es deber de un maestro formar pupilos que continúen su labor después, pero Tesla se negaba a aceptar esta responsabilidad. Si durante su período más activo Tesla hubiese tenido asociada media docena de jóvenes científicos brillantes, éstos podrían haberlo vinculado con el mundo científico e ingenieril de los cuales, a pesar de su eminencia y de sus espectaculares logros, estaba en gran medida aislado debido a sus inusuales características personales. Su fama era tan segura que el éxito de sus asistentes no podría haberle restado valor, pero el maestro habría brillado más intensamente con los brillantes logros de sus pupilos. Podría haber atraído a algún joven práctico quien lo habría ayudado asumiendo la responsabilidad de efectuar aplicaciones prácticas de algunos de los menores pero importantes inventos con los cuales podría haber ganado suficiente dinero para cubrir el costo de mantención de sus laboratorios.

Sin duda, el mundo perdió muchos inventos importantes a causa de las ermitañas características intelectuales de Tesla. Sin duda, inspiró indirectamente a muchos jóvenes a convertirse en inventores.

Tesla reaccionaba fuertemente a las características personales de los individuos con quienes trabajaba y, cuando su reacción era desfavorable, no podía tolerar la presencia de la persona en su campo de visión. Cuando llevaba a cabo su trabajo experimental en la planta Allis Chalmers en Milwaukee, por ejemplo, no aumentó su popularidad al insistir en que ciertos obreros debían ser excluidos del equipo de trabajo de la turbina debido a que no le gustaba su apariencia. Como ya habrán notado, desde que generó antagonismo con los ingenieros de la planta al pasar por encima de ellos y hablar con el presidente y la junta directiva, el trabajo de la turbina continuó en un ambiente menos que cooperativo.

Tesla no era para nada práctico tampoco en los asuntos de manejo de dinero. Cuando trabajaba en el proyecto de la turbina en la Union Sulphur Company, podía hacer uso de un barco, de forma gratuita, durante el día, pero si trabajaba hasta después de las seis de la tarde, debía pagar veinte dólares por hora. Nunca se asomó en el barco antes de las seis en punto. Además, cada noche tenía que destinar diez dólares para la cena de la tripulación. En el transcurso de un año, la suma de dinero alcanzó los doce mil dólares, los que deben haber reducido bastante el anticipo que recibió. Éstos no eran sus únicos gastos adicionales, ya que cada noche daba una propina de cinco dólares a sus principales asistentes de la tripulación y, una vez a la semana, a todos los miembros de éste. Estas manifestaciones de generosidad no eran, para nada, una pérdida total para Tesla, más bien deben de haber estado clasificadas como necesidades pues era muy dictatorial al dirigir a sus asistentes.

Gracias a las conversaciones con los empleados de los hoteles donde vivió, se sabe que tenía la reputación de actuar de forma muy gentil con los sirvientes. Su modo de darles órdenes era casi cruel, pero los compensaba inmediatamente con las generosas propinas que les otorgaba. No obstante, siempre fue muy considerado con las mujeres, e incluso con los hombres, que conformaban el personal de su oficina. Si alguno de ellos realizaba un trabajo excepcionalmente bueno, informaba a todo el equipo; en cambio las críticas las efectuaba siempre en privado con el individuo concerniente.

Tesla tenía una regla fija de que cada muchacho mensajero que llegara a su oficina debía recibir una propina de veinticinco centavos, para lo cual apartaba un fondo de diez dólares por semana.

Si necesitaba que su equipo de jóvenes secretarias y mecanógrafas se quedara trabajando durante muchas horas extras, les ofrecía una cena en el Delmonico's, y alquilaba un taxi para ellas y él las seguía en otro. Después de haber pagado la cuenta y de haber dado la propina por adelantado, se retiraba.

Tesla programaba su llegada a la oficina justo a mediodía. Necesitaba que su secretaria estuviera esperándolo justo detrás de la puerta para recibirlo y coger su sombrero, su bastón y sus guantes. Sus oficinas abrían cada mañana a las nueve en punto, por lo que todos los asuntos rutinarios debían ser tratados antes de su llegada. Asimismo, se debían cerrar todas las cortinas antes de que llegara con el fin de que la luz exterior no entrara y de simular las condiciones nocturnas. El inventor, como se puede observar, era un «evasor del sol». Parecía que estaba mejor de noche y que la luz del día presentaba un obstáculo para él. De cualquier forma, prefería la noche para trabajar y para lo que llamaba su recreación.

La única ocasión en que Tesla permitía que las cortinas de su oficina estuvieran abiertas era cuando había una gran tormenta eléctrica. Las diferentes oficinas que alquilaba estaban orientadas hacia espacios abiertos. La oficina del número 8 en la calle West 40th se encontraba en el lado sur del parque Bryant, en el confín este de la que era la baja estructura que albergaba la librería pública de Nueva York. Desde las ventanas del piso veinte podía mirar más allá de los techos de la ciudad debajo de él y obtener una amplia vista del cielo.

Cuando los rugidos de los lejanos truenos anunciaban que los fuegos artificiales del cielo pronto estarían brillando, no sólo estaba permitido abrir las cortinas, sino que era obligatorio. A Tesla le encantaba mirar los rayos. El sofá de angora negro se colocaba cerca de las ventanas para que él pudiera tumbarse en él, completamente relajado, mientras que su vista gozaba de un completo panorama del cielo del norte o del occidente. Siempre se hablaba a sí mismo, pero durante una tormenta eléctrica se volvía elocuente. En tales ocasiones, su conversación nunca era registrada. Deseaba ser un observador solitario de ese maravilloso espectáculo y sus secretarias estaban totalmente dispuestas a hacer que él estuviera lo bastante cómodo. Efectuando mediciones con sus dedos y contando los segundos podía calcular la distancia, duración y voltaje de cada relámpago.

¡Cuán emocionado debe haber estado Tesla con esas tremendas chispas, de una duración mucho mayor a las que él había podido producir en su laboratorio en Colorado Springs! Había imitado exitosamente la pirotecnia eléctrica de la Naturaleza pero no había llegado a superar su espectáculo.

Los antiguos romanos transformaron sus frustraciones causadas por la fuerza de la Naturaleza creando el concepto mental de su dios más poderoso, Júpiter, quien estaba dotado con el poder de crear luz y lanzar sus flechas a la Tierra. Tesla había rechazado aceptar la frustración pero, al igual que los antiguos romanos, creó un concepto mental, un superhombre no inferior al dominante dios romano, que controlaría las fuerzas de la Naturaleza. Sí, Tesla disfrutaba plenamente las tormentas eléctricas; desde su sofá de angora solía aplaudir las luces, las aprobaba. Tal vez estaba, incluso, un poco celoso.

Como Tesla nunca se casó, ninguna mujer, salvo su madre y sus hermanas, compartió alguna vez la más pequeña fracción de su vida. Idolatraba a su madre y admiraba a sus hermanas por sus logros intelectuales. Una de ellas, Marica, presentaba habilidades extraordinarias como matemática y poseía una mayor destreza que él para memorizar largos pasajes de libros. Tesla atribuía a su madre la mayoría de sus habilidades como inventor y continuamente elogiaba su habilidad para idear artefactos útiles para la casa; y a menudo lamentaba que ella no hubiese nacido en un entorno en el cual hubiese podido mostrar sus diferentes talentos creativos a un mundo más amplio. No ignoraba el valor que una mujer podía aportar a la vida de un hombre, pues siempre había visto las grandes contribuciones de su madre al bienestar y la felicidad de su padre. Sin embargo, en vez de ello, vivía una vida planificada, la que había planeado cuando era muy joven, una que estaba diseñada según un modelo de ingeniería, con todo el tiempo y energía disponibles orientados a la invención y no a proyectos emocionales que se desvanecen.

Desde el punto de vista romántico, Tesla no era feo cuando joven. Era demasiado alto y delgado para posar como con el físico de Adonis, pero sus otras cualidades compensaban de sobremanera estos posibles defectos. Era guapo de rostro, tenía una personalidad magnética, pero era tranquilo casi tímido, hablaba suavemente, era bien educado y se vestía bien a pesar de la falta de fondos para mantener un ropero. No obstante, evitaba los encuentros románticos o cualquier situación que pudiese llevar a ellos empeñándose de la misma forma en que otros jóvenes los buscaban. No permitía que sus pensamientos deambularan en caminos románticos y con los pensamientos bien controlados el control de las acciones es un problema que desaparece. No desarrolló una hostilidad hacia las mujeres, sino que, al contrario, resolvió el problema mediante su idealización.

Un caso típico de cómo esquivaba el amor lo presenta un incidente que tuvo lugar en París cuando volvió a aquella ciudad para dar una conferencia sobre su sistema de corriente alterna después de haberse hecho mundialmente famoso. Sus maravillosos descubrimientos eran el principal tema de conversación del día y él era el centro de atención de todas las miradas en cualquier lugar donde fuese, lo cual le agradaba mucho puesto que menos de diez años antes los ejecutivos de la Continental Edison Company de París no sólo habían rechazado el sistema de corriente alterna que él les había propuesto, sino que lo habían engañado respecto a sus verdaderas ganancias. Ahora volvía a la misma ciudad después de haber obtenido reconocimiento y riqueza en Estados Unidos, y fama alrededor del mundo. Regresaba a París como un héroe y tenía el mundo sus pies.

Cuando se sentó con un joven amigo en un café al aire libre, en medio de una multitud ataviada a la moda que no paraba de conversar, una mujer elegante magníficamente vestida, cuyo cabello pelirrojo estaba peinado con estilo en la coronilla (a quien él reconoció inmediatamente como Sarah Bernhardt, la famosa actriz francesa «la divina Sarah») se giró hacia su mesa y cuando estuvo, propiciamente, a unos pocos metros, dejó caer un pañuelo de encaje.

Tesla se incorporó rápidamente, recogió el pañuelo y, con su sombrero en la otra mano, doblado por la cintura, extendió la pieza de encaje a la bella actriz diciendo: —Mademoiselle, su pañuelo.

Sin siquiera alzar la mirada al rostro que le sonreía gentilmente, Tesla regresó a su asiento y reanudó su conversación respecto a sus experimentos sobre un sistema inalámbrico mundial de transmisión de potencia.

Cuando un periodista de un periódico le preguntó en una ocasión por qué no se había casado, su respuesta, tal como apareció publicada en la entrevista, fue:

«He planeado dedicar mi vida entera a mi trabajo y por esa razón rechazo el amor y la compañía de una buena mujer y aún más.

Creo que un escritor o un músico deberían casarse porque ellos obtienen la inspiración que conduce a sus producciones más bellas.

Pero la naturaleza del inventor es tan intensa y salvaje y de una calidad apasionada que, al entregarse a una mujer, entregaría todo, así que tomaría todo del campo que ha elegido. Es una pena también, a veces me siento muy solo.

En mi época de estudiante supe lo que era pasar cuarenta y ocho horas seguidas en una mesa de apuestas, sintiendo emociones intensas, las que muchas personas piensan que son las más fuertes que se pueden experimentar; pero es monótono e insípido comparado con el momento sublime en que ves fructificar el trabajo de semanas en un experimento exitoso que prueba tus teorías (…)»

«Muchas veces Nikola Tesla ha experimentado esa felicidad extrema», dice el entrevistador, «y es probable que lo haga muchas veces nuevamente. Es imposible que su trabajo pueda terminar a los cuarenta. Pareciera que sus poderes están recién alcanzando la madurez».

Tesla no menospreciaba las acciones de las mujeres que mostraban un sincero interés en su bienestar y quienes intentaban hacer la vida tolerable y agradable para un científico, francamente, no muy bien adaptado a la integración en un mundo social del que él habría estado completamente dispuesto a escapar. Hablaba con halagos de la primera señora Clarence Mackay (cuyo nombre de soltera era Duer), de la señora Jordan L. Mott y de la belleza de Lady Ribblesdale (anteriormente, señora John Jacob Astor). Admiraba el idealismo enérgico de la señorita Anne Morgan, pero la situación nunca tuvo un solo tinte de romance.

Estaba impresionado por la alta, elegante y encantadora señorita Marguerite Merington, una pianista talentosa y escritora de temas musicales, quien era una invitada frecuente a las cenas en la casa de Johnson.

—¿Por qué no usa diamantes y joyas como las otras mujeres—preguntó Tesla inapropiadamente una tarde a la señorita Merington.

—No es una cuestión de elección conmigo—respondió ella—. Pero si tuviera suficiente dinero para llenarme de diamantes, podría pensar en una mejor manera de gastarlo.

—¿Qué haría con el dinero si lo tuviera?—continuó el inventor.

—Preferiría adquirir una casa en el campo, salvo que no disfrutaría desplazándome a la periferia—replicó la señorita Merington.

—¡Ah! Señorita Merington, cuando yo empiece a recibir mis millones, resolveré ese problema. Compraré una manzana aquí en Nueva York y construiré una villa para usted en el centro, y plantaré árboles alrededor de ella. De ese modo, usted tendrá su casa de campo y no tendrá que dejar la ciudad.

Tesla era muy generoso en la distribución de los millones que siempre estaba por recibir. A ninguno de sus amigos le habría faltado nada de lo que deseaba si él hubiese tenido los fondos suficientes para satisfacer sus deseos. No obstante, sus promesas siempre eran hechas para ser cumplidas «cuando comience a recibir mis millones».

Tal como cabría esperar, Tesla tenía ideas muy definidas sobre cómo debía vestirse una mujer. Asimismo, tenía ideas claras y precisas respecto a la figura femenina. No le gustaba del tipo grande robusto y detestaba completamente las mujeres gordas. Consideraba que las del tipo súper adornado, vestidas de manera llamativa y muy enjoyadas, que perdían tiempo en el vestíbulo del hotel, eran la peor abominación. A él le gustaban las mujeres esbeltas, delgadas, elegantes y gráciles.

Una de sus secretarias, una rubia elegante y bien proporcionada, vistió un día en la oficina un vestido de última moda. Se trataba de una prenda de verano de un bonito estampado. El estilo actual exigía una línea de la cintura baja que acababa en las caderas varios centímetros por debajo de su ubicación natural, lo que dejaba una falda relativamente corta y, desde el cuello hasta las caderas, el vestido era casi un cilindro liso. El estilo era muy nuevo y gozaba de una intensa pero breve popularidad. La secretaria era una excelente costurera y lo había confeccionado ella misma, un logro del cual se sentía justamente orgullosa.

Tesla llamó a su secretaria. Ella entró alegremente en su santuario sin suponer que le diría algo agradable sobre su nuevo vestido, pero esperando que así fuera.

—*Miss* —dijo Tesla—. ¿Qué se ha puesto? No puede llevar esto en la tarea que quiero que realice. Quería que le tomara nota a un importante banquero en el centro de la ciudad, pero ¿qué pensaría él si alguien de mi oficina fuera a visitarlo vestido con tal monstruosidad? ¿Cómo puede ser usted tan esclava de la moda? Lo que sea que digan los diseñadores de moda, es el estilo lo que usted compra y usa. *Miss,* usted tiene buen juicio y buen gusto así que ¿por qué permitió que la vendedora de la tienda la forzara a llevar un vestido como éste? Ahora, si usted fuera además tan lista como mi hermana quien hace sus propios vestidos, no estaría obligada a usar ningún estilo abominable como éste pues también usted podría confeccionar los suyos y llevar atuendos apropiados. Debería seguir siempre la naturaleza en el diseño de su ropa. No deje que un diseñador deforme la naturaleza para usted porque entonces se ve horrible en vez de atractiva. Ahora, *miss,* tome un taxi, pues así no mucha gente podrá verla, y vaya a su casa, póngase un vestido adecuado y regrese tan pronto como pueda para que pueda redactar esa carta en el centro de la ciudad para mí.

Tesla nunca se dirigía a sus empleadas por su nombre de pila ni por su apellido. La única forma en que lo hacía era con «*Miss*» (señorita en español). Cuando hablaba, sonaba como «Meese» y podía hacerlo muy expresivo. Cuando se dirigió a la secretaria que llevaba el vestido que él desaprobó, la palabra sonó como «Meeeeeeesssse», lo cual también podía ser un brusco y corto improperio.

Cuando una joven empleada de su oficina dejó su trabajo para casarse, Tesla dirigió el siguiente sermón a las que quedaban:

«No se casen demasiado jóvenes. Cuando se casan tan jóvenes, los hombres lo hacen principalmente por su belleza y diez años después, cuando su belleza se haya ido, se aburrirán de ustedes y se interesarán en otra».

La actitud de Tesla hacia las mujeres era paradójica: las idealizaba (las subía a un pedestal) y además las veía con un solo objetivo y de un modo materialista, como si su maquillaje no involucrara ninguna idea espiritual. Sin duda, ésta era la forma de expresar externamente el conflicto que tenía lugar en su propia vida, entre la actitud sana y normal hacia la compañía femenina y el frío objetivo con que planeaba su vida, bajo el cual rechazaba compartir la más pequeña parte de su existencia con cualquier mujer.

Sólo las mujeres más finas podían acercarse sin la distancia de la amistad a Tesla, las que él idealizaba sin la más mínima dificultad, pues mentalmente podía hacerlas asexuales de modo que eliminaba el portador de atracción emocional. Con el resto, no se molestaba en aplicar este proceso puesto que no generaban atracción en él.

Fuera del caos de los asuntos humanos, imaginaba el aumento de una casta superior de seres humanos, pocos en cantidad pero de una condición intelectual extremadamente elevada; mientras que el resto de la raza se nivelaba en un plano meramente productivo y reproductivo, el que, sin embargo, podría representar una mejora considerable de las condiciones existentes. Buscaba fabricar un idealismo exento de conceptos puramente materialistas de la naturaleza humana. Esta idea provenía de los puntos de vista materialistas y agnósticos que habían estado de moda y habían predominado entre los científicos en el período de formación de su juventud. No fue muy difícil poner fin a esta etapa de su actitud en sus últimos años, pero la fase que representaba un enfoque de ingeniería a la solución de los problemas de la raza humana estaba más firmemente arraigada, aunque era capaz de admitir que los factores espirituales existían realmente y debían ser considerados en tal planificación.

Su opinión respecto a las mujeres sólo fue expresada en forma de publicación en el artículo que John B. Kennedy escribió para el Collier's en 1924 a partir de una entrevista con Tesla. En aquella ocasión dijo:

«La lucha del sexo femenino por la igualdad de los sexos terminará en un nuevo orden sexual, donde ellas serán superiores. La mujer moderna prevé en los simples fenómenos superficiales el progreso de su sexo, pero es más bien un síntoma superficial de algo más profundo y más potente que se está fomentando en el seno de la raza.

No es en la trivial imitación física del hombre que las mujeres van a reivindicar primero su igualdad y luego su superioridad, sino en el despertar de su propio intelecto.

Pero la mente femenina ha demostrado una capacidad para todas las obtenciones y logros de los hombres y como las generaciones se sucedan, esta capacidad aumentará y la mujer promedio será tan culta como el hombre promedio y después más que él porque las facultades inactivas del cerebro de ella serán estimuladas en una actividad que será aún más intensa debido a siglos de reposo.

Gracias a su progreso, las mujeres ignorarán la precedente y alarmante civilización.

La adquisición de nuevos terrenos de lucha por las mujeres y su gradual usurpación de liderazgo van a atenuar y, finalmente, disipar los sentimientos femeninos; van a sofocar el instinto maternal, por lo que el matrimonio y la maternidad se volverán aberrantes, y la civilización humana se acercará más y más a la perfecta civilización de las abejas.

El sentido de lo anterior radica en el principio que domina la economía de las abejas (el más organizado e inteligentemente coordinado sistema de cualquier forma de vida animal no racional): la supremacía gobernante del instinto sobre todo en busca de la inmortalidad, que percibe la divinidad como maternidad.

El centro de toda la vida de la abeja es la reina. Ella domina la colmena, no a través de un derecho heredado, porque cada huevo puede ser incubado como futura reina, sino porque ella es la matriz de la raza.

Existen grandes huestes asexuadas de trabajadores cuyo único objetivo e interés en la vida es trabajar mucho. Es la perfección del comunismo, de la vida social y cooperativa donde todas las cosas, incluyendo los jóvenes, son la propiedad común de todos.

Luego están las abejas vírgenes, las abejas princesas, las hembras que son seleccionadas de los huevos de la reina cuando nacen y preservadas en caso de que una reina estéril lleve desilusión a la colmena. Y están las abejas machos, en pequeña cantidad, de costumbres sucias, tolerados sólo porque son necesarios para aparearse con la reina...

La reina regresa a la colmena fecundada, llevando consigo decenas de miles de huevos (una futura ciudad de abejas) y entonces comienza un ciclo de reproducción, la concentración de la pululante vida de la colmena en incesante trabajo para el nacimiento de la nueva generación.

La imaginación flaquea ante la posibilidad de una analogía entre los humanos y la misteriosa y maravillosa civilización de sacrificio de las abejas, pero, cuando pensamos en cómo el instinto humano por la perpetuación de la raza domina la vida en todas sus manifestaciones, tanto normales como exageradas y perversas, existe una justicia irónica en la posibilidad de que este instinto, con el progreso intelectual de las mujeres, podría expresarse finalmente en el modo de las abejas, aunque tomaría siglos terminar con los hábitos y costumbres de las personas que bloquean el camino hacia una civilización organizada simple y científicamente.

Si Tesla hubiese tenido en ciencias biológicas la mitad del conocimiento que tenía en ciencias físicas, probablemente no habría visto una posible solución a los problemas de la humanidad en la estructura social adaptada a las limitaciones de una especie de insecto que nunca podrá utilizar herramientas ni hacer uso de las fuerzas de la naturaleza (que exceden en gran medida su propia fuente de energía) para resolver su destino. Y más importante es el hecho de que no se puede esperar que las abejas utilicen habilidades intelectuales avanzadas para mejorar su condición biológica, como sí puede hacerlo la especie humana. Con un mejor conocimiento de las ciencias biológicas, tal vez, habría descubierto que el proceso fisiológico que controla la perpetuación del individuo está indisolublemente ligado al proceso que controla la perpetuación de la especie, y que, al utilizar tal conocimiento biológico junto a la percepción espiritual en el diseño de un superhombre (así como empleaba los principios materialistas de la ingeniería), se habría diseñado a sí mismo como un superhombre más completo y potente, más adaptado a incorporar sus creaciones intelectuales a la vida actual de la especia a través de una mejor comprensión de los asuntos humanos.

Tesla intentaba convencer al mundo de que había logrado eliminar el amor y el romance de su vida, pero no era así. Este fracaso (o tal vez, desde otro punto de vista, era un triunfo) es la historia del capítulo secreto de la vida de Tesla.

VEINTE

La característica visible más conocida de la vida de Tesla era su hábito de alimentar las palomas en lugares públicos. Sus amigos sabían que lo hacía pero no sabían por qué. Para los peatones de la Quinta Avenida era una figura familiar en las plazas de la biblioteca pública de la Calle 42 y en la Catedral San Patricio en la Calle 50. Cuando aparecía y hacía sonar un suave silbido, las bandadas de azul (y marrón) y blanco plumaje llegaban de todas direcciones, cubrían los muros frente a él e incluso se posaban sobre él mientras esparcía las semillas para aves o permitía que comieran desde su mano.

Es probable que, durante las tres últimas décadas de su vida, ninguna de las decenas de miles de personas que lo veían supiera quién era. Su fama había disminuido y la generación que lo conocía bien había pasado a mejor vida. Incluso cuando en los periódicos, una vez al año, aparecían titulares sobre Tesla y sus últimas predicciones sobre las sorpresas científicas que vendrían, nadie asociaba ese nombre con el extremadamente alto y muy delgado hombre que vestía ropa de una era pasada, quien casi a diario aparecía para alimentar sus amigos emplumados. Él era sólo uno de los extraños individuos que, provenientes de una gran variedad de estilos, componen una completa población de una gran metrópolis.

Cuando comenzó esta práctica (nadie sabe con precisión cuándo fue), estaba siempre vestido a la última moda y algunas de las figuras más conocidas del mundo eran, a menudo, vistas acompañándolo y ayudándolo a esparcir las semillas para las aves, pero llegó un momento en que Tesla prestó menos atención a su ropa y ésta se volvió cada vez más anticuada.

Después de medianoche, la Quinta Avenida es una calle muy diferente a la arteria colmada de tráfico peatonal y vehicular del día. Queda desierta. Uno puede caminar por manzanas y no encontrar a nadie, excepto un policía. En varias ocasiones, el autor encontró por casualidad a Tesla mientras se dirigía a la Quinta Avenida después de medianoche en dirección a la biblioteca. Generalmente, Tesla estaba bastante dispuesto a tener un acompañante y conversar tras un encuentro en la calle durante el día, pero en estas ocasiones después de medianoche era determinante en su deseo de que lo dejaran solo. «Ahora me dejará solo», decía, poniendo un fin abrupto a una conversación que apenas había comenzado. La suposición lógica era que Tesla estaba concentrado en una línea de pensamiento precisa y no quería que su mente se distrajera de algún complejo problema científico. ¡Cuán alejado era esto de la realidad! Y, tal como me enteré más tarde, ¡qué significado sagrado tenían para él estos paseos de medianoche para alimentar las palomas, las que acudían a su llamado, incluso, desde su descanso nocturno!

Era difícil para casi todos comprender por qué Tesla, involucrado en progresos científicos trascendentales y trabajando el doble de horas que el promedio de la población, podía ver que dar semillas a las aves era una forma evidente de gastar su tiempo. El *Herald Tribune*, una vez señaló en un editorial: «Dejaba sus experimentos por un momento y alimentaba las tontas e insignificantes palomas de Herald Square».

Sin embargo, en la oficina de Tesla una de sus secretarias efectuaba el procedimiento rutinario de ir al centro de la ciudad en un día determinado cada semana y adquirir alrededor de medio kilo de colza, medio kilo de cáñamo y otro medio kilo de alpiste. Todo esto se mezclaba en la oficina y cada día él cogía una pequeña bolsa de papel llena de semillas e iniciaba su recorrido.

Si un día no podía salir a alimentar las palomas, llamaba a un muchacho mensajero de Western Union, le pagaba su servicio más un dólar de propina y lo enviaba a alimentar los pájaros.

Además de alimentar las aves en las calles, Tesla cuidaba las palomas en sus habitaciones en los diferentes hoteles que le sirvieron de hogar. Generalmente tenía cestas que servían de nido para entre una y cuatro palomas en su habitación, y tenía a mano un barril para alimentarlas. La ventana de la habitación donde mantenía estos nidos nunca estaba cerrada.

Un día en 1921, Tesla se enfermó bastante en su oficina en la Calle 40. No le era posible trabajar y estaba tendido en su sofá. Cuando los síntomas se hicieron más alarmantes y existió la posibilidad de que no fuera capaz de regresar a su habitación en el Hotel St. Regis, citó a su secretaria para darle un «importante» mensaje. Cuando daba mensajes importantes, su secretaría debía repetir cada frase después de él para estar seguro de que no se cometieran errores. Esta repetición necesaria era un procedimiento habitual con él; pero en este caso estaba tan enfermo, casi postrado, que parecía apenas tener energías suficientes para decir el mensaje una sola vez.

—«Miss»»—susurró—. Llame al Hotel St. Regis.

—*Sí—respondió ella—. Llame al Hotel St. Regis.*

—Hable con la camarera del decimocuarto piso.

—*Hable con la camarera del decimocuarto piso.*

—Dígale que vaya a la habitación del señor Tesla.

—*Dígale que vaya a la habitación del señor Tesla.*

—Y que alimente a la paloma hoy.

—*Y que alimente a la paloma hoy.*

—La hembra blanca con toques de gris claro en sus alas.

—*La hembra blanca con toques de gris claro en sus alas.*

—Y que continúe haciéndolo.

—*Y que continúe haciéndolo.*

—Hasta que reciba más órdenes de mi parte.

—*Hasta que reciba más órdenes de mi parte.*

—Hay mucho alimento en la habitación del señor Tesla.

—*Hay mucho alimento en la habitación del señor Tesla.*

—Miss—le suplicó—. Esto es muy importante. ¿Puede repetirme el mensaje entero para que yo pueda estar seguro de que lo tiene correctamente?

—Llame al Hotel St. Regis, hable con la camarera del decimocuarto piso. Dígale que vaya a la habitación del señor Tesla y que alimente a la paloma hoy, la hembra con toques de gris claro en sus alas, y que continúe haciéndolo hasta que reciba más órdenes de mi parte. Hay mucho alimento en la habitación del señor Tesla.

—Ah, sí—dijo Tesla mientras sus ojos brillaban—. La hembra con toques de gris claro en sus alas. Y si mañana no estoy aquí, usted repetirá este mensaje mañana y cada día hasta que reciba más órdenes de mi parte. Hágalo ahora, *Miss;* es muy importante.

Las órdenes de Tesla siempre se cumplían al pie de la letra y ésta en particular desde que le otorgó esa importancia tan inusual. Su secretaria y los demás miembros de su equipo sentían que su enfermedad debía de ser más grave de lo que parecía ya que, cada vez que tenía un gran número de problemas muy serios en sus manos y parecía estar al borde del asedio de una enfermedad, olvidaba las situaciones más urgentes y su única preocupación era una paloma. Entonces pensaban que debía estar delirando.

Algunos meses después, Tesla no fue a su oficina y cuando su secretaria llamó a su hotel, el inventor le informó que él estaba bien pero que su paloma estaba enferma así que no se atrevía a dejar su habitación por temor a que ésta pudiese necesitarlo. Se quedó allí por muchos días.

Aproximadamente un año después, Tesla llegó a su oficina un día más temprano de lo habitual y, aparentemente, mucho más alterado. Llevaba un pequeño paquete con delicadeza en su brazo doblado. Llamó por teléfono a Julius Czito, un operario en quien confiaba a menudo para realizar tareas inusuales, y le pidió que fuera a la oficina. Czito vivía en los suburbios. Tesla le dijo brevemente que el paquete contenía una paloma que había muerto en su habitación del hotel y que deseaba que ésta fuera correctamente sepultada en la propiedad de Czito, donde la tumba pudiese recibir cuidados. Años más tarde, al relatar este acontecimiento, Czito dijo que cuando salió de la oficina estuvo tentado a tirar el paquete en el primer basurero que encontrara, pero algo hizo que desistiera y se lo llevó a casa. Antes de que pudiese efectuar el entierro, Tesla lo llamó a su casa y le pidió que le devolviera la caja la mañana siguiente. Lo que Tesla hizo con ella nadie lo sabe.

En 1924 la situación económica de Tesla cayó a un nivel muy bajo. Estaba totalmente en quiebra. No podía pagar el alquiler y había otras sentencias contra él por otras cuentas impagas. Un auxiliar del aguacil apareció una tarde en su oficina para confiscar todo lo que había con el fin de cumplir una sentencia. Tesla consiguió convencerlo de que retrasara el decomiso y cuando éste se hubo retirado, evaluó su situación. No había pagado el salario de sus secretarias durante dos semanas y ahora les adeudaba otra fracción de semana. Se encontraba completamente sin fondos en el banco. Al buscar en su caja fuerte se dio cuenta de que el único objeto de valor transferible era la medalla de Edison de oro macizo que le había sido otorgada por el Instituto Americano de Ingenieros Eléctricos en 1917.

—*Miss y Miss* —dijo, dirigiéndose a sus secretarias—. El valor de esta medalla es de alrededor de cien dólares. La partiré por la mitad y le daré una mitad a cada una, o una de ustedes puede quedarse con la medalla entera y después le pagaré a la otra.

Las dos jóvenes, la señorita Dorothy F. Skerritt y la señorita Muriel Arbus, se negaron a permitir que dañara o se deshiciera de su medalla y, en cambio, ofrecieron ayudarlo con el escaso dinero que tenían en sus carteras, lo cual él rechazo agradecido. (Unas semanas después las chicas recibieron su remuneración atrasada, de treinta y cinco dólares por semana, y un salario adicional de dos semanas).

Al buscar en la caja registradora, encontró sólo un poco más de cinco dólares: todo el dinero que tenía.

—¡Ah! *Miss* —dijo—. Esto será suficiente para comprar el alpiste. No me quedan semillas para las aves, así que por la mañana vaya al centro de la ciudad, compre un poco y envíelo a mi hotel.

Nuevamente acudió a su ayudante de confianza, Czito (a quien, de forma involuntaria, quedó debiendo una suma que alcazaba los mil dólares). Le encargó el problema de desalojar la oficina por completo. En pocas horas, todo el contenido de las oficinas se almacenó en un edificio de oficinas cercano.

Poco tiempo después, fue obligado a abandonar su departamento en el Hotel St. Regis. No había pagado la cuenta por algún tiempo, pero la causa inmediata estaba relacionada con las palomas. Había pasado cada vez más tiempo en su habitación del hotel, la que también se había convertido en su oficina, y consagrado aún más tiempo a alimentar a las palomas. Grandes bandadas llegaban a sus ventanas y a sus habitaciones, cuya mugre en el exterior del edificio se convirtió en un problema para la dirección, y en el interior, para las criadas. Intentó resolver el problema poniendo las aves en un cesto para que George Scherff se las llevara a su casa en Westchester. Tres semanas después, cuando fueron libres por primea vez, regresaron (una de ellas realizó el viaje en media hora). A Tesla se le dio a elegir entre alimentar las palomas y abandonar el hotel. Se marchó.

Luego estableció su hogar en el Hotel Pennslnavia, donde se quedó por algunos años y se generó la misma situación, la de las cuentas impagas y la de las palomas. Se trasladó al Hotel Governor Clinton y en alrededor de un año vivió la misma experiencia. En 1933 se mudó al Hotel New Yorker, donde pasó los últimos diez años de su vida.

Una noche de otoño de 1937, después de medianoche, Tesla comenzó su peregrinaje desde el Hotel New Yorker hacia la catedral y la biblioteca para alimentar las palomas. Al cruzar la calle unas manzanas más allá del hotel, tuvo un accidente, pero no se sabe cómo. A pesar de su agilidad, no pudo evitar el contacto con un taxi en movimiento, el que lo lanzó fuertemente al suelo. No discutió quién había tenido la culpa, rechazó asistencia médica y sólo pidió que otro taxi lo llevara a su hotel.

Al llegar al hotel se acostó y, apenas se había deslizado bajo las sábanas, cuando llamó por teléfono para solicitar a su mensajero favorito, Kerrigan, de una oficina cercana de Western Union; le entregó el paquete de alpiste y le ordenó que terminara la tarea que él había empezado y que el accidente había interrumpido.

Al día siguiente, cuando fue evidente que no sería capaz de dar sus habituales paseos diarios durante algún tiempo, contrató al mensajero por seis meses para que alimentara las palomas cada día. Su espalda había recibido un violento golpe en el accidente y tenía tres costillas rotas, pero nunca se sabrá cuáles fueron todas sus lesiones pues, manteniendo la costumbre de casi toda su vida, se negó a consultar un médico. Padeció una neumonía, pero tampoco en ese caso aceptó asistencia médica. Estuvo postrado en cama por algunos meses, lo que le impidió continuar alimentando las palomas desde su ventana, por lo que luego dejaron de visitarlo.

En la primavera de 1938 fue capaz de levantarse y en seguida reanudó sus paseos para alimentar las palomas, aunque en una escala mucho más limitada, pero generalmente un mensajero lo hacía por él.

Para todos quienes lo conocían, esta devoción por su tarea de alimentar las palomas parecía nada más que el pasatiempo de un científico excéntrico, pero si hubiesen podido mirar en el corazón de Tesla, o leer su mente, habrían descubierto que estaban presenciando la más fantástica, incluso tierna y patética historia de amor del mundo.

Tesla, en tanto que superhombre que se había hecho a sí mismo, sufría las limitaciones de su creador. Dotado con una inteligencia superior al promedio, tanto en calidad como en cantidad, y con algunas facultades superiores a lo normal, era capaz de erigir un superhombre más grande que él, pero su mayor punto lo alcanzaba sacrificando otras dimensiones, y en esta disminución del ancho y del grosor existía una deficiencia.

Cuando era joven y su mente se encontraba en la etapa plástica y formativa, adoptó, como ya se ha mencionado, el punto de vista agnóstico y materialista de la vida que en ese entonces predominaba. Actualmente la ciencia se ha liberado del dominio tanto del misticismo antagonista como del materialismo, y es capaz de considerar ambos como partes en armonía de un enfoque comprensivo del entendimiento de la Naturaleza, pero es consciente de que aún no ha aprendido cómo manipular o controlar los factores más intangibles sobre los que los místicos han construido sus estructuras de conocimiento. Vastas esferas de experiencia humana han sido rechazadas en todas las épocas por científicos de cualquier denominación, quienes no lograron situarlas en disposiciones lógicas en sus inapropiadas y demasiado simples filosofías naturales. Al rechazar los fenómenos que se extendían más allá de sus habilidades intelectuales, los científicos y filósofos no los eliminaron ni previnieron sus manifestaciones. Sin embargo, los fenómenos tan rechazados recibieron un establecimiento académico por parte de los eclesiásticos, quienes los aceptaron sin entender, o con la esperanza de entenderlos, de modo que los encerraron en la fundación de los misterios religiosos, donde cumplieron un propósito útil ya que sobre algo desconocido es posible construir algo aún más desconocido.

Las experiencias místicas de los santos, o cualquier forma de fe, son demostraciones de fuerzas que son funciones naturales del fenómeno de la vida, expresadas en diversos grados en sintonía con el despliegue en expansión del individuo hacia un estado avanzado de evolución.

Tesla era un individuo en un estado de desarrollo avanzado y vivía experiencias que se negaba a admitir como experimentos, aceptando los beneficios que le otor-

gaban pero transportándolos. Por ejemplo, esto se produjo en el caso del golpe de
relevación que llegó a él mostrándole gran cantidad de invenciones de un inmenso
valor (como el que se presentó mientras paseaba en el parque de Budapest y que
difirió sólo en grado y tipo, pero no en naturaleza fundamental, de la luz cegadora
que recibió Saúl en la calle de Damasco y a otros cuya iluminación llegó por un
proceso similar).

Debido a sus conceptos materialistas, estuvo intelectualmente ciego al extraño
fenómeno que, por relevación o iluminación llegaba a él, pero lo hacía apreciar más
intensamente el valor de lo que le era revelado. No se debe pensar que esta revelación era un fenómeno casual del momento ya que Tesla, dotado por la Naturaleza
con un intelecto capaz de un gran despliegue, había efectuado esfuerzos casi so-
brehumanos para conseguir lo que se le había revelado, y el esfuerzo estaba asociado con el resultado.

En el sentido opuesto, Tesla suprimió un ámbito muy grande o importante de su
vida al planificar la eliminación del amor y el romance de sus pensamientos y vi-
vencias. Así como sus esfuerzos por descubrir los secretos físicos de la Naturaleza
crearon fuerzas que penetraron en el plano de la revelación, del mismo modo se
esforzó enormemente para evitar que el amor y el romance crearan fuerzas, más allá
de su control, que actuaran para expresarse. Había una situación similar en su filosofía de los fenómenos naturales, en la que reprimía todos los aspectos espirituales
de la Naturaleza y se limitaba a sí mismo a los aspectos meramente materialistas.

Dos fuerzas, una de amor y romance en su naturaleza personal, y otra de los aspectos espirituales de la Naturaleza en su filosofía (como la aplicada en su trabajo),
estaban recluidas en el limbo de su personalidad buscando una salida al paraíso
de la expresión y de la manifestación. Y obtenían esta salida, expresando su naturaleza mediante la forma de la manifestación, pero Tesla no lograba reconocerlas.
Rechazando el amor de una mujer y pensando que había diseñado la eliminación
total del problema del amor, no logró extraer de su naturaleza la capacidad de amar
y, cuando esta capacidad se expresaba, lo hacía dirigiendo sus energías a través de
un canal que había dejado desprotegido al concebir el superhombre autosuficiente.

La manifestación de la unión de estas fuerzas de amor y de espiritualidad dio
como resultado una situación increíble, probablemente sin paralelo en los anales de
la humanidad. Tesla me contó la historia, pero si no hubiese tenido un testigo que
me asegurara que oyó exactamente lo mismo que yo, me habría auto convencido
de que no se había tratado de algo más tangible que la experiencia de un sueño.
Era la historia de amor de la vida de Tesla. En la historia de su extraño romance,

vi inmediatamente la razón de sus incesantes paseos para alimentar las palomas y de aquellos peregrinajes de medianoche en que deseaba estar solo. Recordé la ocasión en que me lo había encontrado en la desierta Quinta Avenida y, cuando le hablé, me respondió «Ahora me dejará solo». Me contó su historia con simpleza y brevemente, sin adornos, pero aún había un arrebato de emoción en su voz:

—He estado alimentando palomas, miles de ellas, durante años…quién sabe. Pero había una, una hermosa ave, de blanco puro con las puntas de sus alas de gris claro. Ésta era diferente. Era una hembra. Podía reconocer esta paloma en cualquier lugar.

—Sin importar dónde estaba, esta paloma me encontraba. Cuando la necesitaba, solo tenía que desearla y llamarla, y ella venía volando a mí. Ella me entendía y yo a ella.

—Yo amaba esta paloma.

—Sí—respondió a una pregunta no formulada—. Sí, yo amaba esta paloma. La amaba como un hombre ama a una mujer, y ella me amaba a mí. Cuando estuvo enferma, lo supe y comprendí. Ella iba a mi habitación y yo me quedaba a su lado por días. Me propuse cuidarla hasta que se recuperara. Esta paloma era la alegría de mi vida. Si ella me necesitaba, nada más importaba. Durante todo el tiempo que la tuve, hubo un propósito en mi vida.

—Entonces, una noche, cuando estaba tendido en mi cama en la oscuridad resolviendo problemas, como de costumbre, ella entró volando por la ventana abierta y se posó en mi escritorio. Supe que me necesitaba; quería decirme algo importante así que me levanté y fui hacia ella.

—En cuanto la miré, supe que quería decirme…que estaba muriendo, Y entonces, cuando recibí su mensaje, salió una luz de sus ojos: potentes rayos de luz.

—Sí—continuó Tesla, respondiendo nuevamente una pregunta sin formular—. Era una luz real; una luz potente, intensa y cegadora, más intensa que la que yo había producido jamás con las más potentes lámparas en mi laboratorio.

—Cuando esta paloma murió, algo se apagó en mi vida. Hasta ese momento, había estado seguro de que concluiría mi trabajo sin importar cuán ambicioso fuese mi proyecto pero, cuando ese algo se apagó en mi vida, supe que el trabajo de mi vida había terminado.

—Sí, he alimentado palomas durante años y continúo alimentándolas, miles de ellas. Después de todo, ¿quién sabe?

No había anda más que decir. Nos separamos en silencio. La conversación tuvo lugar en una esquina del entresuelo del Hotel New Yorker. William L. Laurence, escritor científico del New York Times, me acompañaba. Caminamos varias manzanas de la Séptima Avenida antes de hablar.

Ya no había ningún misterio sobre sus paseos de medianoche en los que llamaba a las palomas que se encontraban en sus nichos en la tracería gótica de la catedral o debajo de los aleros del templo griego que albergaba la biblioteca, buscando entre las miles de palomas…»porque después de todo, ¿quién sabe…?»

Es a partir de fenómenos como el que Tesla presenció cuando la paloma partió volando desde la oscuridad de medianoche, se adentró en la oscuridad de su habitación y la inundó con luz cegadora; así como la revelación que recibió desde el deslumbrante sol en el parque de Budapest, que están construidos los misterios de la religión. Pero él no los comprendió, porque si no hubiese reprimido la valiosa herencia mística de sus ancestros que le habría traído iluminación; habría entendido el simbolismo de la Paloma.

AGRADECIMIENTOS

AGRADECIMIENTOS

Para preparar este volumen, se ha recibido ayuda de distintas fuentes. Por esta cooperación tan útil, me gustaría dar las gracias a:

Sava N. Kosanovic, Secretario de Estado de Yugoslavia y sobrino de Tesla, por poner a nuestra disposición libros, documentos familiares, transcripciones de grabaciones y por corregir el manuscrito de muchos capítulos; y a su secretaria, la señorita Charlotte Muzar;

A las señoritas Dorothy Skerritt y Muriel Arbus, secretarias de Tesla; y a George Scherff y Julius C. Czito, asociados de la compañía;

A la Sra. Margaret C. Behrend, por el privilegio de leer la correspondencia entre su marido y Tesla; y al Dr. W.B. Earle, decano de Ingeniería de *Clemson Agricultural College,* por las imágenes y otros materiales de la *Behrend Collection* de la biblioteca universitaria;

A la Sra. Agnes Holden, hija del último Robert Underwood Johnson, embajador y editor de la *Century Magazine;* a la señorita Marguerite Merington; a la Sra. Grizelda M. Hobson, viuda del último Rear Admiral Hobson; a Waldemar Kaempffert, editor científico del *New York Times;* al profesor emérito Charles F. Scott, del Departamento de Ingeniería Eléctrica, de la Universidad de Yale; a Hans Dahlstrand, del Allis Chalmers Manufacturing Co.; Leo Maloney, Director del Hotel *New Yorker;* y a W.D. Crow, arquitecto de la torre de Tesla por los recuerdos, datos o conversaciones útiles respecto a sus contactos con Tesla;

A Florence S. Hellman, Jefe de la División Bibliográfica de la Biblioteca del Congreso de Estados Unidos; a Olive E. Kennedy, bibliotecario investigador del Centro de Información para el público (*Public Information Center*) de la National Electric Manufacturers Association; a A.P. Peck, director editorial del *Scientific American;* a Myrta L. Mason y a Charles F. Pflaging por su ayuda bibliográfica;

A G.Edward Pendray y a sus socios en la Westinghouse Electric Co., y a C.D.Wagoner y a sus socios en el General Electric Co., por corregir, leer y hacer sugerencias útiles relacionadas con muchos capítulos;

A William L.Laurence, escritor científico del New York Times y a Bloyce Fitzgerald, por un intercambio de datos;

A Randall Warden; a William Spencer Bowen, Presidente del Bowen Research Corp.;a G.H.Clark del Radio Corporation of America; a Kenneth M. Swezey, de Popular Science; a la Sra. Mabel Fleischer y a Carl Payne Tobey, que nos ha ayudado de muchas maneras:

A Colliers — *The National Weekly; The American Magazine;* a The New York World-Telegram y a the *General Electric Co.*, por el permiso para citar material con derechos de autor, y que dan crédito a la obra al citarlos; y A Peggy O´Neill Grayson, mi hija, por servicios de secretariado prolongado.

A todos los anteriores, les agradezco sinceramente.